MOEWIG

DOKUMENTATION

Richard W. Condon

Winterkrieg Rußland-Finnland

MOEWIG

Deutsche Erstausgabe

Fotonachweis (in der Reihenfolge der Bilder):
Fox Photos, London; Bundesarchiv, Koblenz/Finnish War Archives,
Helsinki; Ullstein, Berlin/US National Archives,
Washington/Finnish War Archives/Bundesarchiv; Finnish War Archives/
Finnish War Archives; US National Archives;
Finnish War Archives/Finnish War Archives/Finnish War Archives;
Fox Photos/Finnish War Archives; Novosti Press Agency, London;
Finnish War Archives/Popperfotos, London;
Finnish War Archives/Finnish War Archives; US National Archives;
Novosti/Finnish War Archives/Radio Times-Hulton Picture Library,
London; Black Star Publishing Co., London;
Finnish War Archives/US National Archives; Finnish War Archives/
US National Archives/US National Archives;
Lehtikuva Oy, Helsinki.
Umschlagfoto: Süddeutscher Verlag

Titel der Originalausgabe: The Winter War Russia against Finland
Aus dem Amerikanischen von S. Badr.

Lizenzausgabe mit Genehmigung des Verlags Fritz Molden,
Wien - München - Zürich
Karten: Richard Natkiel
Umschlagentwurf und -gestaltung: Franz Wöllzenmüller, München
Verkaufspreis inkl. gesetzl. Mehrwertsteuer
Auslieferung in Österreich:
Pressegroßvertrieb Salzburg, Niederalm 300, A-5081 Anif
Printed in Germany 1980
Druck und Bindung: Mohndruck Graphische Betriebe GmbH, Gütersloh
ISBN 3-8118-4302-8

Inhalt

Ein Sieg für Goliath

Vorwort von Barrie Pitt

Es ist seltsam, daß ausgerechnet Adolf Hitler zu einer ganz entscheidenden Wandlung der Vorstellungen beigetragen hat, die man sich in der westlichen Welt in den dreißiger und vierziger Jahren von Josef Stalin zu machen pflegte. Wer war Josef Stalin in den Augen des Westens: ein blutrünstiger Tyrann, der das russische Volk unter das bolschewistische Joch zwang.

Das änderte sich, als sich die späteren großen vier unter dem Druck der deutschen militärischen Erfolge am Anfang des Zweiten Weltkrieges zu jenem weltweiten Bündnis zusammmenfanden, das bald nach dem Ende des Zweiten Weltkrieges als die unheilige Allianz in die Geschichte eingehen sollte.

Da sich nun England und die USA mit der Sowjetunion gänzlich gegen ihre ursprünglichen Absichten und nur unter dem Druck der Erfolge der Achse plötzlich in einem Bündnis befanden, mußte man im Westen eilig ein neucs Stalin-Bild aufbauen: Es war undenkbar, daß die großen Demokratien Seite an Seite mit einem Staat kämpften, an dessen Spitze ein monströser Diktator stand. Also wurde Stalin zum schnauzbärtigen guten Onkel, zum Führer des sowjetischen Arbeiterstaates, der sich tapfer und unter schwersten Opfern gegen die gräßliche Kriegsmaschinerie der Nazis verteidigte.

Wer war Josef Stalin nun? Die Presse- und Rundfunkpropaganda in den USA und in Großbritannien zeigte dem Mann auf der Straße, was man von Stalin zu halten hatte: Er war zwar alles andere als ein Demokrat, er war – das war nicht zu leugnen – ein Despot. Aber er liebte sein Volk, und sein Volk liebte ihn – den großen Politiker und Heerführer, den nicht ungefährlichen, aber wohl doch gütigen und großherzigen mächtigen alten Mann, wie ihn die Propagandazeichner im Westen nun darzustellen pflegten.

Nachdem die Achsenmächte im Jahre 1945 endlich besiegt waren, stand man im Westen vor einem neuen Problem: Die unheilige Allianz brach sehr schnell auseinander. Der eiserne Vorhang senkte sich über Europa, und der kalte Krieg nahm seinen Anfang. Und das Stalin-Bild war wieder einmal zu korrigieren.

Ein mühsamer Vorgang: Kaum hatte man an das Bild vom mächtigen, aber gutmütigen Diktator im fernen Moskau allmählich wirklich zu glauben begonnen, stellte sich heraus, daß alles ganz falsch gewesen war. Man mußte wieder einmal umdenken – und die Presse stellte sich erneut in den Dienst der Sache. Anders als die Amerikaner und die Bürger des Britischen Commonwealth brauchten die Finnen wohl mit keinerlei verwirrenden Wandlungen des Stalin-Bildes fertigzuwerden. Sie mußten mit der Wirklichkeit fertigwerden – und die ließ ihnen keinerlei Raum für irgendwelche Illusionen. Stalin war ein brutaler Diktator, wie Adolf Hitler einer gewesen war, ungleich schlimmer als Benito Mussolini, der ebenfalls einer der großen europäischen Diktatoren des 20. Jahrhunderts gewesen war.

Gewiß, Mussolini hatte in Äthiopien Giftgas einsetzen und die den italienischen Kolonialtruppen hoffnungslos unterlegenen Eingeborenen aus der Luft rücksichtslos angreifen lassen, dennoch aber hatte er niemals das tödliche Kaliber Stalins oder Hitlers erreicht.

Stalin – das war etwas anderes: Als sich die Finnen Ende der dreißiger Jahre sowjetischen Wünschen nach Grenzkorrekturen nicht beugten und den Russen keine Militärstützpunkte auf finnischem Gebiet zugestehen wollten, mußten sie wohl wissen, daß das mächtige Nachbarland im Osten und der Diktator, unter dessen Gewalt es stand, grausame Rache nehmen konnten. Aber die Finnen wußten auch, was für sie auf dem Spiel stand.

Nach jahrhundertelanger Abhängigkeit – zunächst von Schweden und im 19. Jahrhundert vom russischen Zarenreich – hatten sie im Dezember 1917 erstmals in ihrer Geschichte die staatliche Unabhängigkeit erreicht. Die Sowjetregierung hatte in dem Ende des Jahres 1920 geschlossenen Friedensvertrag von Dorpat diese mühsam errungene Souveränität des ehemaligen zaristischen Großfürstentums bestätigen müssen, und in den nachfolgenden Jahren und Jahrzehnten war man in Helsinki nicht bereit, auch nur den geringsten Teil dieser Rechte wieder aufzugeben.

Ende der dreißiger Jahre war Finnland allerdings – ebenso wie auch die aus der „Konkursmasse" des Zarenreiches entstandenen Staaten Estland, Lettland und Litauen – in eine überaus gefährliche Lage geraten. Das europäische Gleichgewicht, welches Finnland und den baltischen Staaten in den zwanziger und dreißiger Jahren ein gewisses Maß an außenpolitischer Handlungsfreiheit garantiert hatte, war gründlich in Unordnung geraten.

Die Sowjetunion und das Deutsche Reich – letzteres seit der Machtübernahme der Nationalsozialisten im Jahre 1933 schnell wieder erstarkt und erklärter Todfeind des kommunistischen Rußland – hatten im August 1939 einen Freundschafts- und Nichtangriffspakt geschlossen, der nicht nur die ganze Welt verblüffte, sondern auch die politischen Macht- und Kräfteverhältnisse in Europa völlig veränderte.

Das ständige Spannungsverhältnis zwischen der Sowjetunion und dem Deutschen Reich hatte indirekt, aber entscheidend zur Gewährleistung der finnischen staatlichen Selbständigkeit beigetragen, aber seit dem 23. August 1939 war es damit vorbei. In einem geheimen Zusatzprotokoll zum deutsch-sowjetischen Nichtangriffspakt hatten sich die vertragsschließenden Parteien darüber geeinigt, daß Finnland in Zukunft Bestandteil der sowjetischen „Interessensphäre" sein sollte.

Estland, Lettland und Litauen traf das gleiche Schicksal. Anders aber als die drei baltischen Staaten, die sich in resignierender Einsicht in die realpolitischen Gegebenheiten der „brutalen Werbung" der Sowjetunion beugten, zeigte sich Finnland jeder sowjetischen Annäherung gegenüber spröde. Helsinki war nicht bereit, irgendwelchen sowjetischen Gebietsforderungen nachzugeben – und dies, obwohl sowohl der spätere Staatspräsident Paasikivi als auch der bereits während des Bürgerkrieges berühmt gewordene spätere Marschall von Finnland, Mannerheim, zum Kompromiß geraten hatten.

Beide Männer wußten, wovon sie sprachen: Paasikivi,

der Politiker, leitete die finnische Verhandlungsdelegation, die im Jahre 1939 in Moskau wegen allfälliger Grenzkorrekturen verhandelte, und Mannerheim, der Soldat, der richtig begriffen hatte, daß Moskau Grenzkorrekturen anstrebte, weil es sie im Fall eines militärischen Angriffs gegen die Sowjetunion zum Schutz von Leningrad tatsächlich brauchte.

Alles war vergeblich: Die territorialen Konzessionen, zu denen sich Helsinki den Russen gegenüber äußerstenfalls bereit erklärte, waren so unbedeutend, daß sie für den Kreml praktisch nutzlos waren.

Die Sowjetunion reagierte auf die Ablehnung ihrer Forderungen in einer für eine Großmacht nicht unüblichen Weise: Man fiel nicht gleich über den kleinen Nachbarn her, vielmehr nahm man dessen ablehnende Haltung zunächst zur Kenntnis. Das war allerdings kein Grund, nicht doch zur gleichen Zeit entsprechende Vorbereitungen für eine militärische Aktion zu treffen. Waren diese Vorbereitungen abgeschlossen, bedurfte es nur noch eines Zwischenfalles, den man als Aggressionsakt auslegen konnte, um sich sodann mit gesammelter militärischer Macht gewaltsam zu holen, was auf dem Verhandlungsweg nicht zu erreichen war.

Stalin war entschlossen, auch im Fall Finnlands eine solche Taktik einzuhalten. Und wohl ebenfalls nicht zufällig meinte der sowjetische Außenminister Molotow nach Abbruch der finnisch-sowjetischen Verhandlungen im Herbst 1939 zum finnischen Delegationsführer Paasikivi, daß „nun wir Zivilisten wohl mit unserer Weisheit am Ende angelangt sind“ und man das Weitere den Militärs überlassen werde.

„Haben Sie die Absicht, einen Konflikt zu provozieren?“ hatte der sowjetische Außenminister schließlich Paasikivi noch wütend gefragt. Paasikivi brauchte diese rhetorisch gemeinte Frage nicht zu beantworten: Finnland hatte keinerlei Interesse an einer militärischen Auseinandersetzung mit der Sowjetunion, denn dazu waren die militärischen Kräfte dieser beiden Länder zu ungleich. Im Kreml allerdings sah man die Sache anders: Die Finnen zu besiegen, dürfte die mächtige Rote Armee nicht vor größere Probleme stellen. Was noch fehlte, war ein geeigneter Anlaß, eine finnische Provokation, die man als Kriegsgrund verwenden konnte.

Schon am 26. November 1939 hatten die Russen ihren Kriegsgrund, den sogenannten Mainila-Zwischenfall. Mainila war eine kleine Ortschaft an der Karelischen Landenge im finnisch-sowjetischen Grenzgebiet – und einige sowjetische Soldaten, die dort am 26. November durch plötzlich einsetzenden Artillieriebeschuß getötet wurden, lieferten Stalin die Begründung für einen militärischen Überfall auf Finnland. Bis heute ist unbekannt, ob jene Granaten, denen in Mainila einige Rotarmisten zum Opfer fielen, aus finnischen oder aus sowjetischen Geschützen verschossen worden sind.

Am 28. November 1939 kündigte die Sowjetunion den finnisch-russischen Nichtangriffspakt aus dem Jahre 1932. Und als der Kreml wenig später auch die diplomatischen Beziehungen zu Helsinki abbrach, war die Rote Armee bereits angriffsbereit.

Wie eine militärische Auseinandersetzung zwischen der Sowjetunion und Finnland am Ende ausgehen mußte, war von Anfang an klar: Den 180 Millionen

Sowjetrussen standen vier Millionen Finnen gegenüber – und diesen Gesamteinwohnerzahlen entsprachen selbstverständlich auch die Verhältniszahlen an Wehrfähigen.

Als die Finnen am 12. März 1940* den Friedensvertrag von Moskau unterzeichneten, war alles vorbei: Finnland war militärisch geschlagen und besiegt. Aber 105 endlose Tage lang hatten sich die Finnen mit dem Mut der Verzweiflung gegen die übermächtige Rote Armee gewehrt und dem Gegner dabei überraschend schwere Schläge zugefügt. Daß die Finnen am Ende unterliegen mußten, war klar. Sie mochten sich so verbissen schlagen, wie sie wollten, gegen die ungeheure Übermacht des Gegners gab es keine Hoffnung auf einen militärischen Sieg.

Anders aber als wenige Jahre später, als die Soldaten der Deutschen Wehrmacht in der Tiefe des russischen Raumes nicht nur gegen die Rote Armee, sondern auch gegen die Unbilden der Jahreszeiten zu kämpfen hatten, stand im finnisch-sowjetischen Winterkrieg der Jahre 1939/40 „General Winter" zumindest zeitweilig auf der Seite der Verteidiger.

Während die reichlich mit Fahrzeugen und Gerät ausgestatteten sowjetischen Verbände bei ihrem Vorgehen im wesentlichen auf die Straßen angewiesen waren, wichen die meist nur leicht bewaffneten Finnen in die für den Gegner undurchdringlichen Wälder aus. Und die Rotarmisten lernten das Fürchten. Überall waren die finnischen Soldaten: Unsichtbar in ihren weißen Schnee-

* (Vereinbarungsgemäß waren die Feindseligkeiten erst am 13. März 1940 um 12 Uhr Leningrader Zeit einzustellen; d. Übersetzer.)

hemden und lautlos auf ihren Skiern glitten sie dahin, brachen plötzlich aus den Wäldern hervor und fügten dem Gegner so schnell schwere Verluste zu, daß jede Gegenwehr zu spät kam. Die Finnen kannten das Gelände genau, die Russen nicht; ihre Kolonnen kämpften sich auf den wenigen Straßen mühsam ins Landesinnere vor.

Die Verbände der Roten Armee waren den Finnen zahlen- und ausstattungsmäßig überlegen, aber wenn es den Finnen gelang, kleinere sowjetische Einheiten abzuschneiden, war deren Schicksal meist besiegelt. Ein neuer Begriff entstand damals und ging bald um die Welt: Motti, das finnische Wort für das aufgeschichtete Feuerholz. Aber im Winterkrieg erhielt das Wort eine neue Bedeutung: Motti, das waren die vielen kleinen Kessel, in denen die Finnen sowjetische Verbände einschlossen, sie durch ständige Angriffe zermürbten und schließlich aufrieben.

Mit den riesigen Kesselschlachten, in denen die Deutsche Wehrmacht im Sommer 1941 ganze russische Armeen und Heeresgruppen vernichtete, waren die Motti selbstverständlich nicht zu vergleichen. Ihren bescheidenen Kräften entsprechend konnten die Finnen nur kleine Kessel bilden.

Bei Suomussalmi allerdings erfochten die Finnen durch ihre Kesseltaktik sogar einen Sieg, der für die Russen weit über das zwar lästige, aber nicht wirklich beeindruckende Nadelstich-Erlebnis hinausging: In zahlreiche kleine Motti aufgespalten, wurden im Raum von Suomussalmi zwei sowjetische Divisionen eingeschlossen und von zahlenmäßig weit unterlegenen finnischen Verbänden vernichtet.

Trotz solcher finnischer Erfolge erzwangen die Russen am Ende den Sieg einfach durch das zermalmende Gewicht ihrer Übermacht. 1 200 000 Soldaten, 1 500 Panzer und 3 000 Flugzeuge aller Art setzte die Sowjetunion ein, um die Finnen in die Knie zu zwingen. Es war ein Kampf David gegen Goliath. Und obwohl sich David viel länger als erwartet mit unglaublicher Zähigkeit wehrte, siegte am Ende Goliath. Siegte wohl auch deshalb, weil David in diesem Fall weder Stein noch Schleuder besaß: Für die Finnen gab es keine überlegenen Wunderwaffen, mit deren Hilfe sie noch in letzter Stunde gegen einen übermächtigen Gegner den Sieg hätten erfechten können. Für Taktiker, Strategen und Militärhistoriker aber ist der finnisch-russische Winterkrieg 1939/40 wohl ein Lehrbeispiel: ein Beispiel dafür, daß ein entschlossener, mutig kämpfender und mit den Geländeverhältnissen vertrauter Verteidiger auch einem vielfach überlegenen militärischen Angreifer Verluste beibringen kann.

Die Brotkörbe des Herrn Molotow

1

Nachdem die Deutsche Wehrmacht im ersten „Blitzfeldzug“ des Zweiten Weltkrieges Polen innerhalb von wenigen Wochen niedergeworfen hatte, trat im Herbst und Winter des Jahres 1939 eine deutliche Beruhigung des europäischen Kriegsgeschehens ein. Die Briten und Franzosen bereiteten sich auf die Abwehr der zu erwartenden deutschen Westoffensive vor, die Deutschen zogen den Großteil ihrer Verbände aus Polen ab und begannen mit den Vorbereitungen für den geplanten Feldzug im Westen.

Zu größeren Kampfereignissen kam es allerdings einstweilen im Westen nicht. Die feindlichen Heere lagen einander im wesentlichen bewegungslos gegenüber. „Phoney War“ nannten das die Engländer, für die Franzosen war es die Phase des „drôle de guerre“, und die deutschen Soldaten sprachen vom „Sitzkrieg“, der nun offenbar an die Stelle des „Blitzkrieges“ getreten war.

Früher und an ganz anderer Stelle als erwartet geriet jedoch das „europäische Kriegstheater“ in Bewegung, als die Sowjetunion am 30. November 1939 mit starken Verbänden das finnische Nachbarland angriff. Und das Kriegsgeschehen im Norden Europas erregte bald soviel Interesse und weltweite Anteilnahme, daß man zeitweilig beinahe zu vergessen schien, daß im Westen des Kontinents weit wichtigere militärische Entscheidungen fallen mußten.

105 Tage lang, vom 30. November 1939 bis zum 13. März 1940, wehrten sich die Finnen gegen die übermächtige Sowjetunion. Knapp vier Millionen standen gegen einhundertachtzig Millionen. Es war ein einseitiger Kampf, an dessen Ausgang kein Zweifel bestehen konnte.

Wohl ebenso dramatisch und ereignisreich wie die militärischen Auseinandersetzungen selber ist die Vorgeschichte dieses Konflikts, der als finnisch-russischer Winterkrieg in die Historie eingehen sollte. Es ist die Geschichte eines kleinen und tapferen Volkes, welches zwischen die Mahlsteine der europäischen Machtpolitik geraten war und sich gegen dieses Geschick zur Wehr zu setzen suchte. Finnland wurde gleichermaßen ein Opfer der Machtpolitik des Kreml wie des zynischen außenpolitischen Opportunismus Hitlers.

In einem geheimen Zusatzprotokoll zum deutsch-sowjetischen Freundschafts- und Nichtangriffspakt vom 23. August 1939 hatten sich Berlin und Moskau über das zukünftige Schicksal Finnlands geeinigt: Nach dem Willen der vertragschließenden Parteien sollte Finnland in die Interessensphäre der UdSSR fallen. Die Finnen selber hatte man dazu weder gehört noch gefragt – das wäre im übrigen auch ganz ohne Sinn gewesen, denn Helsinki hätte den deutsch-sowjetischen Vorstellungen ohnehin niemals seine Zustimmung gegeben. Zu oft schon hatte Finnland im Laufe seiner Geschichte für Rußland als bloßer Pufferstaat fungieren müssen.

Im 19. Jahrhundert war das Land im Gefolge der napoleonischen Kriege als Großfürstentum dem Zarenreich angegliedert und rücksichtslos „russifiziert“ worden. Und nachdem Finnland im Zusammenhang mit den Ereignissen der bolschewistischen Revolution am 6. Dezember 1917 endlich seine staatliche Unabhängigkeit errungen hatte, mußten die Finnen ihre neugewonnene Souveränität gleich darauf in einem blutigen Bürgerkrieg verteidigen, in dem die „Roten“ erst nach schweren und für beide Parteien überaus verlustreichen Kämpfen den „Weißen“ unterlagen.

Es war also nicht weiter verwunderlich, daß das finnisch-sowjetische Verhältnis im Grunde stets recht gespannt blieb und Helsinki sich jeder sowjetischen Annäherung gegenüber – wie sie besonders seit dem April 1938 vom Kreml überaus intensiv angestrebt wurde – äußerst kühl und abweisend verhielt.

Dies also war der unglückliche historische Nährboden, aus dem schließlich die Voraussetzungen für den Winterkrieg erwuchsen. Finnen und Russen hatten allen Anlaß, einander zu mißtrauen. Ebenso radikal, wie sich in der Sowjetunion nach der bolschewistischen Revolution die „Roten“ durchgesetzt hatten, wurde die finnische politische Szenerie von den Bürgerlichen, den „Weißen“, dominiert. Als die „Weißen“ – damals bereits unter der Führung des späteren Marschalls von Finnland, Carl Gustaf Mannerheim, – nicht zuletzt infolge massiver deutscher militärischer Unterstützung (Ostsee-Division unter General von der Goltz) – den Bürgerkrieg für sich entschieden hatten, mußte die Sowjetunion in dem im Jahre 1920 geschlossenen Frieden von Dorpat die staatliche Souveränität des Nachbarlandes nochmals ausdrücklich anerkennen.

In Dorpat einigte man sich auch über die Grenzen des neuen Staates zur Sowjetunion: Finnland erklärte sein Einverständnis, daß Ostkarelien, ebenso wie die beiden Grenzprovinzen Repola und Porajärvi, endgültig dem sowjetischen Staatsgebiet zugeschlagen werden sollten, dies nicht zuletzt deshalb, weil die Russen an Grenzkorrekturen in diesem Gebiet besonders wegen des Schutzes von Leningrad interessiert waren. Die Sowjetunion ihrerseits anerkannte die finnischen Ansprüche auf Westkarelien und räumte dem Nachbarstaat gleichzeitig einen schmalen Landkorridor im Norden ein, welcher Finnland den Zugang zu dem nun ebenfalls zum finnischen Hoheitsgebiet gehörenden Eismeerhafen von Petsamo gewährleisten sollte. Gleichzeitig einigte man sich über die Neutralisierung einiger Inseln im Finnischen Meerbusen.

Im Jahre 1932 wurde schließlich ein Nichtangriffspakt zwischen Finnland und der Sowjetunion geschlossen. Darin ebenso wie in einem weiteren im Jahre 1934 abgeschlossenen bilateralen Abkommen wurden die Bestimmungen des Friedensvertrages von Dorpat bestätigt, gleichzeitig wurde die Bildung einer Schiedskommission beschlossen, zu deren Aufgaben es unter anderem gehören sollte, zwischen den Vertragsparteien auftretende „Streitigkeiten jeglicher Art . . . einer friedlichen Regelung zuzuführen“. Die in den Jahren 1932 und 1934 abgeschlossenen Verträge sollten zunächst bis zum Jahre 1945 Gültigkeit behalten.

Da nun die außenpolitischen Beziehungen zur Sowjetunion auf eine grundsätzlich verläßliche Basis gestellt waren, begann sich die finnische Außenpolitik hauptsächlich auf die Herstellung intensiver Kontakte zu den skandinavischen Nachbarländern zu konzentrieren. Gleichzeitig hoffte Helsinki, das Land durch eine konsequente Neutralitätspolitik aus möglichen militärischen Auseinandersetzungen zwischen europäischen Drittstaaten herauszuhalten.

Nachdem der junge Sowjetstaat nach der Revolution infolge von innenpolitischen Schwierigkeiten jahrelang aus dem Konzert der europäischen Mächte ausgeschieden war, nahm das Land in den dreißiger Jahren allmählich wieder Anteil an den Ereignissen der internationalen Politik.

Nach der Machtübernahme der Nationalsozialisten in Deutschland begannen sich ab dem Jahre 1933 die politischen Verhältnisse in Europa schnell und in einer für die UdSSR beunruhigenden Weise zu verändern. Hitler hatte von Anfang an keinen Zweifel daran gelassen, daß der Bolschewismus als ideologischer Hauptfeind des Nationalsozialismus anzusehen sei. Wer Hitlers „Mein Kampf" gelesen hatte, wußte, daß der Führer nach einer Ausdehnung des deutschen Lebensraumes nach Osten strebte. Offenbar hatte man in Moskau „Mein Kampf" gelesen und durchaus ernst genommen: Wenn es der Sowjetunion nicht gelang, aus der internationalen Isolierung herauszufinden und gleichzeitig das Land rechtzeitig auf eine zukünftige militärische Auseinandersetzung mit dem nationalsozialistischen Deutschen Reich vorzubereiten, konnte die zukünftige Lage des „Vaterlandes der Werktätigen" recht prekär werden.

Im Rahmen sicherheitspolitischer Überlegungen begann sich die Kremlführung um eine Vorfeldbereinigung zu kümmern. Man versuchte auf die kleinen Randstaaten der Sowjetunion außenpolitischen Druck auszuüben, um diese Länder so eng wie möglich an die UdSSR zu binden.

Auch die Finnen bekamen die Auswirkungen dieser Entwicklung zu spüren. Im April 1938 erhielt der damalige finnische Außenminister Rudolf Holsti einen wichtigen Telefonanruf: Boris Jartsew, zweiter Sekretär der sowjetischen Gesandtschaft in Helsinki, ersuchte Holsti um eine Aussprache. Obwohl eine derartige unmittelbare Kontaktaufnahme dem diplomatischen Protokoll widersprach, stimmte Holsti dem von Jartsew vorgetragenen Ersuchen zu. Man mußte annehmen, daß es sich um eine Angelegenheit von einiger Bedeutung handelte, denn Jartsew war zwar offiziell nur zweiter Gesandtschaftssekretär, inoffiziell aber war bekannt, daß er gleichzeitig die Interessen der sowjetischen Geheimpolizei wahrnahm.

Am 14. April 1938 erfuhren die Finnen sodann aus berufenem sowjetischen Mund, was die Kremlführung bewegte: Man müsse, so wurde Außenminister Holsti mitgeteilt, ernsthaft befürchten, daß Finnland in Zukunft einem Aggressionsakt der Nationalsozialisten zum Opfer fallen und sodann finnisches Staatsgebiet als Aufmarschraum und Ausgangspunkt für einen möglichen deutschen Angriff gegen die Sowjetunion benützt werden könnte. In einem solchen Fall, so sagte Jartsew, werde die Sowjetunion nicht zögern, den Krieg auch auf finnischem Boden zu führen.

Sollten die Finnen den möglichen deutschen militärischen Absichten jedoch ernsthaft Widerstand entgegensetzen, so sei die UdSSR bereit, das Nachbarland in jeder nur möglichen Weise wirtschaftlich und militärisch zu unterstützen, und erkläre bereits zum gegenwärtigen Zeitpunkt verbindlich, daß in einem solchen Fall die gegebenenfalls im Land befindlichen Verbände der Roten Armee zum frühestmöglichen Zeitpunkt wieder abgezogen werden sollten. Überdies, so versicherte Jartsew dem finnischen Außenminister, wolle man die Aussprache als streng vertraulich behandeln, so vertraulich, daß beispielsweise nicht einmal der sowjetische Gesandte in Helsinki davon Kenntnis erhalten werde.

Dem ersten vorfühlenden Gespräch am 14. April 1938 folgte eine ganze Reihe von weiteren vertraulichen finnisch-sowjetischen Aussprachen. Während dieser etwa ein Jahr lang fortgesetzten Gesprächsrunden wurden die sowjetischen Vorstellungen allmählich immer deutlicher.

Wie zunächst Holsti gegenüber, regte Jartsew während späterer Zusammenkünfte mit dem finnischen Finanzminister Tanner und mit Ministerpräsident Cajander immer wieder an, daß Finnland sich durch eine Garantieerklärung verpflichten möge, im Fall einer militärischen Auseinandersetzung zwischen dem Deutschen Reich und der Sowjetunion nicht zugunsten der Deutschen zu intervenieren. Erst im Laufe von weiteren Gesprächen wurden die sowjetischen Vorstellungen deutlich: Während Jartsew zunächst keine näheren Erklärungen zu Art und Umfang der von Moskau gewünschten Garantieerklärung geben mochte, konkretisierte er schließlich

Cajander und Tanner gegenüber die Absichten seiner Regierung. Der Kreml hatte Helsinki einen Handel anzubieten: Finnland sollte sich in einem zweiteiligen außenpolitischen Abkommen auf eine antideutsche Haltung festlegen, als Gegenleistung bot Moskau den Abschluß eines ebenfalls bilateralen Wirtschaftsabkommens, das den Finnen beachtliche Vorteile im Handel mit der Sowjetunion einräumte.

Da die Finnen die sowjetischen Vorschläge nicht akzeptierten, zogen sich die Verhandlungen ohne jedes konkrete Ergebnis bis zum Herbst 1938 hin. Noch im Sommer 1938 legte Helsinki einen Vertragsentwurf vor, den jedoch die Sowjetunion nicht billigte. Der finnische Vorschlag war ein Kompromißversuch gewesen: Er enthielt zwar die für die Sowjetunion wesentliche Absichtserklärung, daß Finnland auch in Zukunft einerseits eine neutrale Außenpolitik verfolgen und andererseits nicht zulassen werde, daß finnisches Staatsgebiet jemals von einer Großmacht als Ausgangspunkt für einen militärischen Angriff gegen die UdSSR benützt werden könne, doch hatten die Finnen auch Forderungen zu stellen.

Die Sowjetunion, so erklärte Helsinki, solle ihr Einverständnis zur Befestigung der Ålandinseln erteilen, da dies eine wesentliche Garantie für die Bewahrung der finnischen Neutralität darstellte. Von derartigen Vorschlägen wollte man aber im Kreml nichts wissen.

Am 18. August 1938 wurde ein sowjetischer Gegenvorschlag überreicht. Finnland, so hieß es darin, solle eine verbindliche Verpflichtungserklärung abgeben, daß das Land einem möglichen deutschen militärischen

Angriff Widerstand leisten und zu diesem Zweck nötigenfalls sowjetische Unterstützung in Anspruch nehmen werde. Den sowjetischen Vorstellungen entsprechend sollten in Friedenszeiten zwar keine russischen Verbände auf finnischem Boden stationiert werden, doch verlangte man die Genehmigung zur Errichtung eines Stützpunktes für die sowjetische Luftwaffe auf Suursari (Hogland) im Finnischen Meerbusen.

Nach den sowjetischen Vorstellungen sollten überdies die finnischen Streitkräfte in Zukunft mit Waffen und Material aus der Sowjetunion ausgestattet werden, als Gegenleistung bot Moskau seine Zustimmung zur militärischen Befestigung der Ålandinseln durch Finnland, mit gewissen Einschränkungen allerdings: Die Sowjets boten für die Befestigungsarbeiten nicht nur ihre Unterstützung an, sie bestanden auch auf der Einräumung von gewissen Kontroll- und Aufsichtsrechten. Stimmte Helsinki den sowjetischen Vorschlägen zu, war Moskau überdies zur Abgabe einer Garantieerklärung hinsichtlich der Wahrung der finnischen territorialen Integrität und Souveränität bereit. Gleichzeitig wurde den Finnen erneut auch ein für sie überaus günstiges Handelsabkommen in Aussicht gestellt. Dennoch lehnte die finnische Regierung das sowjetische Angebot ab.

Zu den Gründen für diese Entscheidung stellte Ministerpräsident Cajander fest, daß „der (sowjetische) Vorschlag in einem gewissen Widerspruch zur Souveränität Finnlands steht und dem Gedanken der Neutralitätspolitik widerspricht, welche Finnland gemeinsam mit den übrigen skandinavischen Staaten verfolgt“.

Die Russen nahmen diese unverhüllte Ablehnung

ihrer Vorschläge zunächst ohne Kommentar zur Kenntnis. Einige Monate lang geschah nichts. Als im Dezember 1938 das neue finnische Gesandtschaftsgebäude in Moskau seiner Bestimmung übergeben wurde, gab es zwar vorübergehend Ansätze zu einer Wiederaufnahme der finnisch-sowjetischen Verhandlungen, doch brachten diese keinerlei konkrete Ergebnisse, weil beide Seiten unverrückbar auf ihren divergierenden Standpunkten beharrten.

An dieser Situation änderte sich auch in den ersten Monaten des Jahres 1939 nichts: Die Beziehungen zwischen Helsinki und Moskau blieben unverändert kühl, ja sie verschlechterten sich sogar noch. Bevor man keine Einigung in den zur Erledigung anstehenden politischen und militärischen Fragen erzielt habe, so verlautete aus dem Kreml, erübrigten sich alle Gespräche zu einem finnisch-sowjetischen Handelsabkommen.

Helsinki zeigte sich negativ beeindruckt, aber man gedachte nicht von seinem Standpunkt abzuweichen: Die finnische Neutralität und Souveränität waren unverletzlich, und daher waren die sowjetischen Vorschläge unannehmbar. Im März 1939 trat die Sowjetunion mit einer neuen Initiative an Finnland heran. Moskau ersuchte um die pachtweise Überlassung einiger seit dem Jahre 1920 neutralisierter Inseln im Finnischen Meerbusen, dies allerdings ausschließlich für Zwecke der militärischen Beobachtung. Sollte sich Helsinki dazu nicht verstehen können, war die UdSSR an einem Tauschgeschäft interessiert und bot für die endgültige Überlassung der Inseln den Finnen Gebietskompensationen im ostkarelischen Gebiet nördlich des Ladogasees.

Auch diese sowjetischen Vorschläge wurden von der finnischen Regierung aus mehreren Gründen abgelehnt. Sie berief sich auf die finnische Staatsverfassung, nach deren Bestimmungen jede Abtretung finnischen Territoriums einer Fünfsechstelmehrheit im Reichstag bedurfte. Hätte man die Angelegenheit jedoch dem Reichstag zur Behandlung vorgelegt, wäre es mit der von der Sowjetunion gewünschten absoluten Vertraulichkeit des Gebietshandels selbstverständlich vorbeigewesen.

Von den verfassungsmäßigen Schranken abgesehen, war man sich im finnischen Kabinett durchaus klar darüber, daß ein solcher Handel mit der Sowjetunion jede finnische Regierung innenpolitisch zu Fall bringen mußte – und überdies: Wenn man mit den Russen ein solches Geschäft machte, hätte man in konsequenter Verfolgung der eigenen Neutralitätspolitik auch anderen Staaten gewisse territoriale Wünsche nicht abschlagen dürfen. Es war durchaus denkbar, daß auch das Deutsche Reich ähnliche Vorstellungen an Helsinki heranzutragen hatte.

Infolge der starren finnischen Haltung wurden nun alle weiteren finnisch-sowjetischen Gespräche – sowohl hinsichtlich politischer als auch wirtschaftlicher Fragen – abgebrochen.

Ende April 1939 sahen sich die Finnen einem neuen außenpolitischen Interessenten gegenüber: Wie den übrigen skandinavischen Staaten bot das Deutsche Reich auch Finnland einen Nichtangriffspakt an. Und wie Schweden und Norwegen lehnte auch Finnland die deutsche Initiative ab, weil man sie als mit dem erklärten Neutralitätskurs und der skandinavienbezogenen außenpolitischen Orientierung des Landes für unvereinbar hielt. Diese Haltung mochte neutralitätsrechtlich korrekt sein, den realpolitischen Interessen Finnlands entsprach sie nicht. Finnland, so stellte Mannerheim dazu später fest, habe durch seine damalige Haltung nur Nachteile in Kauf nehmen müssen. Für den Preis der offenen Brüskierung der beiden mächtigsten kontinentaleuropäischen Staaten, nämlich des Deutschen Reiches und der Sowjetunion, habe man nichts erhalten, was einer Stärkung der Sicherheit des Landes hätte dienen können. Die Regierung in Helsinki hielt trotz der sich allmählich deutlich verschlechternden und zuspitzenden politischen Gesamtsituation in Europa konsequent an ihrer Neutralitätspolitik fest. Während die Lage in Skandinavien zunächst äußerlich noch stabil blieb, überstürzten sich im zentraleuropäischen Raum die Ereignisse. Dem „Anschluß" Österreichs an das Deutsche Reich im März 1938 folgte im Herbst desselben Jahres die „Sudetenkrise", die man mit dem Abkommen von München gerade noch ohne Blutvergießen bereinigen konnte. Auf der Strecke blieb die Tschechoslowakei. Den politischen Handel hatten Deutschland und Italien einerseits und Großbritannien und Frankreich andererseits abgemacht; die Russen hatte man trotz ihrer Schutzmachtstellung zu den Münchener Gesprächen über das zukünftige Schicksal der Tschechen nicht einmal eingeladen. Das Jahr 1939 brachte zunächst die Zerschlagung der Resttschechei durch das Deutsche Reich und die gewaltlose „Heimführung des Memellandes" in das Reich.

Die sowjetische Führung beobachtete diese Entwicklung mit großer Besorgnis und mit wachsendem Mißtrauen. Die deutsche Expansionspolitik in Europa machte Gegenmaßnahmen erforderlich. Für Moskau ging es dabei zunächst weiterhin um eine Vorfeldbereinigung: Finnland – dem man im Kreml aufgrund der enttäuschenden Erfahrungen der vergangenen Monate ohnehin bereits recht mißtrauisch gegenüberstand – mußte ebenso in die sowjetische Interessensphäre einbezogen werden wie die baltischen Randstaaten Estland, Lettland und Litauen. Da an eine offene Okkupation nicht zu denken war, mußte man dieses außenpolitische Ziel auf diplomatischem Weg zu erreichen versuchen, entweder in Zusammenarbeit mit Großbritannien und Frankreich oder durch die Herstellung des Einvernehmens mit dem Deutschen Reich.

Zunächst waren die Briten und Franzosen im Vorteil: Schon im März des Jahres 1939 hatten diplomatische Gespräche zwischen der Sowjetunion und den beiden Westmächten begonnen. England und Frankreich suchten dabei nach Möglichkeiten zur vorsorglichen Eindämmung des deutschen Expansionsdranges in Europa, für die Sowjetunion ging es vor allem um die Anerkennung ihrer Interessen an Finnland und den baltischen Staaten. Man dachte im Kreml an eine völkerrechtliche Verankerung einer von der Sowjetunion zu übernehmenden militärischen Beistandspflicht, die den betreffenden Ländern im Fall eines Angriffes durch dritte Staaten zuteil werden sollte.

Selbstverständlich hatte auch diese Medaille ihre Kehrseite: Die Beistandspflicht sollte nach sowjetischer Vorstellung auch im Fall einer „indirekten Aggression“ wirksam werden. Und eine „indirekte Aggression“ sollte nach Ansicht Moskaus bereits dann gegeben sein, wenn einer der schutzbefohlenen kleinen Randstaaten der UdSSR einen prodeutschen außenpolitischen Kurs einschlug.

Als in Finnland Gerüchte über den Inhalt der zwischen den Westmächten und der Sowjetunion geführten außenpolitischen Gespräche umzulaufen begannen, erhob sich im Land ein Sturm der Empörung. Von der schwedischen Regierung diplomatisch unterstützt, legte das finnische Kabinett sowohl in London als auch in Paris überaus scharfen Protest gegen diese ungeheuerliche Art des Vorgehens ein. Solcherart aus der sicheren Vertraulichkeit der diplomatischen Gespräche aufgeschreckt, mußten Großbritannien und Frankreich eilig den Rückzug antreten. Es sei selbstverständlich, so verlautete aus Paris und London beschwichtigend, daß durch irgendwelche außenpolitischen Vereinbarungen die Handlungsfähigkeit und Souveränität Finnlands nicht angetastet werden sollte. Und obwohl die Gespräche zwischen den Westmächten und der Sowjetunion auch nach diesem peinlichen Eklat bis zum Sommer 1939 fortgesetzt wurden, brachten sie doch keinerlei Ergebnisse.

Das lag selbstverständlich nicht nur an der Finnland-Frage, aber man darf sicher sein, daß die Proteste Helsinkis den weiteren Verlauf der Gespräche nicht gerade günstig beeinflußt haben. Obwohl Briten und Franzosen früher als sie in Verhandlungen mit der Sowjetunion eingetreten waren, hatten die Deutschen im Jahre 1939 mehr Verhandlungsglück mit dem Kreml als die Westmächte.

Die deutsch-sowjetischen Gespräche hatten im April

1939 begonnen und zunächst nur Wirtschaftsfragen zum Gegenstand gehabt. Schon bald aber kamen die Vertreter der beiden großen europäischen Diktaturen einander auch in politischen Fragen näher. Da das Deutsche Reich im Jahre 1939 keine aktuellen außenpolitischen Interessen im Ostseeraum verfolgte, wurde man sehr schnell handelseins: Mit unglaublichem politischen Opportunismus lieferte Berlin nicht nur die baltischen Staaten, sondern auch Finnland ohne viel Zögern der sowjetischen Interessensphäre aus. Da die außenpolitischen Ziele Hitlers im Jahre 1939 anderswo lagen und eine Einigung mit der UdSSR im Hinblick auf den bevorstehenden Polenfeldzug zweckmäßig erschien, zeigte sich Hitler den Russen gegenüber ungewöhnlich großzügig.

Bereits am 23. August 1939 flog Reichsaußenminister Joachim von Ribbentrop zur Unterzeichnung des deutsch-sowjetischen Freundschafts- und Nichtangriffspaktes nach Moskau. Mochte die Weltöffentlichkeit auch verblüfft sein, mochten überzeugte Kommunisten und Nationalsozialisten gleichermaßen vor den Kopf gestoßen sein: Die beiden großen politischen Todfeinde Europas hatten sich geeinigt, und in Moskau ebenso wie in Berlin feierte man offiziell den Beginn einer völlig neuen und fruchtbaren Epoche in den zwischenstaatlichen Beziehungen.

Obwohl die vertragschließenden Parteien es konsequent in Abrede stellten, sollte Finnland doch vereinbarungsgemäß in die sowjetische Interessensphäre fallen – und die Finnen selber sollten die Auswirkungen dieses politischen Handels schon recht bald zu spüren bekommen.

Zunächst jedenfalls profitierten sowohl das Deutsche Reich als auch die Sowjetunion vom Freundschafts- und Nichtangriffspakt. Als die Deutsche Wehrmacht am 1. September 1939 Polen angriff, brauchte sich die politische und militärische Führung des Deutschen Reiches keine Sorgen wegen allfälliger negativer sowjetischer Reaktionen zu machen. Im Gegenteil: Ab dem 17. September 1939 beteiligte sich auch die Rote Armee am Polenfeldzug. Nachdem man sich – wie es offiziell lautete – im Kreml vom „internationalen Bankrott des polnischen Staates" überzeugt hatte, holten sich auch die Russen ihren Anteil aus der polnischen Beute. Nach der nunmehr vierten Teilung in der Geschichte Polens bildete der Bug die neue Interessengrenze zwischen dem Deutschen Reich und der Sowjetunion.

Alles verlief vereinbarungsgemäß: Östlich des Grenzflusses gab es für Hitler keine Interessen mehr wahrzunehmen – zumindest für den Augenblick nicht. Damit war auch das Schicksal der drei baltischen Staaten besiegelt. Bereits am 28. September 1939 schloß die Sowjetunion mit Estland einen Beistandsvertrag ab, der den Russen gleichzeitig Stützpunkte einräumte. Am 5. Oktober schloß sich Lettland notgedrungen dem estnischen Beispiel an, und am 11. Oktober wurde auch ein sowjetisch-litauischer Beistandspakt abgeschlossen. Weniger als ein Jahr später hatten die baltischen Staaten ihre Souveränität verloren. In den Monaten Juli und August 1940 wurden Estland, Lettland und Litauen als sozialistische Sowjetrepubliken in die UdSSR „heimgeführt". Am 5. Oktober 1939 schlugen die Sowjets auch den Finnen gegenüber endgültig härtere Töne an.

Außenminister Eljas Erkko erhielt eine dringende Botschaft seines sowjetischen Amtskollegen. Man habe, so ließ Molotow mitteilen, „gewisse konkrete Fragen politischer Natur“ zu besprechen, und Erkko möge sich zu diesem Zweck nach Moskau bemühen.

Als Helsinki bis zum 8. Oktober auf die sowjetische Einladung in keiner Weise reagierte, ließ Molotow durch den sowjetischen Geschäftsträger den finnischen Außenminister wissen, daß Eile geboten sei und es die Sowjetunion befremden müsse, daß Finnland der ganzen Angelegenheit offenbar nicht mit jenem Ernst gegenüberstehe, wie ihn die baltischen Staaten in vergleichbarer Lage bewiesen hätten. Erkko blieb gelassen. „Mir ist nichts über Art und Umstände der den baltischen Staaten nach Moskau zuteil gewordenen Einladungen bekannt“, meinte der finnische Außenminister zum sowjetischen Drängen. Und weiter: „Finnland sieht diese Angelegenheit als eine ganz normale diplomatische Frage an und behandelt sie daher auch nach den üblichen diplomatischen Gepflogenheiten.“ Damit war die Haltung Finnlands zunächst einmal klargestellt: Unter dem Eindruck einer bloßen Drohung gedachte das Land vor der Sowjetunion nicht zu kapitulieren. Dennoch konnte man die dringende sowjetische Einladung nicht einfach ignorieren, doch entschied man, daß nicht Außenminister Erkko die finnische Verhandlungsdelegation nach Moskau begleiten sollte. Die heikle Aufgabe des Delegationsführers sollte Juho Kusti Paasikivi, der die finnischen Interessen als Gesandter in Stockholm vertrat, übernehmen. Paasikivi fuhr mit klaren Instruktionen nach Moskau. Was die Russen erwarteten, ließ sich am

Beispiel des sowjetischen Verhaltens den drei baltischen Staaten gegenüber recht genau abschätzen.

Daß die „konkreten Fragen politischer Natur“ in ebenso konkreten Forderungen an Finnland ihren Niederschlag finden würden, war zu befürchten. Trotzdem war der Auftrag Paasikivis eindeutig: Keine territorialen Konzessionen gegenüber der sowjetischen Militärstützpunkte auf dem finnischen Festland oder auf den Ålandinseln, keine Grenzkorrekturen zugunsten Moskaus an der Karelischen Landenge.

Er solle versuchen, so hatte man Paasikivi angewiesen, das sowjetische Mißtrauen unter Hinweis auf die finnische Neutralitätspolitik zu zerstreuen, er solle die Russen an den Frieden von Dorpat erinnern und ebenso auch an den im Jahre 1932 abgeschlossenen Nichtangriffspakt. Und wenn nicht dies bereits die russischen Bedenken zerstreute, so sollte der finnische Delegationsführer die Kremlherren darauf hinweisen, daß doch die tatsächlichen Kräfteverhältnisse Finnland niemals zu einem ernsthaften militärischen Gegner der mächtigen Sowjetunion qualifizieren konnten. Wenn dies alles nichts fruchtete, so lauteten Paasikivis Instruktionen, dürfe er in gewisse Gebietskonzessionen einwilligen, dies jedoch nur hinsichtlich einiger kleiner Inseln im Finnischen Meerbusen mit Ausnahme von Suursaari. In Gespräche über mögliche wechselseitige Beistandsverpflichtungen zwischen Finnland und der UdSSR sollte Paasikivi jedoch unter keinen Umständen eintreten.

Die finnische Verhandlungsdelegation reiste am 9. Oktober 1939 nach Moskau ab, wo die bilateralen Gespräche am 12. Oktober begannen. Die Finnen wurden gleich am ersten Verhandlungstag mit sowjetischen Forderungen konfrontiert, welche ihre schlimmsten Erwartungen noch übertrafen. Stalin verlangte Unmögliches – zumindest nach den Vorstellungen der Finnen: Die Überlassung eines Stützpunktes auf der Halbinsel Hangö für die sowjetische Kriegsmarine, wobei die Russen an die Stationierung eines etwa 5000 Mann starken Kontingents dachten, ferner die Abtretung des westlichen Teiles der Fischereihalbinsel an die Sowjetunion und zusätzlich eine Verschiebung der Grenzlinie an der Karelischen Landenge um zwölf Kilometer nach dem Westen. Keine der sowjetischen Forderungen war akzeptabel, besonders die vom Kreml gewünschten Korrekturen an der Karelischen Landenge hätten die sowjetische Grenze gefährlich nahe an Wyborg – die zweitgrößte Stadt Finnlands – heranrücken lassen, und über einen finnisch-sowjetischen Beistandsvertrag, dessen Abschluß von den Russen anläßlich der Gespräche im Oktober 1939 dringend gefordert wurde, brauchte man überhaupt nicht erst zu reden.

Zwar hatte die finnische Regierung Paasikivi ermächtigt, unter schwerstem sowjetischen Druck gewissen unbedeutenden Gebietsabtretungen zuzustimmen, aber einen militärischen Beistandspakt mit dem Kreml zu schließen, war Helsinki unter keinen Umständen bereit. Während man über die russischen Forderungen nach der Überlassung einiger Inseln im Finnischen Meerbusen zumindest grundsätzlich diskutieren konnte, war die Übergabe der Insel Suursaari – an welcher die Sowjets besonders interessiert waren – aus finnischer Sicht undenkbar.

Insgesamt sollten nach den russischen Vorstellungen 2761 Quadratkilometer finnischen Bodens an die Sowjetunion abgetreten werden, dafür boten die Sowjets zwar die Abtretung von 5529 Quadratkilometern sowjetischen Territoriums an Finnland, aber die Relation stimmte trotzdem nicht. Ohne Zweifel hätte Finnland bei diesem Kompensationsgeschäft flächenmäßig gewonnen, wodurch ein ganz wesentlicher Bestandteil des Paasikivi von seiner Regierung erteilten Verhandlungsmandates erfüllt gewesen wäre. Jede finnische Gebietsabtretung, so hatte man den Leiter der finnischen Verhandlungsdelegation vor seiner Abreise nach Moskau instruiert, müsse durch sowjetische territoriale Konzessionen in einem Ausmaß kompensiert werden, welches auch ausländische Beobachter als „vernünftig" ansehen könnten. Während die Finnen aber beinahe 3000 Quadratkilometer fast ausschließlich nutzbaren und kultivierten Bodens abtreten sollten, boten die Russen zur Kompensation dafür mehr als 5000 Quadratkilometer urwaldähnlicher Wildnis nördlich des Ladogasees.

Die russischen Forderungen nach Schleifung der beiderseitigen Grenzbefestigungen „als unabdingbare Voraussetzung für friedliche Beziehungen" war am Gesamtausmaß des sowjetischen Forderungskatalogs gemessen eigentlich bereits ohne wesentliche Bedeutung.

Da die Vorstellungen der Kremlführung weit über das Verhandlungsmandat der finnischen Delegation hinausgingen, kehrte Paasikivi bald nach Beginn der finnisch-sowjetischen Gespräche zur Berichterstattung nach Helsinki zurück. Die finnische Regierung zeigte sich betrof-

Finnische Artillerie im Manövereinsatz kurz vor Kriegsausbruch.
Die Aufnahmen entstanden in Karelien.

Ribbentrop und Molotow treffen sich im August 1939 zur Unterzeichnung des deutsch-sowjetischen Freundschafts- und Nichtangriffpakts. Finnland gerät dadurch in den Einflußbereich Rußlands.

Der Ruf zu den Waffen: Finnische Reservisten auf dem Marsch nach Johannes.

Bemühte sich vergeblich um einen Ausgleich mit Sowjetrußland: Der finnische Außen minister Rudolf Holsti.

A. K. Cajandar, finnischer Ministerpräsident im Jahre 1938. Auch er konnte seinem Land die militärische Auseinandersetzung mit der Sowjetunion nicht ersparen.

Bewährte sich erfolgreicher als die nach ihm benannte Befestigungslinie an der Karelischen Landenge: Freiherr Carl Gustav Mannerheim, Marschall von Finnland.

Der schwedische Ministerpräsident Hansson. Er sagte den Finnen zwar materielle und diplomatische Unterstützung zu, schloß den Einsatz schwedischer Truppen jedoch wegen möglicher negativer Reaktionen des deutschen Reiches aus.

Mythos und Wirklichkeit: Eine der Stacheldrahtsperren der Mannerheim-Linie. Trotz ihrer offenbaren Unzulänglichkeit vermochten die Russen die finnischen Sperranlagen nicht im ersten Ansturm zu überwinden.

Finnische Deckungstruppen ziehen sich im Vorgelände der Mannerheim-Linie vor den angreifenden Russen zurück.

fen, war aber nicht zur Kapitulation bereit. Auf Hangö, so entschied das Kabinett, werde man sowjetische Militärstützpunkte unter keinen Umständen dulden, dagegen könne man, falls die Russen darauf bestünden, an die Abtretung von fünf kleineren Inseln im Finnischen Meerbusen denken. Auch eine unbedeutende Verschiebung der Grenzlinie an der Karelischen Landenge schien der finnischen Regierung nun nicht mehr unmöglich, dies allerdings nur, falls die Russen entsprechende territoriale Kompensationen anboten. Einen formellen Beistandsvertrag mit der Sowjetunion zu akzeptieren, war Finnland weiterhin nicht bereit, allerdings, so teilte man Paasikivi mit, könne man an eine Modifizierung des finnisch-sowjetischen Nichtangriffspaktes aus dem Jahre 1932 etwa in der Form denken, daß sich die vertragschließenden Parteien verpflichteten, einen Drittstaat in einem möglichen militärischen Konfliktfall mit dem anderen Vertragsstaat nicht zu unterstützen. Sollten sich die Russen weiterhin unnachgiebig zeigen, so sollte die finnische Delegation überdies ihre Einwilligung zur Abtretung des Südteiles von Suursaari und nötigenfalls sogar zur vollständigen Abtretung der Insel geben, wenn die Russen in einem solchen Fall dann wenigstens von ihren Forderungen hinsichtlich der Militärstützpunkte auf Hangö abstehen wollten. Hinsichtlich der Fischereihalbinsel blieb Helsinki dagegen hart, hier sollten Abtretungen unter keinen Umständen infrage kommen.

Nach Abschluß seiner Konsultationen kehrte Paasikivi in Begleitung von Minister Tanner nach Moskau zurück. Die Sowjets zeigten sich jedoch von der nunmehrigen Anwesenheit eines finnischen Regierungsmitgliedes in keiner Weise berührt und erklärten bereits am 23. Oktober die finnischen Gegenvorschläge als unbefriedigend. Die sowjetischen Forderungen, so ließ Stalin mitteilen, entsprächen ohnehin nur einem Minimalprogramm, und es sei daher zwecklos, darüber noch zu verhandeln. Zwei Stunden lang diskutierte man ohne jedes Ergebnis, dann brach der sowjetische Außenminister die Gespräche ab.

„Haben Sie die Absicht, einen Konflikt zu provozieren?“ fragte Molotow den finnischen Delegationsführer sichtlich verärgert. Paasikivi konterte scharf: „Wir nicht – aber Sie allem Anschein nach!“

Damit waren die Gespräche zu Ende. Während sich Paasikivi und Tanner bereits auf die Rückreise nach Helsinki vorbereiteten, erschien einige Stunden nach Abbruch der Verhandlungen der Sekretär Molotows im Quartier der finnischen Delegation und bat die Herren zu weiteren Gesprächen in den Kreml.

Die Finnen wurden von Stalin empfangen, der – als wäre nichts geschehen und als hätte man die Verhandlungen nicht bereits ergebnislos abgebrochen – den überraschten Delegierten ein revidiertes sowjetisches Forderungsprogramm vorlegte. Statt der ursprünglich geforderten Stationierung von 5000 Mann auf Hangö wollte sich Stalin nun mit einer Garnison von nur 4000 Rotarmisten begnügen. Hinsichtlich der angestrebten Grenzkorrekturen an der Karelischen Landenge war Stalin zu einer Reduzierung der sowjetischen Forderungen ebenso bereit wie zu einer Modifizierung des finnisch-sowjetischen Nichtangriffspaktes aus dem Jahre 1932 in der von Helsinki für tragbar angesehenen Weise.

Aber trotz dieses unerwarteten sowjetischen Entgegenkommens war ein Kompromiß unmöglich: Die Modifizierung des Nichtangriffspaktes hätte Helsinki wohl akzeptiert, die Einrichtung einer sowjetischen Garnison auf Hängo – gleichgültig, wie stark die russischen Truppen dort auch sein mochten – war für Finnland indessen indiskutabel. Russische Truppen in umittelbarer Nähe der industriellen Zentren des Landes, das war ein Sicherheitsrisiko, für welches wohl kein finnisches Kabinett die Verantwortung hätte übernehmen wollen. Das gleiche galt für jede Grenzverschiebung an der Karelischen Landenge. Wie geringfügig eine solche Korrektur auch sein mochte, sie brachte die Russen näher an Wyborg heran, und auch das war für Helsinki indiskutabel. Da auch Stalins reduzierte Forderungen für Paasikivi und Tanner unannehmbar waren, kehrten die Finnen nach Helsinki zurück. Obwohl man wegen der sowjetischen Vorstellungen noch Rücksprache mit dem finnischen Kabinett nehmen wollte, wandte sich Minister Tanner mit einer vertraulichen Anfrage an die schwedische Regierung: Durfte Finnland in einem möglichen Kriegsfall mit Unterstützung durch das Nachbarland rechnen?

Bereits am 27. Oktober ließ der schwedische Ministerpräsident Hansson wissen, daß Schweden die finnischen Nachbarn im Kriegsfall sowohl durch die Lieferung von Waffen, Munition und Gerät als auch auf diplomatischem Weg zu unterstützen bereit sei. Mehr, so verlautete aus Schweden, könne man aus außenpolitischer Rücksichtnahme auf das Deutsche Reich allerdings nicht unternehmen.

Obwohl den Finnen nun allmählich völlig klar werden mußte, daß sie im Fall einer militärischen Auseinandersetzung beinahe vollständig auf ihre eigenen Kräfte angewiesen sein würden, behielt die Regierung in Helsinki ihre ablehnende Haltung den sowjetischen Forderungen gegenüber bei. Man hatte das sowjetische Forderungspaket sowohl im Kabinett als auch mit den Fraktionsführern der großen im Reichstag vertretenen politischen Parteien ausführlich diskutiert und hatte danach einen neuen Kompromißvorschlag erarbeitet: Keine sowjetischen Militärstützpunkte auf Hangö, aber doch gewisse Grenzkorrekturen an der Karelischen Landenge. Ebenso war Helsinki nun zur Abtretung des westlichen Teiles der Fischereihalbinsel und zur Übergabe einiger kleiner Inseln im Finnischen Meerbusen an die Sowjets bereit. Die von den Russen geforderte Schleifung der Grenzbefestigungen lehnte Finnland jedoch grundsätzlich ab, weil – wie man den Sowjets mitteilte – diese Anlagen ausschließlich der militärischen Verteidigung und damit der Sicherung der Neutralität des Landes dienten.

Das neue finnische Kompromißangebot war aus sowjetischer Sicht gewiß unbefriedigend, weil Helsinki in der Frage der Militärstützpunkte auf Hangö hart blieb und die angebotenen Grenzkorrekturen an der Karelischen Landenge den Vorstellungen Stalins auch nicht annähernd entsprachen. Dennoch: Als sich Paasikivi und Tanner mit dem neuen Angebot ihrer Regierung wieder auf die Reise nach Moskau machten, durften sie immerhin noch darauf hoffen, daß die Russen zumindest weiter verhandlungsbereit bleiben würden. Noch vor dem

Eintreffen der finnischen Unterhändler in Moskau erreichten allerdings Paasikivi und Tanner recht beunruhigende Nachrichten: Molotow hatte in einer am 31. Oktober 1939 gehaltenen Rede dem Obersten Sowjet genauestens Bericht über den Gang der finnisch-sowjetischen Verhandlungen gegeben – ein recht ungewöhnlicher Vorgang, der für Finnland nichts Gutes erwarten ließ.

So war es auch: Der Kreml lehnte das von den finnischen Unterhändlern überbrachte neue Kompromißangebot unverzüglich als unbefriedigend ab, und auch die Geduld Stalins schien endgültig erschöpft. Es gab nichts mehr zu verhandeln. Gleichsam zum Abschied gab Molotow den Finnen eine recht gefährlich klingende Bemerkung mit auf den Heimweg. „Wir Zivilisten", so grollte der sowjetische Außenminister, „können in dieser Angelegenheit nun wohl nichts mehr tun, jetzt sind die Militärs an der Reihe!"

Trotz dieser kaum verhüllten Drohung blieb die Lage auch im November 1939 noch verhältnismäßig ruhig. Zwar häuften sich in den sowjetischen Massenmedien Angriffe gegen Finnland ebenso wie Verletzungen des finnischen Luftraumes durch Flugzeuge der russischen Luftwaffe, aber in Helsinki blieb man dennoch grundsätzlich optimistisch. Man hoffte, daß der Tiefpunkt in den finnisch-sowjetischen Beziehungen bereits überwunden sei und eine Verständigung doch möglich sein werde, ein Eindruck, der durch eine am 23. November 1939 abgegebene Stellungnahme des amerikanischen Botschafters in Moskau noch verstärkt wurde. Er könne sich nicht vorstellen, so hatte der US-Diplomat gemeint, daß die Sowjetunion an einen militärischen Angriff gegen Finnland denke . . .

Schon drei Tage später herrschte in finnischen Regierungskreisen nicht einmal mehr vorsichtiger Optimismus. Die Ursache für diesen schnellen Stimmungsumschwung war der sogenannte Mainila-Zwischenfall, der von der Sowjetunion diplomatisch und propagandistisch gebührend gegen Finnland ausgenützt wurde. Mainila war damals ein kleines Dorf im finnisch-sowjetischen Grenzgebiet an der Karelischen Landenge.

Am 26. November 1939 geriet Mainila plötzlich ohne jeden erkennbaren Anlaß unter Artilleriebeschuß, wobei vier sowjetische Soldaten getötet und neun weitere verwundet wurden. Bald nach dem Zwischenfall wurde der finnischen Regierung eine sowjetische Protestnote übermittelt, in der Helsinki in scharfer Form für den Zwischenfall verantwortlich gemacht wurde. Man habe, so hieß es in der Note, Finnland wiederholt auf die Gefahren hingewiesen, welche aus der Zusammenziehung von finnischen Truppenverbänden in unmittelbarer Grenznähe nach sowjetischer Meinung resultieren könnten, doch habe Helsinki trotz aller sowjetischer Vorstellungen nichts zur Entspannung der Lage unternommen. „Um jede Möglichkeit der Wiederholung solcher provokatorischer Akte auszuschließen", so hieß es schließlich in der Sowjetnote, müsse man auf einer Zurücknahme aller finnischen Truppen aus unmittelbarer Grenznähe in mindestens 25 Kilometer von der Grenze entfernte Gebiete bestehen.

Nach der Übermittlung der Sowjetnote begannen sich die Beziehungen zwischen Helsinki und Moskau schnell zu verschlechtern. Die Finnen wiesen alle sowjetischen Vorwürfe im Zusammenhang mit dem Mainila-Zwischenfall entschieden zurück und brachten vor, daß wahrscheinlich die sowjetische Artillerie selber versehentlich auf das Dorf geschossen habe. Man habe nämlich, so führte Helsinki weiter aus, am Tag des Zwischenfalles von drei finnischen Grenzsoldaten Meldung über Artilleriefeuer aus dem Raum südlich von Mainila erhalten.

Wenn diese Meldungen zutrafen, konnte die Finnen tatsächlich kein Verschulden an der ganzen Angelegenheit treffen. Überdies hatte bereits Mitte November 1939 Mannerheim als militärischer Oberbefehlshaber der finnischen Streitkräfte angeordnet, daß die finnischen Artillerieeinheiten auf keinen Fall bis in Grenznähe vorgezogen werden sollten. Gerade weil man auf finnischer Seite Zwischenfälle solcher Art, wie sie sich Ende November im Gebiet von Mainila tatsächlich ereigneten, auf jeden Fall vermeiden wollte, hatte man sich äußerste Zurückhaltung auferlegt. Nach den Weisungen Mannerheims durfte die finnische Artillerie nicht einmal so weit vorgezogen werden, daß das Grenzgebiet überhaupt noch innerhalb der Einsatzreichweite der Geschütze lag. Obwohl sie aller Wahrscheinlichkeit nach für den Mainila-Zwischenfall keinerlei Verantwortung traf, zeigten sich die Finnen einsichtsvoll. Aus Helsinki verlautete, daß man über einen Truppenabzug aus dem Grenzgebiet zu verhandeln bereit sei, allerdings, so setzte man gleich hinzu, müßte sich dann auch die Rote Armee aus der sowjetischen Grenzregion zurückziehen. Gleichzeitig regte die finnische Regierung eine gemeinsame sowjetisch-finnische Untersuchung des Zwischenfalles an.

Aber auch auf diese durchaus maßvollen finnischen Vorstellungen reagierte Moskau nur noch negativ. Am 28. November 1939 teilte Außenminister Molotow mit, daß man die finnischen Vorschläge – die übrigens deutlich bewiesen, daß die Regierung in Helsinki der UdSSR gegenüber „tiefe Feindschaft" hege – zurückweisen müsse und daß an einen Rückzug der Roten Armee aus dem grenznahen Bereich überhaupt nicht zu denken sei, weil man dann die sowjetischen Verbände praktisch bis in die Vororte von Leningrad zurücknehmen müsse, „was geradzu absurd wäre".

Aus der finnischen Weigerung zur einseitigen Zurücknahme der eigenen Militärverbände aus dem Grenzbereich, so setzte Molotow fort, könne man allerdings nur schließen, daß die Finnen weiterhin Leningrad militärisch zu bedrohen wünschten. Und da man aus einer solchen Verhaltensweise nur entnehmen könne, daß Finnland das Interesse am Nichtangriffspakt mit der Sowjetunion verloren habe, müsse man daraus wohl die notwendigen Konsequenzen ziehen. Die Sowjetunion, so führte Molotow aus, sehe sich daher zur einseitigen Kündigung des Nichtangriffspaktes veranlaßt.

Ohne den Finnen noch Gelegenheit zur Rechtfertigung oder zu weiteren Verhandlungen zu geben, brachen die Sowjets nach der Kündigung des Nichtangriffspaktes am 29. November die diplomatischen Beziehungen zu Helsinki ab. Trotz dieses offenbaren Affronts beantworteten die Finnen jedoch die Molotow-Note. Dabei blieb Helsinki im Interesse der Bewahrung des Friedens im

Ton überaus maßvoll und regte abermals eine gemeinsame finnisch-sowjetische Untersuchung des Mainila-Zwischenfalles an. Gleichzeitig erklärte man sich auch zur einseitigen Zurücknahme der finnischen Streitkräfte aus dem Grenzraum bereit, um den möglichen sowjetischen Befürchtungen wegen einer militärischen Bedrohung von Leningrad den Boden zu entziehen. Nach den finnischen Vorstellungen sollten nur Zollwache- und Grenzschutzeinheiten an der Grenze bleiben, also schwächere Verbände, von denen die Sowjets militärisch wohl nicht das Geringste hätten befürchten müssen.

Moskau antwortete auf diese finnische Note allerdings nicht mehr auf dem diplomatischen Weg, sondern mit militärischer Gewalt: Noch am 29. November 1939 überschritten Einheiten der Roten Armee im Raum von Petsamo die finnische Grenze und griffen finnische Sicherungseinheiten an. Und am 30. November trat die Rote Armee dann zu Lande, zu Wasser und in der Luft voll zum Angriff gegen Finnland an.

Die sowjetische Luftwaffe trat gleich am frühen Morgen des ersten Angriffstages in Aktion: Über Helsinki erschienen von Plätzen in Estland herkommende sowjetische Kampffliegerverbände und griffen die finnische Hauptstadt im Tiefflug mit Bomben und Bordwaffen an. Aber während in Helsinki und in anderen finnischen Städten noch die Trümmer der ersten Bombenangriffe weggeräumt wurden, wetterte der sowjetische Rundfunk bereits gegen eine neue finnische Provokation: Wenn die Finnen Meldungen über sowjetische Luftangriffe gegen Helsinki verbreiteten, so vernahmen die Rundfunkhörer, seien dies unverschämte Lügen. In Wirklichkeit hätten nämlich sowjetische Flugzeuge über der finnischen Hauptstadt Brot abgeworfen, um die hungernden finnischen Massen zu versorgen. Die Finnen reagierten auf diesen sowjetischen Kommentar mit grimmigem Humor: Fortan bezeichneten sie sowjetische Fliegerbomben ganz allgemein nur noch als „Molotows Brotkörbe“.

Die kalten Fakten

2

Nach dem Beginn des finnisch-sowjetischen Krieges gab es wohl kaum irgendwelche Militärfachleute, die am Ausgang dieses Konfliktes zweifelten. Finnland war viel zu schwach, um sich gegen einen militärischen Angriff der Sowjetunion erfolgreich behaupten zu können. Auch die Finnen waren sich dieser Tatsache bewußt. Dennoch kämpften sie zumindest um Zeitgewinn. Sie wollten den Angreifer so lange aufhalten, bis Hilfe aus dem Ausland kam. Und sollte diese Hilfe nicht kommen, mußten sie trotzdem weiterkämpfen, um dem Angreifer sein Vorgehen so weit wie möglich zu erschweren und dadurch vielleicht doch noch die Beilegung des Konfliktes auf dem Verhandlungsweg möglich zu machen.

Der sowjetische Angriff hatte die Finnen zwar überraschend, aber nicht unvorbereitet getroffen. Bereits seit den Tagen der Erringung der staatlichen Unabhängigkeit und mehr noch seit dem blutigen Bürgerkrieg hatte man sich in Finnland grundsätzlich auf eine militärische Auseinandersetzung mit der UdSSR eingestellt. Wenn je ein militärischer Angriff das Land bedrohen sollte, dann mußte er aus dem Osten kommen – das war der Bevölkerung ebenso klar wie den politischen und militärischen Verantwortlichen.

Obwohl der spätere Marschall von Finnland, Carl

Gustaf Mannerheim, bereits in den zwanziger Jahren aus dem aktiven militärischen Dienst geschieden war, hatte der „erste Soldat des Landes“ nicht nur stets weiter aufmerksam Anteil an der allgemeinen Entwicklung genommen, sondern auch aktiv ins Geschehen eingegriffen. Es war vor allem dem Einfluß Mannerheims zu verdanken, daß in der Zwischenkriegszeit immer wieder begabte junge finnische Offiziere zur fachlichen Weiterbildung an französische und deutsche Kriegsschulen geschickt wurden. Auch der Ausbau der Landesbefestigungen an den Grenzen zur Sowjetunion wurde vorangetrieben. Als Mannerheim im Jahre 1931 den Vorsitz des finnischen Nationalen Verteidigungsrates übernahm, konnte der bewährte Soldat noch tatkräftiger in die militärischen Vorbereitungen des Landes eingreifen.

Die allgemeine Wehrpflicht war in Finnland bereits im Jahre 1922 eingeführt worden. Nach Erfüllung der Militärdienstpflicht blieben die finnischen Wehrpflichtigen für sieben Jahre im Stande der Aktivreserve (im Rahmen des Verteidigungskorps) und traten nach Ableistung weiterer militärischer Dienste im Gesamtausmaß von einem Jahr in die Ersatzreserve, wo sie für weitere vierundzwanzig Jahre verblieben.

Das finnische Reserve-Korps war ursprünglich nach einem Kadersystem aufgebaut gewesen, welches im Mobilisierungsfall die Eingliederung der Reserveverbände in die Einheiten des aktiven Heeres erleichtern sollte. Zwar konnte man auf diese Weise die Einsatzstärke der Streitkräfte verdoppeln, doch hatte das System – wie beispielsweise auch Mannerheim richtig erkannte – wesentliche Schwächen.

Zunächst fiel der Zeitfaktor ins Gewicht. Man hatte berechnet, daß von der Einberufung der Reserveverbände bis zu ihrem Einrücken in grenznahe Räume etwa zwei Wochen verstreichen mußten, dazu kam noch ein weiterer Zeitaufwand, der für die Eingliederung der Reserveeinheiten in die aktiven Verbände notwendig wurde. Nachteilig war auch der Umstand, daß es infolge der Depotlagerung an einigen wenigen Punkten des Landes für einige Zeit zu einer massiven Ansammlung von Soldaten, Waffen und Ausrüstung kommen mußte, wodurch man einen möglichen Gegner zum Angriff auf diese lohnenden Ziele geradezu herausforderte. Aus diesen Gründen kam es schließlich noch vor Ausbruch des Winterkrieges zu einer grundlegenden Umgliederung des finnischen Reservesystems. Man organisierte die Reserveverbände nun auf territorialer Grundlage, was den Vorteil bot, daß die Einheiten schon bald nach der Einberufung der einzelnen Wehrpflichtigen „stehen" konnten. Die einzelnen Reserveverbände sollten dann ohne weitere Verzögerung geschlossen und unter der Führung von aktiven Offizieren an die Front abgehen können. Damit, so hoffte man, würde man so viel Zeit gewinnen, um einem möglichen Angreifer schon bald mit relativ starken Verbänden entgegentreten zu können. Auf diese Weise konnte man unter Umständen den Kampf zunächst teilweise noch unter dem Schutz der eigenen Grenzbefestigungen aufnehmen, ein nicht unwesentlicher Vorteil für die Verteidigung des Landes. Die territoriale und regionale Gliederung der Reserveverbände mußte sich aber auch im Fall einer Teilmobilisierung als vorteilhaft erweisen, weil man auf diese Weise die Anzahl der Einberufenen reduzieren konnte, ohne damit gleichzeitig auf die Bildung von geschlossenen und kampfkräftigen Reserveeinheiten verzichten zu müssen.

Obwohl sich Mannerheim während der dreißiger Jahre konsequent um eine Erhöhung des Wehrbudgets bemühte, litten die finnischen Streitkräfte weiterhin an chronischem Geldmangel: Die zu Beginn des Jahrzehnts international recht schwierige Wirtschaftslage blieb auch auf Finnland nicht ohne Auswirkung, und der Reichstag zeigte sich daher bei Vergabe von Budgetmitteln für Zwecke der Landesverteidigung gewöhnlich überaus sparsam. Dennoch wurde unter geschickter Verwendung der knappen finanziellen Mittel besonders der Ausbau der Landesbefestigungen an der Karelischen Landenge zielstrebig vorangetrieben. Zusätzlich mußte man Mittel für die Ausbildung der Streitkräfte und für Käufe an Waffen und Ausrüstung aufwenden. In den Jahren 1931 und 1932 wurden im Rahmen der „produktiven Arbeitslosenfürsorge" etwa 1000 000 Beschäftigungslose für den Ausbau der Grenzbefestigungen an der Karelischen Landenge eingesetzt. Man baute betonierte Maschinengewehrnester und Grabensysteme und errichtete Panzerhindernisse aus Stein und Beton. Im Sommer und Herbst des Jahres 1939 kam es unter dem Eindruck der sich verschlechternden Beziehungen zum sowjetischen Nachbarn zu größeren Ausbauten an der Mannerheim-Linie, doch setzte man diesmal nicht Beschäftigungslose ein, vielmehr wurden die Arbeiten auf freiwilliger Basis von Studenten und patriotisch empfindenden finnischen Bürgern verrichtet.

Alle diese Bemühungen mußten jedoch sinnlos bleiben, wenn es den Streitkräften an modernem Material und vor allem auch an ausreichenden Munitionsbeständen fehlte. Obwohl Mannerheim immer wieder auf die bestehenden Mängel hinwies, wurden die staatlichen Verteidigungsausgaben in den Jahren 1932 und 1933 jeweils um zehn Prozent gekürzt. Die konstante Budgetschrumpfung blieb nicht ohne Auswirkungen: Der geplante Ausbau der einzigen einigermaßen leistungsfähigen Patronenfabrik stockte, und jene Finanzmittel, welche man eigentlich für Neubeschaffungen hatte verwenden wollen, wurden für die Umgliederung der Reserveverbände aufgebraucht. Erst gegen Ende der dreißiger Jahre begannen unter dem Eindruck der sich allmählich verschlechternden internationalen politischen Lage die Mittel wieder etwas reichlicher zu fließen. Zu spät allerdings, wie Mannerheim immer wieder feststellte. Man hatte zur Unzeit und an falscher Stelle gespart, und wenn nun der Reichstag größere Mittel zu bewilligen begann, konnte man nicht in kurzer Zeit all jene Fehler und Unterlassungssünden korrigieren, welche im Laufe der Jahre zu einer gefährlichen Schwächung der finnischen Verteidigungsbereitschaft geführt hatten.

Zu Beginn des Winterkrieges im Dezember 1939 ging Finnland daher militärisch nur höchst mangelhaft vorbereitet in den Kampf. Die Fertigungskapazität bei der Munitionsherstellung war nach wie vor unbefriedigend. Trotz der Ausbaubemühungen im Sommer und Herbst 1939 war die Mannerheim-Linie alles andere als ein undurchdringliches Bollwerk, und die finnische Luftwaffe war zum Großteil mit völlig veralteten Flugzeugen ausgestattet.

Insgesamt standen in allen drei Wehrmachtsteilen der finnischen Streitkräfte nicht mehr als 33 000 Mann unter Waffen, viel zu wenig, um der sowjetischen Übermacht mit einiger Aussicht auf Erfolg zu begegnen. Glücklicherweise bewährte sich allerdings das bei den Reserverbänden eingeführte Territorialsystem so gut, daß bald nach Beginn der Mobilisierung 127 800 finnische Soldaten – in insgesamt neun Divisionen gegliedert – dem Gegner kampfbereit gegenüberstanden. Dazu kamen 100 000 noch nicht einberufene Reservisten und weitere 100 000 Mann im Rahmen einer Art von Bürgergarde, deren Kampfkraft und Einsatzbereitschaft infolge von bereits zu Friedenszeiten regelmäßig mit Verbänden des finnischen Heeres durchgeführten Übungen durchaus ins Gewicht fiel.

Insgesamt konnte Finnland in den regulären Streitkräften einschließlich der Bürgergarde und der Küstenschutzverbände etwa 400 000 Soldaten aufbieten, darin waren allerdings Versorgungs- und sonstige rückwärtige Dienste eingeschlossen. Von nicht zu unterschätzender Bedeutung war der Einsatz der später auch außerhalb von Finnland recht bekannt gewordenen Frauenhilfsorganisation „Lotta Svärd“. Die etwa 100 000 weiblichen Angehörigen von „Lotta Svärd“ versahen Dienst in Küchen und Wäschereien und ersetzten bei militärischen Verwaltungsdienststellen männliches Personal, welches dann für den Fronteinsatz zur Verfügung stand.

Trotz aller Anstrengungen war Finnland der Auseinandersetzung mit der Sowjetunion zahlen- und materialmäßig jedoch in keiner Weise gewachsen. Im Jahre 1939 bestand eine finnische Infanterie-Division durchschnittlich aus 14 200 Mann, eine sowjetische Infanterie-Division hatte dagegen eine durchschnittliche Sollstärke von 17 500 Mann. Zur zahlenmäßigen Überlegenheit kam noch die bessere Ausstattung der Russen: Während jede sowjetische Infanterie-Division zwei Artillerieabteilungen besaß, hatten die Finnen pro Infanterie-Division nur eine Artillerieabteilung. Hinsichtlich der artilleristischen Feuerkraft ergab sich eine sowjetische Überlegenheit von 3 : 1.

Anders als beim russischen Gegner gab es in den finnischen Infanterie-Divisionen weder divisionseigene Panzer- und Panzerabwehrabteilungen noch Fliegerabwehrkräfte. Die Russen besaßen dagegen in jeder Infanterie-Division nicht nur reichlich Panzer- und Fliegerabwehreinheiten, sondern sogar durchschnittlich vierzig bis fünfzig Panzerkampfwagen zur Infanterieunterstützung. Ebenfall stark – etwa um die Hälfte – unterlegen waren die Finnen dem Gegner hinsichtlich der Ausstattung mit automatischen Handfeuerwaffen für die Infanterie und mit Granatwerfern. Die ohnehin bereits übermächtigen sowjetischen Heeresverbände wurden durch weitere Panzer- und Artillerieeinheiten verstärkt, welche zunächst noch in Reserve blieben und im Einsatz unmittelbar dem sowjetischen Oberkommando unterstellt wurden. Nur der Vollständigkeit halber ist noch zu erwähnen, daß alle sowjetischen Verbände überreichlich mit Munition ausgestattet waren.

Vielleicht noch schlimmer als auf dem Boden waren die Finnen den Russen in der Luft unterlegen. Zu Kriegsbeginn besaß die finnische Luftwaffe 69 größtenteils veraltete Maschinen – die sowjetische Luftwaffe dagegen eröffnete den Luftkrieg gegen Finnland mit etwa 800 Einsatzflugzeugen aller Art. Dazu kam noch, daß die Sowjets in jeder Beziehung aus dem vollen schöpften. Sie besaßen Rohmaterial und industrielle Fertigungskapazität genug, um auch einen längeren Krieg durchzustehen. Anders die Finnen. Nicht nur ihr Material war zum Teil stark veraltet und aufgebraucht, sondern auch die Munitionsbestände waren knapp.

Mannerheim stellte in diesem Zusammenhang fest, daß die finnischen Streitkräfte bei Ausbruch des Winterkrieges Infanteriemunition – einschließlich des Bedarfes für automatische Handfeuerwaffen und Maschinengewehre aller Art – für etwa zwei Monate besaßen, ebenso lange mußten nach der Berechnung Mannerheims im Kriegsfall die finnischen Reserven an Treibstoffen und Schmiermitteln reichen. Flugzeugbenzin war dagegen nur für einen Monatsbedarf vorhanden, die Munitionsbestände für die bei der finnischen Artillerie eingeführten 12,2-cm-Feldhaubitzen sollten unter Einsatzbedingungen etwa für vierundzwanzig Tage reichen.

Bei der Feldartillerie sah es noch schlimmer aus: Der Bestand an 8,1-cm-Granaten mußte nach zweiundzwanzig Einsatztagen erschöpft sein, der Bestand an 7,7-cm-Granaten dagegen bereits nach nur einundzwanzig Tagen. Bei der schweren Artillerie des Heeres, so hatte man berechnet, mußten die Kanoniere dagegen schon nach neunzehntägiger Kriegsdauer wegen Munitionsmangels „arbeitslos“ werden. Man durfte zwar hoffen, daß der Munitionsbestand im Kriegsfall durch das Eintreffen von Nachschublieferungen aus Schweden und anderen Staaten ergänzt werden konnte, dennoch aber blieb die mangelhafte Munitionsbevorratung eines der Hauptprobleme der finnischen Streitkräfte.

Sehr nachteilig mußte sich ferner der Umstand auswirken, daß die Finnen bei Ausbruch des Winterkrieges insgesamt nur etwa einhundert Panzerabwehrgeschütze besaßen, von denen nur etwa die Hälfte aus finnischer Produktion stammte. Die restlichen fünfzig Geschütze hatten die Schweden geliefert – und ob hier unter Kriegsbedingungen der Nachschub und die Ersatzteilbeschaffung funktionieren würden, blieb abzuwarten. Ebenfalls äußerst mangelhaft war von Anfang an die Ausstattung der finnischen schweren Artillerie und der Flakartillerie. Von beiden besaßen die finnischen Streitkräfte jeweils nur einige wenige Batterien.

Die relative Schwäche des finnischen Feldheeres wurde durch die Anlagen der Landesbefestigung in keiner Weise ausgeglichen. Wenn von der Undurchdringlichkeit der Mannerheim-Linie gesprochen wurde, dann meist nur von der sowjetischen Propaganda. Für die Sowjets erfüllte die Mannerheim-Linie lediglich Alibifunktion. Weil die Verbände der Roten Armee trotz vielfacher Überlegenheit vor den sich über etwa 140 Kilometer quer über die Karelische Landenge hinziehenden finnischen Befestigungen unverhältmäßig lange liegen blieben, stilisierte man die Mannerheim-Linie zum „undurchdringlichen Bollwerk“ empor. In Wirklichkeit war die Mannerheim-Linie nicht viel mehr als ein Mythos, eine Kette von veralteten Kampfständen, welche in ihrer taktischen Bedeutung nicht im geringsten an wirklich moderne Festungswerke der damaligen Zeit –

wie etwa die französische Maginot-Linie oder den deutschen Westwall – heranreichte. Die Mannerheim-Linie – das waren sechsundsechzig Maschinengewehrnester, Drahtverhaue und einige Panzerhindernisse. Das war alles. Und von den sechsundsechzig Maschinengewehrnestern waren vierundvierzig – schon während der zwanziger Jahre gebaut – veraltet und wenig geschickt angelegt.

Während des Winterkrieges stellte sich schnell heraus, daß die Anlagen überdies nur wenig beschußsicher waren. Auch die Panzerhindernisse hatten meist nur symbolische Bedeutung; die russischen Panzer vermochten sie jedenfalls nicht ernsthaft aufzuhalten. Mannerheim stellte dazu einmal fest: „Die Mannerheim-Linie – das ist der im Schnee stehende finnische Soldat." Mit dieser lapidaren Feststellung hatte der Marschall von Finnland zweifellos recht.

Da es ihnen an Waffen, Material und Ausstattung fehlte, konnten die Finnen eine volle Mobilisierung ihrer Streitkräfte überhaupt nicht durchführen. Theoretisch hätte man fünfzehn Divisionen mobilisieren können. Tatsächlich aber standen im Frühherbst 1939 erst acht Divisionen einsatzbereit zur Verfügung. Bis Ende Oktober 1939 hatte man die gesamte Heeresstärke auf neun Divisionen erhöht. Aber die Zahlen täuschten. Tatsächlich hatte man eine weitere Division nur bilden können, weil man die an der Karelischen Landenge stehenden Sicherungsverbände organisatorisch umgegliedert und ihnen anschließend Divisionsstatus verliehen hatte.

Bei Ausbruch des Winterkrieges waren die vorhandenen neun finnischen Divisionen folgendermaßen gegliedert: I. und II. Armee-Korps, die „Armee der Karelischen Landenge“, bestanden aus sechs Divisionen; eine Division – die 6. Infanterie-Division – befand sich als Reserve im Raum westlich von Wyborg. Diese Division sollte im Fall sowjetischer Landungen im Gebiet zwischen Wyborg und Kotka als Eingreifreserve dienen und blieb, solange sie noch nicht zum Kampfeinsatz gebracht wurde, mit Befestigungsarbeiten beschäftigt.

Den Grenzraum im Norden des Ladogasees bis nach Soujärvi deckte das aus nur zwei Divisionen bestehende IV. Armee-Korps über eine Frontlänge von sechsundneunzig Kilometern. Die 9. Infanterie-Division – ebenfalls zunächst als Reserveverband bestimmt – war im Raum von Oulu erst in der Aufstellung begriffen und daher noch nicht vollständig einsatzbereit. Da die finnischen Hauptkräfte im Süden und Südosten des Landes konzentriert waren, blieben zur Sicherung der etwa tausend Kilometer langen Grenzlinie von Soujärvi bis zur Eismeerküste nur relativ schwache Verbände. Die wenigen hier stehenden selbständigen Kompanien und Bataillone bestanden meist aus Männern der Bürgergarde und bildeten gleichzeitig die Kader für die erst im Laufe des Krieges gebildeten Kampfgruppen.

Den neun finnischen Divisionen standen auf der Seite des Gegners nicht weniger als dreißig in fünf Angriffsarmeen gegliederte sowjetische Infanterie-Divisionen und sechs Panzer-Brigaden gegenüber. Die Hauptlast des Angriffes hatte die aus dreizehn Divisionen bestehende sowjetische 7. Armee zu tragen. Nach Umgliederung wurden diese dreizehn Divisionen später auf die 7. und die – neugeschaffene – 13. Armee verteilt. Für die

Führung des ersten Angriffsstoßes gegen die finnischen Verteidigungsstellungen an der Karelischen Landenge sollte die sowjetische 13. Armee jedoch nur sieben Infanterie-Divisionen einsetzen, dazu kamen zur Angriffsunterstützung allerdings noch fünf Panzer-Brigaden und mehrere selbständige schwere Artillerie-Regimenter.

Nach den operativen Absichten des sowjetischen Oberkommandos sollten die Angriffsverbände in zwei Hauptstoßrichtungen vorgehen. Am linken Flügel sollten die Verbände der Roten Armee, nachdem sie die finnische Front durchbrochen hatten, zunächst Wyborg nehmen und nach erfolgreichem Abschluß dieser Operation weiter gegen das finnische Kernland vorstoßen. Am rechten Flügel planten die Sowjets einen Vorstoß entlang der von Leningrad über Sortavala nach Kemi führenden Eisenbahnlinie.

Obwohl die Finnen mit einem sowjetischen Angriff an der Karelischen Landenge – dem traditionellen Einfallstor nach Finnland – rechneten, überraschte sie doch die gewaltige Massierung der gegnerischen Verbände. Mannerheim schreibt in seinen Erinnerungen, daß man an der Karelischen Landenge mit dem Auftreten von höchstens drei feindlichen Divisionen gerechnet habe, weil das Gelände schwierig und wegarm sei und die Versorgung von großen Truppenverbänden die Russen vor unlösbare Probleme hätte stellen müssen.

Diese Überlegung war an sich richtig, doch hatte man auf finnischer Seite nicht in Rechnung stellen können, daß die Russen schon lange vor Angriffsbeginn nicht nur große Munitions- und Nachschublager angelegt, sondern das Aufmarschgebiet auch durch umfangreiche Wegebauten erschlossen hatten. Dieser Umstand wirkte sich auf die finnischen Verteidiger bei Angriffsbeginn überaus nachteilig aus, rechtfertigte nach seiner Entdeckung immerhin aber die in Helsinki herrschende Ansicht, daß die Russen – gänzlich unabhängig vom Ausgang der Verhandlungen mit dem finnischen Nachbarn – den militärischen Angriff von langer Hand vorbereitet hatten.

Nördlich des Ladogasees hatte die sowjetische 8. Armee ihre Bereitstellungsräume bezogen. Nach Beginn der Feindseligkeiten sollten die aus neun Infanterie-Divisionen, einer Panzer-Brigade und aus zusätzlich zugeteilten schweren Artillerieeinheiten bestehenden Kräfte dieser Armee zunächst die Grenze überwinden und sodann entlang des Ladogasees nach Süden eindrehend weiter in Richtung auf die Karelische Landenge vorgehen, um die dort stehenden finnischen Verbände von hinten zu umfassen und ihnen den Rückzug abzuschneiden.

Der vor Angriffsbeginn nördlich der 8. Armee stehenden sowjetischen 9. Armee fiel die Aufgabe zu, mit ihren fünf Infanterie-Divisionen aus dem Raum von Kandalakscha-Uhtua-Repola vorgehend bis an das Nordufer des Bottnischen Meerbusens durchzustoßen. Mit dieser Operation hätten die Russen das finnische Staatsgebiet an seiner schmalsten Stelle abgeschnürt, eine einheitliche Führung der finnischen Verteidigung unmöglich gemacht und dem Gegner gleichzeitig den Nachschubweg aus Schweden gesperrt.

Weiter im Norden der Front stand die aus drei Divisionen bestehende sowjetische 14. Armee, die nach

Angriffsbeginn Stadt und Hafen von Petsamo nehmen und sodann entlang der großen arktischen Fernverbindungsstraße weiter nach Süden vorgehen sollte. Weder die sowjetische 14. noch die 9. Armee besaßen selbständige Panzer-Brigaden, doch war jede ihrer Infanterie-Divisionen mit jeweils vierzig bis fünfzig Kampfwagen ausgestattet.

Das waren die Fakten, welche den Ausgang des finnisch-sowjetischen Winterkrieges bestimmen sollten: Eine erdrückende Überlegenheit auf der Seite der sowjetischen Angreifer, der die Finnen wenig Männer und Waffen, aber unerschütterlichen Kampfesmut und zähen Freiheitswillen entgegenzusetzen hatten. Mit ausländischer Hilfe in nennenswertem Maße brauchte man in Helsinki kaum zu rechnen, obwohl die finnischen Soldaten genau mit dieser Hoffnung in den Kampf gingen: Aushalten, bis Hilfe von außen kommt!

Diese Hoffnung sollte sich nicht erfüllen. Materielle Hilfe erhielten die Finnen in den Wochen und Monaten nach Kriegsausbruch kaum in nennenswertem Umfang. Was nützte es, daß die Weltpresse die Sowjetunion als Aggressor brandmarkte, daß man im Genfer Völkerbundpalais Moskau verdammte und schließlich sogar am 14. Dezember 1939 aus der Völkerbundgemeinschaft ausschloß – mit Sympathiekundgebungen und verbalen Protesten des Auslandes war den Finnen nicht geholfen. Ob die Welt protestierte oder erschrocken schwieg: die russischen Infanteristen stürmten weiter, und die Sowjet-Panzer kümmerten sich nicht um Probleme der internationalen Diplomatie. Sowohl Schweden als auch die USA boten ihre guten Dienste für die Vermittlung eines

Friedens zwischen der Sowjetunion und Finnland an. Vergeblich. Die sowjetische Regierung zeigte sich an derartigen Maßnahmen in keiner Weise interessiert.

In Finnland versuchte man nun Moskau durch eine teilweise Kabinettsumbildung günstig zu stimmen. Da die vor Ausbruch des Winterkrieges amtierende finnische Regierung in den Augen der Sowjetführung durch ihre starre Ablehnung der sowjetischen Forderungen diskreditiert war, übernahm nun Risto Ryti das Amt des Ministerpräsidenten und Väinö Tanner das Außenamt. Die finnische Geste berührte die sowjetische Führung nicht im geringsten. Der Kreml dachte überhaupt nicht an die Aufnahme von Friedensverhandlungen.

Am 3. Dezember 1939 wandte sich die finnische Regierung hilfesuchend an den Völkerbund. Dieser erkannte zwar die schwierige Lage, in welche Finnland durch den unprovozierten russischen Angriff gekommen war, aber unternehmen konnte die Weltorganisation nichts. Die sowjetischen Vertreter nahmen an Aussprachen und Debatten zur finnischen Frage überhaupt nicht teil, und die Erklärung des Völkerbundes, daß sich die Sowjetunion durch ihren Angriff selbst aus der internationalen Völkergemeinschaft ausgeschlossen habe, dürfte – da dieser Erklärung keinerlei politische Sanktionen folgten – in Moskau kaum Eindruck hervorgerufen haben.

Der sowjetische Außenminister Molotow vervollständigte das dramatische Possenspiel der internationalen Politik noch durch die zynische Erklärung, daß „sich die UdSSR nicht im Kriegszustand mit Finnland befindet und die finnische Nation auch nicht mit Krieg bedroht".

Als Begründung für diese absurde Feststellung brachte Molotow vor, „daß die Sowjetunion friedliche Beziehungen zur Demokratischen Republik Finnland unterhält, deren Regierung am 2. Dezember 1939 einen Vertrag über gegenseitigen Beistand und über Freundschaft mit der UdSSR unterzeichnet hat. Dieser Vertrag regelt alle offenen Fragen, welche die sowjetische Regierung zuvor fruchtlos mit den Delegierten der früheren und nun nicht mehr im Amte befindlichen finnischen Regierung zu einer einvernehmlichen Lösung zu bringen versucht hat".

Die „Demokratische Republik Finnland", von der Molotow in seiner Erklärung gesprochen hatte, war eine absonderliche Konstruktion: Gleich nach Ausbruch des Winterkrieges setzte Stalin eine finnische Marionettenregierung ein, die ihren Amtssitz in der von der Roten Armee eroberten Grenzgemeinde Terijoki aufschlug. Das Amt des Ministerpräsidenten in der Regierung dieser nie wirklich existent gewordenen „Demokratischen Republik Finnland" übernahm Otto Kuusinen, ein prominenter finnischer Kommunist, der bereits vor dem Krieg in die UdSSR emigriert war.

Wenn der Kreml allerdings aus Finnland eine „Demokratische Republik" unter kommunistischer Dominanz machen wollte, dann war dieses Ziel wohl nur mit Waffengewalt zu erreichen. Weder die finnische Öffentlichkeit nahm die Republik des Otto Kuusinen ernst noch der Völkerbund in Genf. Ganz im Gegenteil, die Finnen wollten in ihrer überwiegenden Mehrzahl von Kuusinen und seinen sowjetischen Auftraggebern nichts wissen, und der Völkerbund forderte alle Länder – gleichgültig, ob sie Mitgliedstaaten der Weltorganisation waren oder nicht – in einem dringenden Appell auf, den im Abwehrkampf stehenden Finnen humanitäre und materielle Hilfe und Unterstützung im größtmöglichen Ausmaß zu gewähren.

Der Völkerbund war damals zu einer praktisch längst handlungsunfähigen Organisation geworden, die nur noch appellieren und diskutieren, aber nicht mehr agieren konnte. Der Aufruf zur Unterstützung Finnlands war auf diese Weise so etwas wie ein ergreifender Abgesang einer Weltorganisation, von deren Einrichtung man sich zwei Jahrzehnte zuvor eine dauerhafte Stabilisierung des internationalen Friedens erhofft hatte. Da alle sonstigen Initiativen erfolglos geblieben waren, forderte Außenminister Tanner in einer am 15. Dezember 1939 über den finnischen Rundfunk gehaltenen Ansprache die Sowjetunion neuerlich zur Aufnahme von Friedensgesprächen auf. Das einzige Resultat dieses Appells war eine im lakonischen Ton gehaltene Aussendung der sowjetischen Presseagentur TASS: Es sei wenig wahrscheinlich, so wurde gemeldet, daß in absehbarer Zeit an die Aufnahme von finnisch-sowjetischen Gesprächen zu denken sei.

Obwohl der Völkerbund Finnland nicht direkt hatte beistehen können, blieb der an die internationale Staatengemeinschaft gerichtete Appell zur Unterstützung Finnlands doch nicht ganz ohne Erfolg. Während sich die meisten Staaten jedoch im wesentlichen auf diplomatische Proteste beschränkten, leistete Schweden auch materielle Hilfe. Die Schweden lieferten nicht unbedeutende Mengen an Waffen, Munition und Ausrüstung an das im schweren Abwehrkampf stehende skandinavische Nachbarland. Auch schwedische Freiwillige kamen in größerer Zahl nach Finnland, an der Front tatsächlich eingesetzt wurden jedoch nur zwei schwedische Freiwilligenbataillone.

Besser als manche Freiwillige aus anderen Staaten – etwa aus Großbritannien, den USA und Ungarn – wußten die Schweden, worum es in diesem Kampf ging: Nicht nur um den Einsatz gegen einen aggressiven Imperialismus kommunistischer Machart, sondern auch darum, daß Finnland als Pufferstaat erhalten blieb. Die Vorstellung, nach dem Verlust der Eigenstaatlichkeit Finnlands plötzlich mit der Sowjetunion gemeinsame Grenzen zu besitzen, war für die Regierung in Stockholm ebenso unangenehm wie für die schwedische Öffentlichkeit im allgemeinen. (Diese und weitere gelegentliche Ergänzungen unter Verwendung von Jutikkala: „Geschichte Finnlands".)

Außer den Freiwilligenverbänden aus Schweden erreichte nur eine kleine Gruppe von freiwillig ins Land gekommenen Finno-Amerikanern noch die Front, allerdings erst wenige Tage vor Kriegsende. Diese Freiwilligen aus den USA kamen ebenso zu spät wie eine von der amerikanischen Regierung in Aussicht gestellte Anleihe von dreißig Millionen Dollar, welche die Finnen allerdings nach amerikanischer Absicht nur für den Ankauf von zivilen Gütern hätten nutzen dürfen. Diese Auflage entsprach nicht ganz der Situation, in welcher sich Finnland damals befand . . .

Die amerikanische Finanzhilfe wäre zu spät gekommen. Der US-Kongreß gab der geplanten Anleihe von dreißig Millionen Dollar an Helsinki erst im Februar 1940 seine Zustimmung, also zu einem Zeitpunkt, als der Krieg praktisch bereits militärisch zugunsten der Russen entschieden war. Die US-Anleihe war eine Geste, nicht mehr. Aber sie war vielleicht mehr, als man hätte erwarten dürfen, denn zumindest in Europa waren Material und Kapital allgemein recht knapp geworden. Großbritannien und Frankreich waren mit dem Deutschen Reich im Krieg. Noch standen die feindlichen Heere einander abwartend gegenüber. Aber man hielt Hunderttausende von Soldaten unter Waffen, und die Kriegsindustrien aller kriegführenden Staaten liefen auf Hochtouren. Zeit war ebenso knapp wie Material, Kapital und Soldaten. Wer wollte da ernsthaft ein kleines Land unterstützen, das abseits vom großen europäischen Kriegstheater um seine Existenz kämpfte?

Die erste Runde

3

Da sowjetische Veröffentlichungen zu den operativen Zielsetzungen der Roten Armee in der Anfangsphase des Winterkrieges bisher fehlen, bestehen über diese Frage bei ausländischen Beobachtern, Kommentatoren und Militärfachleuten bis zur Gegenwart Unklarheit und Meinungsverschiedenheiten. Die Verteilung der sowjetischen militärischen Kräfte vor Beginn der Angriffsoperationen läßt diesbezüglich keine verläßlichen Schlüsse zu.

An der Karelischen Landenge hatten die Russen besonders starke Truppenverbände konzentriert, es war also anzunehmen, daß die Rote Armee durch diesen bereits traditionellen Einfallsweg vom Osten auf jeden Fall gegen die Finnen offensiv werden wollte. Man muß jedoch berücksichtigen, daß auch der Schwerpunkt der finnischen Verteidigungsvorbereitungen an der Karelischen Landenge lag und daß es daher für die Russen selbstverständlich war, an diesem Abschnitt der Angriffsfront besonders starke Kräfte zu versammeln, um die voraussichtlich hier besonders heftige Abwehr verläßlich brechen zu können.

Abgesehen von dieser sich selbstverständlich ergebenden besonders massiven Kräftekonzentration an der Karelischen Landenge waren die sowjetischen Angriffsverbände jedoch entlang der Grenzen zu Finnland so gleichmäßig verteilt, daß sich operative Schwerpunkte der beabsichtigten Angriffsführung kaum erkennen ließen. Wie bereits zuvor der militärische Aufmarsch, zeigte im Dezember 1939 auch die tatsächliche Kampfführung der Roten Armee keine eindeutigen operativen Schwerpunkte.

Man griff zwar ziemlich gleichmäßig entlang der gesamten Grenze zu Finnland an, da aber offenbar ein eindeutiges operatives Konzept fehlte, konnte die Rote Armee an keinem einzigen Frontabschnitt wirklich durchschlagende Erfolge erzielen. Dieser Umstand war jedoch vermutlich weniger auf die fehlende Kompetenz der sowjetischen militärischen Führung zurückzuführen, sondern wahrscheinlich auf das falsche Lagebild, welches sich die politische Führung im Kreml gemacht hatte. Man hatte geglaubt, daß Finnland bereits unter dem Eindruck der ersten sowjetischen Angriffe militärisch und politisch zusammenbrechen werde und daß sodann – falls das Geschehen an der Front die Regierung in Helsinki noch nicht endgültig zur Kapitulation veranlaßte – die finnischen Kommunisten den Widerstand im Lande von innen her zum Zusammenbruch bringen würden.

Aber man sollte sich täuschen: Die finnischen Frontverbände begannen sich zwar bald nach Angriffsbeginn vor den überlegenen russischen Armeen zurückzuziehen, doch geschah dies nicht nur durchaus planmäßig. Vielmehr setzten sich die finnischen Verbände erst ab, wenn sie alles, was dem nachrückenden Gegner von Nutzen sein konnte, gründlich zerstört hatten. In den geräumten Grenzgebieten stießen die langsam vorgehenden sowjetischen Kolonnen auf eine Wüstenei. Gesprengte Brücken, bis auf die Grundmauern abgebrannte Gehöfte, Ruinen, verminte Straßen – es war die gleiche Taktik, welche die Russen selber bereits mehr als ein Jahrhundert zuvor mit so großem Erfolg gegen die „Grande Armee“ Napoleons angewendet hatten und an der im Jahre 1941 auch der Vormarsch der Armeen Hitlers im Osten scheitern sollte.

Stießen die entlang der Straßen vorgehenden sowjetischen Kolonnen auf finnischen Widerstand, mußten sie ihn um jeden Preis im Frontalangriff brechen. Eingraben konnten sich die Rotarmisten in den unter einer dicken Schneedecke liegenden, meist steinhart gefrorenen Boden kaum. Die Räder- und Kettenfahrzeuge der sowjetischen Einheiten waren an die Straßen gebunden. Versuchten sie diese zu verlassen, blieben sie entweder gleich im Schnee stecken, oder sie gelangten bestenfalls bis an die Waldränder, wo es für die motorisierten Verbände endgültig kein Weiterkommen mehr gab. Gerade aber in den undurchdringlichen Wäldern hielten sich meist starke finnische Verbände auf. Wenn es dunkel wurde und die Russen sich entlang der Straßen und in den wenigen Ruinen frierend um ihre kleinen Lagerfeuer drängten, kamen die Finnen aus den Wäldern. Lautlos, in ihren weißen Schneehemden und in der Dunkelheit kaum sichtbar, glitten sie auf Skiern heran. Schüsse, Schreie, aufblitzende Detonationen von Handgranaten, brennende Fahrzeuge. Dann Stille. Lautlos und unsichtbar, wie sie gekommen waren, zogen sich die finnischen Skipatrouillen wieder in die Wälder zurück, ungreifbar und unheimlich. Nicht nur die frierenden

Rotarmisten entlang der wenigen Vormarschwege und in den Ruinen des finnischen Grenzlandes, auch die sowjetischen Militärplaner begannen bald am erwarteten schnellen Sieg zu zweifeln.

Selbstverständlich profitierten die Finnen von Anfang an von den ohne jeden operativen Schwerpunkt konzeptlos geführten russischen Angriffen. Wo immer möglich, zogen sich die finnischen Grenzverbände erst zurück, nachdem sie den in breiter Front vorgehenden Russen blutige Verluste beigebracht hatten. Dabei nützten die zahlenmäßig stets unterlegenen Finnen jeden sich bietenden Geländevorteil und verzögerten auf diese Weise den feindlichen Vormarsch nicht unbeträchtlich.

Während die Finnen bereits vor Kriegsbeginn ihre Hauptkräfte an die Karelische Landenge verlegt hatten, gewann man nun nach Kriegsausbruch durch die geschickt hinhaltende Kampfführung der schwachen Grenzsicherungsverbände genügend Zeit, um die Mobilisierung der finnischen Streitkräfte abzuschließen. Damit wurde auch die Bildung von größeren Reserven möglich, die man – sobald sich operative Schwerpunkte der feindlichen Angriffsführung abzeichneten – an den besonders gefährdeten Abschnitten der Front einsetzen konnte.

Die Finnen hatten sich bereits seit dem Ende des Bürgerkrieges auch an der Karelischen Landenge auf die hinhaltende Verteidigung vorbereitet. Zwischen der finnisch-sowjetischen Grenze und der Mannerheim-Linie lag ein zwanzig bis fünfzig Kilometer tiefer Gebietsstreifen, der sich für die hinhaltende Kampfführung geradezu ideal eignete. Er wurde von wenigen

Wegen und Straßen durchzogen, auf deren Benützung ein möglicher Angreifer angewiesen war, denn das Gebiet der Karelischen Landenge ist für Infanterieverbände nur schlecht, für motorisierte und gepanzerte Verbände dagegen überhaupt nicht gangbar: Dichte Wälder, viele kleine Seen und Moore begünstigen den Verteidiger ebenso, wie sie einem möglichen Angreifer in seinem Vorgehen hinderlich sind.

Die Finnen waren in diesem Gelände zu Hause: Einerseits bewegten sich die Infanteristen, meist nur leicht bewaffnet und durch schweres Gerät kaum belastet, zu jeder Jahreszeit ohne größere Probleme, andererseits waren sie mit den Geländeverhältnissen besonders gut vertraut, weil an der Karelischen Landenge im Sommer 1939 ausgedehnte Manöver des finnischen Heeres stattgefunden hatten. Die Tatsache, daß die Russen erst im Winter tatsächlich angriffen, begünstigte die Verteidiger noch weiter: Während sich die Finnen nun auf Skiern noch schneller und vor allem lautlos im Gelände bewegten, waren die geländeunkundigen russischen Infanteristen im wesentlichen an die wenigen Straßen gebunden. Die übrigen Waffengattungen des sowjetischen Heeres – Panzer, Artillerie und motorisierte Einheiten – waren wegen des Gewichtes ihrer Ausrüstung und ihrer Fahrzeuge ohnehin ausschließlich auf die Benützung fester Vormarschstraßen angewiesen. Hier wirkte sich die zu Angriffsbeginn im Dezember 1939 herrschende Wetterlage zusätzlich ungünstig aus: Es war bereits viel Schnee gefallen, der jede Bewegung im Gelände erschwerte, und die im Angriffsgebiet gelegenen Seen und Sümpfe waren noch nicht so fest gefroren, daß sie für Räder- und Kettenfahrzeuge befahrbar gewesen wären.

Obwohl also die Ausgangslage in mancher Hinsicht für die Finnen nicht ungünstig war, kam es infolge der mangelnden Einsatzerfahrung ihrer Sicherheitstruppen an der Karelischen Landenge doch zu gewissen taktischen Fehlleistungen. Die Sicherungsverbände hatten von der obersten finnischen Führung klare taktische Anweisungen erhalten, doch hielten sie sich nicht immer daran. Nach den Absichten Mannerheims sollten die Grenzsicherungsverbände den Vormarsch der Russen durch hinhaltenden Widerstand so lange aufhalten, bis die finnischen Hauptkräfte ihre Verteidigungsstellungen entlang der Mannerheim-Linie bezogen hatten. Trotz ihrer klaren Befehle griffen die schwachen finnischen Grenzsicherungsverbände die auf den wenigen Straßen vorgehenden sowjetischen Kolonnen jedoch immer wieder direkt an.

Wie zu erwarten, wälzten sich die russischen Kolonnen wie ein endloser Lindwurm durch das Grenzgebiet: Lkw, Artilleriezugmaschinen, Geschütze, aufgesessene und marschierende Infanterie, dicht an dicht. Und dazwischen immer wieder Panzer zur Deckung.

Oft konnten die finnischen Verbände, die den feindlichen Vormarsch aus der sicheren Deckung der Wälder zu beiden Seiten der Straße beobachteten, nicht widerstehen und griffen den Gegner direkt an. Das Ergebnis war absehbar. Obwohl die auf den Straßen zusammengepferchten Russen zwar Verluste hatten, blieben die zahlenmäßig schwachen Angreifer doch stets bald im massiven Geschütz- und Maschinengewehrfeuer besonders der sowjetischen Begleitpanzer liegen und erzielten so keine wirklich entscheidenden Erfolge. Den Finnen fehlte es vor allem an Artillerie, mit deren Hilfe sie die dichten feindlichen Vormarschkolonnen vor den eigenen Infanterieangriffen hätten auseinandersprengen oder zumindest in Verwirrung und Unordnung hätten bringen können. Die Artillerie befand sich ausschließlich bei den finnischen Hauptkräften, die erst langsam in das Kampfgebiet der Mannerheim-Linie einrückten.

Durch diesen Mangel an Kooperation zwischen den finnischen Grenzsicherungskräften und den regulären Heeresverbänden traten auf seiten der Deckungskräfte gelegentlich unnötige Verluste auf, welche durch die Schläge, die man durch die eigenen Angriffe den Russen versetzen konnte, kaum zu rechtfertigen waren. Trotz gewisser Mängel und Mißverständnisse auf finnischer Seite, selbstverständlich auch durch die noch fehlende Einsatzerfahrung bedingt, konnte der feindliche Vormarsch an der Karelischen Landenge doch so verzögert werden, daß die Verbände der sowjetischen Armee bis zum 2. Dezember 1939 noch nicht weiter als etwa zehn bis höchstens sechzehn Kilometer tief auf finnisches Staatsgebiet vorgedrungen waren. Ebenfalls erst am 2. Dezember erreichten die Russen die ersten vorgeschobenen Verteidigungsstellungen der Finnen.

Einige Einbrüche, welche die Russen im ersten Schwung in die finnischen Abwehrstellungen erzielt hatten, wurden in der Nacht vom 2. auf den 3. Dezember durch entschlossen geführte lokale Gegenstöße wieder bereinigt. In den späten Abendstunden des 2. Dezember konnten die Russen allerdings durch offenbare Hör-

oder Übermittlungsfehler der Finnen einen unerwarteten und recht bedeutungsvollen Geländegewinn erzielen. Das finnische Armeeoberkommando in Imatra hatte in den Abendstunden eine höchst beunruhigend klingende Alarmmeldung erhalten: Russische Truppen, so hieß es, seien im Rücken der finnischen Sicherungsverbände an der finnischen Küste gelandet, überdies hätten die Russen auch an anderer Stelle die Linien der Sicherungsverbände durchbrochen und seien bis zur Mannerheim-Linie weitergestoßen. Wenn diese Alarmmeldung stimmte, drohte die Gefahr einer Umfassung. Das finnische Armeeoberkommando reagierte unverzüglich. Am rechten Flügel der Abwehrfront stehende Sicherungsverbände wurden auf Uusikirko zurückgenommen, die am linken Flügel stehenden Verbände dagegen zogen sich befehlsgemäß hinter das Westufer des Suvanto-Flusses zurück und fielen damit bereits hinter die für das finnische II. Armee-Korps vorgesehenen Verteidigungsstellungen zurück.

Die Rückzugsbewegungen vollzogen sich geordnet, mußten allerdings im Hinblick auf die beunruhigenden Lagemeldungen doch recht hastig durchgeführt werden. Erst als die Finnen die Absetzbewegungen bereits beendet hatten, stellte sich beim Armeestab in Imatra heraus, daß man einer offenbaren Falschmeldung aufgesessen war. Es hatte keine Feindlandungen im Rücken der eigenen Sicherungsverbände gegeben, und auch die Meldungen vom russischen Durchbruch und weiteren Vorstoß bis an die Mannerheim-Linie war unzutreffend gewesen.

Aber nun war der Fehler nicht mehr zu korrigieren.

Den Russen waren selbstverständlich die finnischen Absetzbewegungen nicht entgangen. Und wenn die Sowjets auch nicht genau begriffen, warum sich der Gegner zurückzog, taten sie doch das Gegebene: Sie rückten nach und setzten sich in dem von den Finnen aufgebenen Gelände fest. Die Russen aber aus den von ihnen kampflos bezogenen neuen Stellungen wieder herauszuwerfen, waren die zu Recht wütenden Finnen viel zu schwach.

Dieser so unnötige und bedauerliche Geländeverlust im Vorgebiet der Mannerheim-Linie bewies drastisch, daß es bei den finnischen Grenzsicherungsverbänden und in den finnischen Heeresverbänden im allgemeinen an der notwendigen Koordination mangelte. Dieser Umstand war allerdings nicht zuletzt darauf zurückzuführen, daß es den Finnen an Nachrichtengerät aller Art fehlte. Was man an technischem Nachrichtengerät besaß – etwa Feldtelefone und Funkgeräte –, war zum größten Teil veraltet und nicht selten überhaupt nicht mehr verwendungsfähig.

Wo nun die Verantwortung für den am 2. Dezember 1939 eingetretenen Geländeverlust auch liegen mochte, die Situation der Finnen wurde durch den übereilten Rückzug an den beiden Flügeln der Landengenfront jedenfalls zeitweilig recht bedenklich. Da sich die am rechten, also östlichen Flügel der Front stehenden Verbände – von der russischen Seite aus gesehen – aufgrund der Meldungen über einen feindlichen Durchbruch befehlsgemäß abgesetzt hatten, blieben Teile des finnischen II. Armee–Korps bei Lipola ohne jeden Zusammenhang gleichsam „frei im Raum hängen“.

Wenn die Russen diese Situation entschlossen nutzten, konnte die Lage für die Finnen recht prekär werden. Tatsächlich allerdings blieben die Russen im wesentlichen stationär, so daß zwei Tage später die Situation wieder bereinigt werden konnte. Bereits am 4. Dezember kam es infolge des unzureichenden Melde- und Nachrichtensystems der Finnen wiederum zur Entwicklung einer höchst krisenhaften Situation. Wieder verlor man unnötig viel Zeit – und dabei war gerade der Zeitfaktor für die Finnen von ganz wesentlicher Bedeutung. Die schwachen Deckungs- und Grenzsicherungsverbände mußten den Gegner möglichst lange hinhalten, um der Hauptmasse der eigenen Heeresverbände die vollständige Besetzung der Mannerheim-Linie zu ermöglichen. Wenn die Russen erst einmal an der Mannerheim-Linie standen, mußten die Befestigungen vollständig besetzt und abwehrbereit sein, sollten sie vom Gegner nicht gleich im ersten Ansturm durchbrochen werden. Am 4. Dezember 1939 waren es Meldungen über einen russischen Durchbruch, welche im Raum von Uusikirko zu völlig unnötigen Geländeverlusten für die Finnen führen sollten. Tatsächlich war eine sowjetische Panzer-Brigade samt dazugehöriger Begleitinfanterie durch die von bereits ziemlich abgekämpften schwachen finnischen Sicherungsverbänden gehaltene Front südlich des Suulasees gebrochen. Weiter im Südwesten der Durchbruchwelle im Raum von Uusikirko haltende finnische Sicherungsverbände – die wohl vom russischen Durchbruch beim Frontnachbarn wußten, aber keine Meldung über das weitere Vorgehen des Gegners erhalten hatten – räumten daraufhin ihren Frontabschnitt und setzten sich in den Raum nördlich von Uusikirko ab, um einer möglichen Umklammerung durch den Gegner zu entgehen.

Tatsächlich aber rollten die Russenpanzer nicht nach Südwesten, gen Uusikirko, sondern nach Norden, in Richtung auf Maisniemi. Dabei teilten die Russen ihre Kräfte: Eine starke Kampfgruppe ging entlang des Westufers des Suulasees direkt in Richtung auf Maisniemi vor und eine zweite, schwächere Kampfgruppe stieß entlang des Ostufers des Sees ebenfalls nach Norden vor.

Wenn die Sowjets nicht rechtzeitig aufgehalten wurden, war nicht nur Maisniemi bedroht, unter Umständen drohten auch alle im Raum zwischen Muolaa- und Suulasee befindlichen finnischen Kräfte eingeschlossen zu werden. Eine gefährliche Situation. Allerdings, bei Uusikirko hätten die Finnen die Front aus diesem Grund sicherlich nicht zurückzunehmen brauchen. Der Roten Armee war das gleichgültig: Die Russen nahmen die Geländeaufgabe durch den Gegner gern zur Kenntnis und rückten sofort nach.

Etwa zur selben Zeit, als der sowjetische Panzer- und Infanterieangriff zu unnötigen Geländeverlusten bei Uusikirko führte und gleichzeitig Maisniemi ernsthaft bedrohte, mußten sich die Finnen auch weiter im Osten der Landengenfront, bei Lipola, unter starkem Feinddruck nach Norden absetzen. Die im Raum von Lipola im Ostteil der Landengenfront fechtenden Verbände hatten Bemerkenswertes geleistet: Seit den ersten Kriegstagen unter schwerem Feinddruck, hatten die Finnen dort ohne jede Verstärkung vielfach überlegenen russischen Verbänden standgehalten. Mannerheim hatte allerdings die im Ostteil der Karelischen Landenge drohenden Gefahren rechtzeitig erkannt und schon am 1. Dezember die finnische 1. und 11. Infanterie-Division zur Unterstützung an diesen gefährdeten Frontabschnitt befohlen. Generalleutnant Öhquist, der die finnischen Verbände im Ostteil der Landengenfront befehligte, hatte die beiden Divisionen zunächst allerdings weiter in Reserve gehalten, obwohl die Lage an der Front bereits mehr als angespannt war.

Mannerheim war mit diesen Maßnahmen nicht im geringsten einverstanden. Schon am 3. Dezember 1939 erschien der Marschall im Armeeoberkommando in Imatra. Die finnischen Offiziere im Armeestab mußten sich einiges über richtige Führung anhören. Was man sich eigentlich dabei denke, wollte Mannerheim wissen, zwei Divisionen untätig in Reserve liegen zu lassen, während die Front unter schwerstem Feinddruck jeden Augenblick auseinanderzubrechen drohte . . .

Marschall Mannerheim hatte tatsächlich Grund zur Sorge. Am 4. Dezember griffen die Russen heftig an und gewannen bei Kiviniemi, im unmittelbaren Vorfeld der Mannerheim-Linie, einen wichtigen Brückenkopf. Am 5. Dezember trat die Rote Armee im Westteil der Landengenfront zum Angriff an, erzielte im Raum von Uusikirko Geländegewinne und durchbrach gleichzeitig auch die finnischen Abwehrstellungen bei Maisniemi. Wenn die Russen nicht aufgehalten wurden, saß die ganze finnische 5. Infanterie-Division in der Falle. Und es sah nicht so aus, als ob die Finnen die Lage wieder in den Griff bekommen könnten.

Gerade bei Maisniemi war es unter dem Eindruck eines schweren russischen Panzerangriffs unter den finnischen Verteidigern zu Panikszenen gekommen, wie man sie zuvor noch nicht erlebt hatte: Die Soldaten ließen ihre Ausrüstung (sogar die Feldküchen) im Stich, warfen die Waffen weg und flohen. Bei einer finnischen Kavallerieeinheit spielten sich wahre Schreckensszenen ab.

„Gibt es etwas Schlimmeres als in Panik geratene Soldaten auf dem Rücken von in Panik geratenen Pferden?“ kommentierte ein finnischer Soldat die Lage am Tag nach dem sowjetischen Angriff bei Maisniemi. Dem war wohl nichts hinzuzufügen.

Im übrigen sollte sich schon bald herausstellen, daß den Finnen ganz allgemein der „Panzerschreck“ tief in den Knochen saß: Wo russische Panzer in größerer Zahl auftauchten, wurde die finnische Abwehrfront – zumindest in den ersten Tagen und Wochen nach Kriegsbeginn – schnell weich. Das war allerdings nicht weiter verwunderlich, denn die meisten finnischen Soldaten hatten in der Zeit vor Kriegsbeginn wohl selten mehr als einen oder zwei Panzer gleichzeitig gesehen. Nun aber plötzlich mit ganzen Panzerhorden konfrontiert, gingen vielen Soldaten einfach die Nerven durch. Noch dazu gab es keine ausreichende Abwehr gegen die Russenpanzer, da die finnischen Verbände von Anfang an mit Pakgeschützen nur unzureichend ausgestattet waren. In den ersten Kriegswochen behalf man sich mit einer Improvisation: In jeder finnischen Infanterie-Kompanie wurden mit Panzerminen versehene Soldaten zur Panzerjagd eingeteilt, selbstverständlich regelmäßig ein höchst gefährliches Himmelfahrtskommando. Die Zeit der mit Minen versehenen Panzerknacker war allerdings vorbei, als durch die Einführung der sogenannten Molotowcocktails die Panzerjagd mit billigsten Mitteln gleichsam popularisiert wurde. Der Molotowcocktail – das war einfach eine mit einem brennbaren Flüssigkeitsgemisch gefüllte und mit einem kleinen Säurezünder versehene Glasflasche. Ein Cocktail dieser Art in den offenen Turm oder auf die Luftansaugschlitze des Panzers geworfen – und schon brannte der russische Kampfwagen. Höchst einfach eigentlich, zumindest in der Theorie. In Wirklichkeit gehörte schon einiger Mut dazu, etwa auf Skiern lautlos an einen Panzer heranzugleiten und ein solches Stahlungeheuer aus nächster Entfernung außer Gefecht zu setzen.

Während der letzten Tage der hinhaltenden Abwehrkämpfe im Raum der Karelischen Landenge wurde die Zusammenarbeit zwischen den finnischen Grenzsicherungs- und Deckungsverbänden allmählich besser, und es gelang den Finnen daher auch, den Russen in dieser Zeit einige wirklich fühlbare Schläge zuzufügen. In das unmittelbare Vorgelände der Mannerheim-Linie konnten die Sowjets in dieser ersten Kriegsphase nur an zwei Stellen einbrechen: am 6. Dezember bei Koukonniemi – allerdings nur unter schwersten blutigen Verlusten – und am 7. Dezember 1939 bei Kiviniemi.

Bis zum 6. Dezember 1939 hatten die finnischen Grenzsicherungs- und Deckungsverbände im Raum der Karelischen Landenge ihre operativen Aufgaben im wesentlichen erfüllt. Der Vormarsch des Gegners war durch hinhaltenden Widerstand so lange verzögert worden, bis ausreichend starke Verbände des finnischen Heeres in die Mannerheim-Linie eingerückt waren. Da damit ihr operativer Auftrag erfüllt war, zogen sich nun auch die finnischen Deckungsverbände auf die Hauptverteidigungslinie zurück. Für den Augenblick war die Lage an der Landengenfront damit dank des Einsatzes der Deckungsverbände im wesentlichen stabilisiert.

Nicht nur in Karelien hatten diese an sich zahlenmäßig schwachen finnischen Einheiten Beachtliches geleistet, sondern auch an der etwa 1300 Kilometer langen finnischen Grenzfront im allgemeinen. Dabei waren die finnischen Deckungskräfte mit einer Gesamtstärke von nur 13 000 Mann den Angreifern an sich hoffnungslos unterlegen gewesen. Die Rote Armee war gegen Finnland mit insgesamt 140 000 Soldaten und etwa 1000 Panzern angetreten, dennoch aber hatten die Russen in den ersten Kriegstagen nur im Raum von Petsamo wirklich tiefere Einbrüche erzielt.

Die finnischen Rückschläge waren in solchen Fällen fast immer auf den Einsatz von größeren feindlichen Panzerverbänden zurückzuführen gewesen. Gelegentlich lähmte der „Panzerschreck" die finnische Abwehr, zudem hatte man von Anfang an seitens der finnischen Verteidiger zu wenig Panzerabwehrgeschütze besessen. Die wenigen vorhandenen Pakgeschütze hatten sich gut bewährt. So meldeten die Finnen beispielsweise bis zum 5. Dezember 1939 achtzig sowjetische Panzer als vernichtet. Aber die finnische Panzerabwehr erwies sich im Einsatz oft als zu wenig beweglich, um rechtzeitig beim Erscheinen von Feindpanzern in den Kampf eingreifen zu können. Aus dieser Notsituation dann auch die Idee des Molotowcocktails, die sich in der Praxis ausgezeichnet bewähren sollte.

Obwohl die Russen trotz des kräftigen finnischen Widerstandes gewisse Erfolge erzielt hatten, mußte die politische und militärische Führung der Sowjetunion überrascht und beklommen feststellen, daß der Feldzug gegen das kleine Nachbarland keineswegs so verlief, wie man es erwartet hatte. Finnland, so hatte die sowjetische Presse stolz und zuversichtlich gemeldet, werde innerhalb von wenigen Tagen militärisch zusammenbrechen. Das waren Breitseiten, wie sie im Propagandakrieg oft gefeuert werden, aber auch die sowjetische militärische Führung war vom schnellen Zusammenbruch des Gegners überzeugt gewesen.

So hatten die Finnen beispielsweise gleich in den ersten Kriegstagen einen Befehl der sowjetischen Führung in die Hand bekommen, in dem die russischen Fronttruppen angewiesen wurden, bei ihrem Vormarsch die schwedische Grenze nicht zu überschreiten. Diesen Befehl hätte man sich ersparen können. Wenn die Russen auf einen Blitzkrieg à la Polen gehofft hatten, mußten sie sich bitter enttäuscht sehen. Die siegessicheren sowjetischen Verbände waren in Finnland gleich nach dem Überschreiten der Grenze auf erbitterten Widerstand gestoßen, auf den sie eigentlich überhaupt nicht vorbereitet gewesen waren. Und der Vormarsch der Russen auf den wenigen für Räder- und Kettenfahrzeuge geeigneten Straßen wurde infolge der entschlossenen Abwehr der Finnen immer langsamer. Innerhalb von einer Woche nach Kriegsbeginn waren die Russen erst bis zu den finnischen Hauptverteidigungsstellungen vorgedrungen, hatten diese aber noch an keiner einzigen Stelle durchbrochen.

Nicht nur in militärischer Hinsicht entwickelte sich die Lage für die Kremlführung unbefriedigend, sondern auch auf politischem Gebiet: Im finnisch-sowjetischen Grenzgebiet an der Karelischen Landenge hatte man in der Ortschaft Terijoki gleich nach Kriegsbeginn den Regierungssitz der „Demokratischen Republik Finnland“ unter der Führung von Otto Kuusinen etabliert. Die sowjetische Hoffnung, durch den Aufbau dieser Gegenregierung die Finnen politisch zu spalten und sie gegen ihre bisherigen „Unterdrücker“ aufzubringen, erwies sich jedoch als völlig vergeblich. Nicht nur die Weltöffentlichkeit, auch das finnische Volk nahm in seiner überwiegenden Mehrzahl die Terijoki-Regierung in keiner Weise ernst. Der finnische „Arbeiter- und Bauernstaat“ des Otto Kuusinen existierte nur auf dem Papier. Die gegen die sowjetischen Angreifer buchstäblich um ihr Leben kämpfenden Finnen wollten von einer „Demokratischen Republik Finnland“ von Moskaus Gnaden jedenfalls nichts wissen.

Selbst die finnischen Kommunisten lehnten in ihrer überwiegenden Mehrzahl die „Republik von Terijoki“ ab. Mochte die kommunistische Propaganda trommeln, wie sie wollte: In einer Situation, in der es um die staatliche Existenz der Heimat ging, wurden ideologische Differenzen vorübergehend begraben. Die Finnen fühlten damals in erster Linie ihre patriotische Verpflichtung, und die hatte mit der Parteizugehörigkeit des einzelnen nichts zu tun. Dazu kam noch, daß das schon im allgemeinen im Lande bestehende latente Mißtrauen gegen den russischen „Erbfeind“ nach dem sowjetischen Überfall reichlich neue Nahrung fand und selbst für finnische Kommunisten eine aktive Unterstützung der gewaltsam ins Land kommenden „kommunistischen Brüder“ einfach undenkbar gewesen wäre.

Hatten sich die Heeresverbände der Roten Armee schon während der ersten Kriegstage nicht eben mit unvergänglichem Ruhm bedeckt, überraschte die sowjetische Kriegsmarine in dieser Zeit durch eine Reihe von geradezu eklatanten Fehlleistungen. Zwar hatte man einige von den Finnen nicht verteidigte Inseln in den ersten Kampftagen unter dem Schutz der sowjetischen Marine besetzen können, aber sämtliche Versuche zur Anlandung von russischen Truppen auf dem finnischen Festland selber waren fehlgeschlagen.

Einheiten der sowjetischen Ostseeflotte, welche die etwa 29 Kilometer östlich von Helsinki liegende Stadt Porvoo zur Vorbereitung von amphibischen Landungen von See her beschossen hatten, waren schon bald wieder durch das Feuer finnischer Küstenbatterien vertrieben worden. Auch sowjetische Flotteneinsätze gegen Hangö und Turku blieben ohne Erfolg.

Der spätere sowjetische Premier Nikita Chruschtschow hat eine Begebenheit überliefert, die – sollte sie zutreffen – auf die Qualitäten der sowjetischen Kriegsmarine ein bezeichnendes Licht wirft. In seinen Memoiren beschreibt Chruschtschow den Einsatz eines sowjetischen Unterseebootes, dem es zum Glück nicht gelang, ein einzelfahrendes finnisches Transportschiff zu versenken. Die russischen Matrosen bewiesen bei dieser Gelegenheit nicht nur wenig Zielvermögen, sondern auch wenig

Kenntnis in der Schiffserkennung: Der Einzelfahrer, um den sich das sowjetische Unterseebot vergeblich bemüht hatte, war kein Finne, sondern ein Schwede.

Im Laufe des Winterkrieges wurden drei sowjetische Zerstörer, zwei U-Boote und einige Hilfsschiffe von den Finnen versenkt oder schwer beschädigt. Ebenfalls schwer beschädigt wurde das sowjetische Schlachtschiff „Oktoberrevolution".

Ebenso wie die sowjetische Kriegsmarine bot auch die sowjetische Luftwaffe recht schwache Leistungen. Obwohl die Russen gleich nach Beginn der Feindseligkeiten Ende November 1939 auch den Luftkrieg gegen Finnland eröffneten, blieben ihre Erfolge mäßig. Sehr zur Überraschung und zum Mißvergnügen der sowjetischen Führung gelang es besonders den eigenen Kampfflugzeugen nicht, den Gegner in der ersten Kriegsphase entscheidend zu treffen. Solange die Finnen ihre Streitkräfte noch nicht voll mobilisiert hatten, boten besonders die verschiedenen großen Sammel- und Depotlager im Lande den russischen Kampfflugzeugen lohnende und kaum zu übersehende Ziele. Aber die Erfolge im Luftkrieg blieben weit hinter den Erwartungen der sowjetischen militärischen Planer zurück. Wohl griffen sowjetische Bomberverbände Einrichtungen des finnischen Heeres, Verkehrsanlagen und zivile Ziele in großen finnischen Städten an, aber wirklich schwere Schäden wurden dabei kaum angerichtet. Das lag nicht nur an der oft unzureichenden Stärke der sowjetischen Angriffsverbände, sondern vor allem auch an den ungünstigen Witterungsbedingungen. Im Dezember ist es in Südfinnland gewöhnlich nur etwa vier Stunden am Tag wirklich hell, dazu kommt noch eine meist fast geschlossene Wolkenbedeckung. Auch die Witterung kam den Finnen zur Hilfe, als bereits am 2. Dezember 1939 verbreitet überaus starker Schneefall einsetzte, der sich zu einem zwei Tage andauernden Schneesturm entwickelte. Nach dem Nachlassen der schweren Schneefälle herrschte jedoch noch bis etwa Mitte Dezember starke, dichte Bewölkung, so daß die sowjetischen Flieger meist auf dem Boden blieben. Unter derartig schlechten Witterungs- und Sichtverhältnissen einigermaßen präzise Bombenangriffe zu fliegen, war so gut wie ausgeschlossen. Doch auch unter besseren Witterungsbedingungen erzielte die russische Luftwaffe im Januar und Februar 1940 keine nennenswerten Erfolge. Selbst die für Finnland geradezu lebenswichtige Eisenbahnlinie Kemi-Tornio blieb intakt. Über diese Eisenbahnlinie rollte der gesamte Export Finnlands nach Schweden und selbstverständlich auch ein überwiegender Teil der schwedischen Importe nach Finnland. Und gerade die Importe hatten gleich nach Beginn des Winterkrieges unverhältnismäßig an Bedeutung gewonnen. Die aus Schweden nach Finnland fahrenden Eisenbahnzüge waren gefüllt mit Munition, Waffen und Ausrüstung – Nachschub für das im schweren Abwehrkampf stehende finnische Heer.

Selbstverständlich wußten auch die Russen, wie wichtig die Eisenbahnlinie für den Gegner war, aber trotz heftiger Luftangriffe gelang es den sowjetischen Kampffliegern nicht, den Eisenbahnverkehr länger als jeweils für einige Stunden zu unterbrechen. Auch den finnischen Nachschub über See vermochte die sowjetische Luftwaffe nicht nachhaltig zu behindern. Obwohl sowjetische

Piloten beispielsweise gegen den finnischen Hafen Turku im Laufe des Winterkrieges sechzig Einsätze flogen, blieben die dabei an Schiffen und Hafenanlagen angerichteten Schäden letzten Endes ohne große Bedeutung.

Wenn auch die finnische Flakartillerie ebenso unzureichend ausgerüstet war wie die fliegenden Verbände der finnischen Luftwaffe, erzielten die Finnen im Einsatz gegen die sowjetische Luftwaffe dennoch manchen Abwehrerfolg. Bei Kriegsausbruch hatte die finnische Luftwaffe nicht mehr als 96 Maschinen aller Art besessen – bei Kriegsende waren es immerhin bereits 287, davon waren 162 Jagdmaschinen verschiedener Typen. Trotz dieses effektiven Anwachsens der Einsatzstärke blieben die fliegenden Verbände der finnischen Luftwaffe den Russen zahlenmäßig während der gesamten Kriegsdauer hoffnungslos unterlegen. Bei Kriegsende waren bei den Sowjets etwa 2500 Maschinen aller Art im Einsatz. Während die Finnen im Laufe des Krieges insgesamt nur 61 Flugzeuge einbüßten, verlor die sowjetische Luftwaffe – nach finnischen Angaben – im selben Zeitraum 725 Maschinen. Bei dieser relativ hohen Zahl handelte es sich jedoch nur um bestätigte Abschüsse, also um Maschinen, deren Abschuß-Explosion oder Notlandung hinter der finnischen Front durch Zeugen ausdrücklich bestätigt werden konnte. Dazu kamen noch weitere 200 sowjetische Maschinen, die nach finnischer Rechnung als „vermutlich vernichtet" zu gelten hatten, Flugzeuge also, die angeschossen oder brennend irgendwo ins russisch besetzte Hinterland entkommen waren und deren weiteres Schicksal von finnischer Seite nicht mehr verläßlich geklärt werden konnte.

Die mit veraltetem Material ausgerüstete finnische Flakabwehr schoß ausgezeichnet: Während des Krieges brachte allein die finnische Flakartillerie 314 sowjetische Maschinen zum Absturz und beschädigte etwa 300 weitere mehr oder minder schwer. Wie gut die finnischen Flakkanoniere gezielt hatten, stellte man erst nach Kriegsende fest. Eine Berechnung ergab, daß die finnische Flakartillerie ihre Erfolge mit einem geradezu verblüffend geringen Munitionsaufwand erzielt hatte. Ein abgeschossenes Feindflugzeug kostete die finnische Flak durchschnittlich nur 200 Schuß bei Verwendung von automatischen Waffen beziehungsweise 54 Granaten bei Verwendung nichtautomatischer – meist großkalibriger – Geschütze.

Auch die arktische Wetterlage hätten die sowjetischen Einsatzverbände an sich nicht nachhaltig behindern dürfen, weil die russischen Besatzungen schon während ihrer Ausbildung regelmäßig mit solchen Witterungsbedingungen vertraut gemacht wurden. In der zweiten Dezemberhälfte 1939 begann überdies eine geradezu ideale Flugwetterperiode, ein höchst ungewöhnliches Phänomen für diese Jahreszeit, das jedoch von der sowjetischen Luftwaffe kaum erfolgreich genutzt wurde. Während der gesamten Kriegsdauer warfen sowjetische Flugzeuge insgesamt etwa 150 000 Spreng- und Brandbomben auf finnische Ziele, das entsprach einer Gesamtabwurfmenge von etwa 7500 Tonnen.

Die Russen mußten jedoch bereits im Winterkrieg eine Erfahrung machen, die sich für die deutsche Luftwaffe während der „Luftschlacht um England" im Jahre 1940 und für die britische und amerikanische

Luftwaffe in den späteren Jahren des Zweiten Weltkrieges in ähnlicher Weise wiederholen sollte: Die Moral der Zivilbevölkerung war selbst durch massive Luftangriffe nicht zu brechen. Die Menschen nahmen die Luftangriffe mit stoischer Ruhe hin und setzten ihren Alltag – wenn auch unter gewissen Erschwernissen – fort, wie sie es gewohnt waren.

Die Finnen in die Kapitulation zu bomben, erwies sich für die sowjetische Luftwaffe als hoffnungsloses Unterfangen. Wenn die Luftschutzsirenen zu heulen begannen, blieb man gelassen.

Ein amerikanischer Korrespondent, der die Zeit des Winterkrieges in Helsinki miterlebte, berichtet, daß in diesem Fall ein Zimmermädchen in der Hotelhalle zu erscheinen pflegte und die Gäste mit der Ankündigung: „Molotow ist here“ (Molotow ist da) auf die drohende Luftgefahr aufmerksam machte. Aber das war wohl keine Panikmeldung, sondern bloß ein zusätzlicher kostenloser Service, den das Haus seinen Gästen bot.

Der „Panzerschreck“

4

Während die Finnen im Kampf gegen die sowjetische Übermacht an der Karelischen Landenge die Lage im wesentlichen im Griff behalten hatten, begann sich weiter im Norden entlang der etwa 100 Kilometer langen Abwehrfront nördlich des Ladogasees bald eine für die Verteidiger krisenhafte Situation abzuzeichnen. Der sowjetischen 8. Armee mit ihren insgesamt neun Infanterie-Divisionen und einer Panzer-Brigade standen zwischen Salmi und Suojärvi nur zwei schwache finnische Infanterie-Divisionen gegenüber, denen es noch dazu an stärkeren Panzerabwehrkräften fehlte. Die Russen beabsichtigten in vier Hauptstoßrichtungen anzugreifen: gegen Ilomantsi, Tolvajärvi, Suojärvi und Sortavala. Hatten die Sowjets diese Ziele einmal erreicht, durften sie einen entscheidenden Erfolg für sich buchen: In einem solchen Fall wäre nicht nur die für die finnische Verteidigung lebenswichtige Eisenbahnlinie Sortavala-Joensuu-Oulu unterbrochen gewesen, sondern die Angreifer hätten auch die wichtigsten Überlandstraßenverbindungen des Landes kontrollieren können.

War diese Gefahr bald nach Kriegsbeginn erkennbar, aber zunächst nur potentiell, stießen die Russen weiter nördlich jedoch gleich bei Kriegsbeginn zügig gegen Kuhmo und Suomussalmi vor. Wenn die sowjetischen

Angriffstruppen nicht mehr rechtzeitig aufgehalten wurden, konnten sie hier schnell bis zur schwedischen Grenze vorstoßen und damit Finnland in zwei Teile trennen.

Im finnischen Oberkommando hatte man sich zwar bereits vor Ausbruch der Feindseligkeiten Gedanken über einen möglichen russischen Vorstoß in diesem Raum gemacht, letzten Endes aber doch angenommen, daß die Russen ihren Hauptangriff an der Karelischen Landenge führen würden. Aus diesem Grunde befanden sich die finnischen Hauptkräfte auch an der Karelischen Landengenfront beziehungsweise als Reserveverbände dahinter, während man die Front nördlich des Ladogasees zunächst mit nur schwachen Deckungs- und Grenzsicherungskräften zu halten beabsichtigte. Bald aber mußte man schnellstens umgruppieren: An der Landengenfront hatte man die ersten feindlichen Angriffsstöße auffangen können, im Norden wurde die Lage bald dramatisch. Und die bei Wyborg und Oulu stehenden finnischen Reserveverbände hinter der Landengenfront erhielten schleunigst Marschbefehl: Nach Norden, wo sich die schwachen finnischen Deckungsverbände mit dem Mut der Verzweiflung, aber ohne viel Aussicht auf Erfolg gegen die anrollende „russische Dampfwalze“ zur Wehr setzten.

Wenn die Russen die Eisenbahnverbindungen im Raum von Tolvajärvi, Kuhmo und Suomussalmi in die Hand bekamen, sah es um die finnische Verteidigung schlimm aus. Man raffte zusammen, was eben verfügbar war. Noch am 5. Dezember befahl Mannerheim das finnische 16. Infanterie-Regiment und eine weitere

Alarmabteilung in den Raum von Kuhmo und Suomussalmi. Zeit war nicht zu verlieren. Wenn die Russen das bis dahin im bedrohten Gebiet stehende einzige finnische Infanterie-Bataillon ernsthaft angriffen, hatten die Verteidiger keine Chance. Gleichzeitig wurden drei Depot-Bataillone und die Abteilung A in den Raum von Ilomantsi nördlich von Salmi befohlen. Ein weiteres Infanterie-Bataillon wurde noch weiter nach Norden in den Raum von Salla in Marsch gesetzt.

Die Lage war ernst, und die finnischen Reserven waren mehr als knapp. Die Abteilung A beispielsweise war ein typischer Alarmhaufen: eine schnell zusammengefaßte Infanteriekampfgruppe. Skier hatte man immerhin, das war wichtig. Von der Bewaffnung aber schwieg man besser.

Aufgrund von bereits in der Friedenszeit erzielten praktischen Manövererfahrungen hatte die finnische Führung für den Fall eines gegnerischen Angriffs aus dem Raum nordöstlich des Ladogasees ein operatives Konzept erarbeitet, von dem man sich einigen Erfolg versprach. Im Fall eines Feindangriffes sollten die unmittelbar nördlich des Ladogasees stehenden finnischen Verbände zunächst von Salmi auf Kitelä zurückgehen und sodann aus der Richtung Loimola-Syskyjärvi einen starken Gegenstoß in die Flanke des entlang des Ufers des Ladogasees vorgehenden Gegners führen.

Der sowjetische Angriff in Richtung auf Kitelä bereitete den Finnen daher zunächst noch keine allzu großen Sorgen, für die Abwehr eines solchen Vorstoßes war man durch den eigenen „operativen Fahrplan" gut vorbereitet. Wenn der Gegner allerdings entlang der Bahnlinie nach Suojärvi und auf der Straßenverbindung von Suojärvi nach Ilomantsi und Tolvajärvi angriffsweise vorging, mußte man auf finnischer Seite schleunigst umdisponieren, um die eigene Front einigermaßen zu bewahren.

Die größte Gefahr für die finnische Verteidigung zeichnete sich zunächst im Raum von Suojärvi ab, wo starke sowjetische Panzerverbände gleich nach Kriegsbeginn und ohne dabei auf viel Widerstand zu stoßen ins Landesinnere vorgegangen waren. Bereits am 2. Dezember 1939 hatten die Finnen Suvilahti räumen und unter starkem Feinddruck auf vorbereitete Stellungen bei Piitsoinoja zurückgehen müssen. Ein für den 3. Dezember geplanter Gegenstoß zur Rückgewinnung von Suvilathi wurde zwar eingeleitet, blieb aber im starken Abwehrfeuer der sowjetischen Panzerverbände bald liegen. Nun gingen die Russen ihrerseits zum Angriff über.

Der Schriftsteller Erkki Palolampi, der damals als finnischer Soldat an den Kämpfen teilnahm, schreibt darüber in seinem Buch „Kollaa kestää", daß finnische Pakgeschütze zunächst die entlang der Straße vorgehenden Russenpanzer aufzuhalten versucht hätten. 23 Panzer hatten die finnischen Panzerjäger bereits abgeschossen, aber „man hörte plötzlich das Rumpeln und Grollen der anrollenden Panzer nicht nur auf der Straße, sondern auch aus den Wäldern. Und Rufe: ‚Sie sind durchgebrochen! Die Russenpanzer sind durchgebrochen und beschießen uns von hinten!' Panik, die alle ansteckt. ‚Die Panzer kommen!' Der Ruf pflanzt sich schnell fort. Dann springen die ersten auf, wollen davonrennen, versinken

Ihr Einsatz machte viele Männer für den Frontdienst frei: Angehörige der finnischen Frauenhilfsorganisation „Lotta Svärd“ beim Küchendienst.

Oberstleutnant A. O. Pajari.

Generalleutnant H. Öhquist.
Er befehligte die im Ostteil der Landenge kämpfenden finnischen Verbände.

2. Dezember 1939: Finnische Sicherungsverbände ziehen sich aus Suvilahti zurück. Es ist der dritte Tag des Winterkrieges.

Finnische Flakkanoniere inspizieren ein durch Flaktreffer zur Notlandung gezwungenes sowjetisches Kampfflugzeug. Die russische Luftwaffe verlor nach finnischer Darstellung mindestens 752 Flugzeuge.

Panzersperren im Raum von Kollaa, wo sich die finnischen Verbände zu neuem Widerstand festsetzten.

Sowjetische Infanteristen im Feuerkampf. Der kniende Soldat hält das Trommelmagazin eines leichten Maschinengewehrs.

im tiefen Schnee und waten weiter. Nur weg! Dazwischen andere, die auf Skiern nach hinten flüchten. Die Offiziere befehlen, schreien, fluchen. Vergeblich. Alles flieht, jeder Zusammenhang zerbricht. Die Kompanie löst sich auf, und schon werden die Nachbarn zur Rechten und zur Linken von der Panik angesteckt. Blitzschnell verbreitet sich die Nachricht: Die Russenpanzer sind durch! Und alle haben nur noch ein Ziel: weg, nach hinten, nur weg, bevor die Panzer da sind. Ein junger Infanterist versucht auf einen Schlitten zu springen. ‚Jetzt können nicht einmal mehr die Finnen die Russen aufhalten!' schreit er."

Bis zum 7. Dezember 1939 hatten die Finnen die bei Piitsoiinoja vorbereiteten Stellungen zur Gänze aufgeben müssen und waren auf eine neue Verteidigungslinie bei Kollaa zurückgegangen.

Obwohl die Verbände der Roten Armee am 7. Dezember 1939 auch im Raum von Kollaa mit starken Kräften angriffen, hielt diesmal die finnische Verteidigung stand. Die Finnen wußten, daß es um das Äußerste ging: Wenn Kollaa fiel, geriet die gesamte Front nördlich des Ladogasees ins Wanken – und dann war nicht mehr daran zu denken, die Lage im Gegenstoß wieder zu bereinigen.

Bis zum 10. Dezember rannten die Russen bei Kollaa gegen die finnischen Stellungen an. Vergeblich. Die Front hielt, und damit war die Lage vorübergehend stabilisiert.

Als sich die Alarmmeldungen an den Frontabschnitten nördlich des Ladogasees zu häufen begannen, nahm Mannerheim eine Umgliederung der Befehlsverhältnisse in den gefährdeten Bereichen vor. Die Lage an der Front war zu schwierig und unübersichtlich, als daß ein Kommandeur allein sie noch hätte bewältigen und verläßlich kontrollieren können. Am 5. Dezember übernahm daher Generalmajor Hägglund den Befehl im Kampfraum Sortavala-Suojärvi, gleichzeitig wurde für die Kampfführung im Raum von Ilomantsi-Tolvajärvi Oberst Paavo Talvela mit dem Oberbefehl betraut. Talvela galt als erfahrener und entschlossener Offizier, und diese Eigenschaften konnte der Oberst für die Durchführung seines neuen operativen Auftrages auch recht gut brauchen. Talvela hatte nicht mehr als vier Bataillone: drei im Raum von Tolvajärvi und eines bei Ilomantsi. Alle vier Bataillone standen schon im Einsatz und waren in schweren Abwehrkämpfen gegen überlegene feindliche Verbände bereits geschwächt und erschöpft.

Die finnischen Soldaten mußten sich gegen nicht weniger als zwei sowjetische Divisionen wehren – und mit Ausnahme eines weiteren Bataillons, welches bereits Generalmajor Hägglund in den Kampfraum befohlen hatte, standen Oberst Talvela keinerlei Reserven zur Verfügung. Dennoch sollte der Oberst die Front nicht nur halten, sondern mit seinen zahlenmäßig unterlegenen Kräften sogar zum Gegenangriff übergehen und die Russen zurückwerfen.

Noch bevor Talvela sein neues Kommando übernahm, hatte sich die Lage im Kampfraum Ilomantsi-Tolvajärvi für die Finnen bereits recht kritisch entwickelt. Ein bei Tolvajärvi stehendes finnisches Bataillon hatte dem Angriff der russischen 139. Infanterie-Division nicht mehr länger standhalten können und war unter überlegenem Feinddruck bis an den Aitto-Fluß zurückgegangen, wo die abgekämpften Infanteristen von einem zweiten am Fluß in Stellung befindlichen finnischen Infanterie-Bataillon aufgenommen wurden.

Ein von beiden Bataillonen gemeinsam geführter Gegenstoß schlug gegen die überlegenen Russen nicht durch. Die Finnen blieben im sowjetischen Abwehrfeuer liegen und mußten wieder zurück. Die Russen stießen nach und drängten die Finnen am folgenden Tag bis auf das Westufer des Agläsees zurück. Obwohl die finnischen Kampfgruppen nun durch die Kräfte eines dritten Infanterie-Bataillons verstärkt wurden, konnten sie dem feindlichen Druck auch am Agläsee nicht standhalten und mußten sich am 5. Dezember bis in den Raum knapp östlich von Tolvajärvi absetzen. Da der Boden bereits fest gefroren war, konnten die Russen auch Panzer und schwere Waffen nachziehen. Die Finnen aber besaßen nichts dergleichen. Sie kämpften, wo sie standen, gruben sich in den Schnee und in die hartgefrorene Erde. Und hielten. Aber lange, das war der finnischen Führung klar, konnte die Front nicht mehr bleiben, wo sie war. Und wenn die Russen die abgekämpften und müden finnischen Infanteristen endlich aus ihren Löchern und Schneemulden geschossen und geschlagen hatten und die Front brach, war eine Katastrophe unvermeidlich.

Als Oberst Talvela am 5. Dezember in dieser schwierigen Situation das Kommando übernahm, wurde ihm schnell klar, daß unverzüglich gehandelt werden mußte, um das Schlimmste zu vermeiden. Und da die Front dem übermächtigen Feinddruck trotz erbitterter Gegenwehr schon bald nachgeben mußte, griff Talvela zu einer ungewöhnlich kühnen Maßnahme. Er befahl Oberstleutnant A. O. Pajari, mit einem verstärkten Bataillon durch die russischen Stellungen zu sickern und die Russen sodann in der Nacht des 8. Dezember aus dem von ihnen bereits besetzten Hinterland heraus anzugreifen.

Oberstleutnant Pajari schaffte die schwierige Aufgabe: Vorsichtig arbeiteten sich die finnischen Infanteristen durch die feindlichen Linien, sammelten sich im russisch besetzten Hinterland – und griffen die überraschten Rotarmisten von hinten an. Das Unternehmen wurde ein voller Erfolg. Die Russen reagierten mit panischem Schrecken, erlitten schwere Verluste und waren nach dem finnischen Überraschungsangriff tagelang zu eigenen größeren Unternehmen unfähig. Bereits am 11. Dezember 1939 allerdings hatten die Russen ihre Fassung wiedergewonnen. Von den Finnen unbemerkt, waren stärkere sowjetische Kräfte mit der Absicht eines flankierenden Stoßes entlang des nördlichen Seeufers vorgegangen. Dabei stießen die Russen auf eine finnische Nachschubkolonne und griffen die vermeintlich leichte Beute unverzüglich an. Aber aus dem erhofften schnellen Sieg wurde nichts. Wieder war es Oberstleutnant Pajari, der den Russen einen Strich durch die Rechnung machte. Pajari, der sich eigentlich nur zufällig gerade im Angriffsgebiet befand, behielt die Nerven, faßte die finnischen Nachschubleute zusammen und ging seinerseits zum Gegenstoß gegen die Russen über.

Als den bedrängten, aber beherzt fechtenden Troßsoldaten noch einige finnische Reservekompanien zu Hilfe kamen, war der Kampf entschieden: Der russische

Angriff blieb liegen, und schon wenig später gerieten die Rotarmisten ins Laufen. Wer der Wut der sofort nachstoßenden Finnen entging, floh in die Wälder. Aber kaum einer der Rotarmisten kehrte zurück. Hilflos in den verschneiten Wäldern gefangen, verirrten sich die überlebenden Russen im Dickicht und starben den Erfrierungstod. Die Finnen aber durften einen neuen Abwehrerfolg feiern. Das hob die Stimmung. Als die Russen am 12. Dezember frontal angriffen, wurden sie von den finnischen Verteidigern glatt abgewehrt.

Zur gleichen Zeit gelang es den Finnen auch, die Lage bei Ilomantsi wieder unter Kontrolle zu bringen. Nachdem sich – wie bei Tolvajärvi – auch bei Ilomantsi die Situation unter starkem Feinddruck zunächst recht kritisch entwickelt und die Finnen zu örtlichen Absetzbewegungen gezwungen hatte, war die an sich recht unzureichend ausgerüstete Abteilung A gerade noch rechtzeitig eingetroffen, um die Russen am Durchbruch zu hindern.

Die Finnen hielten bis zum 9. Dezember ihre gutausgebauten Stellungen auch gegen überlegenen Feinddruck und gingen am 10. Dezember zur Gegenoffensive über. Dabei wurde ein sowjetisches Infanterie-Bataillon eingeschlossen und bis zum letzten Mann vernichtet.

Nachdem die bei Tolvajärvi so besonders kritische Lage bereinigt war, ergriff Oberst Talvela mit seinen Verbänden selber die Initiative. Zwar blieb der Gegner nach wie vor zahlenmäßig stark überlegen, dennoch aber durften sich die Finnen gute Offensivchancen ausrechnen. Für einen großangelegten Gegenschlag hatten die Finnen nicht nur das Überraschungsmoment auf ihrer

Seite, sondern auch die Witterung – es herrschten Temperaturen bis zu minus 30 Grad Celsius – und das Gelände: Während sich die ortskundigen Finnen in den dichten Wäldern sicher bewegten, waren die Russen an die Straße gebunden und daher recht unbeweglich. Talvela wollte den Gegner in einer Zangenoperation angreifen, einschließen und solange festhalten, bis die Russen infolge des Nachschubmangels und der Kälte den Widerstand einstellen mußten. Der Plan war gut – aber Talvela konnte nicht wissen, daß die Russen ganz ähnliche Absichten verfolgten.

Auch die Rotarmisten planten eine Zangenoperation am Ostufer des Tolva- und Hirvassees. Als die Verbände des nördlichen – und kräftemäßig stärkeren – finnischen Zangenarmes auf die vorgehenden Russen stießen und der südliche finnische Zangenarm am Ufer des Tolvasees im feindlichen Abwehrfeuer liegen blieb, war Talvelas Plan so gut wie gescheitert. Dennoch konnten die Finnen zunächst noch einen lokalen Erfolg erzielen: Zwar gelang es ihnen nicht, den Tolvasee zu überqueren, aber sie nahmen immerhin die Insel Koti in ihren Besitz, von wo sie das sowjetisch besetzte Hinterland und die Verbindungswege zur russischen Front einsehen und unter Feuer halten konnten.

Nachdem durch die zufällige Blockierung der finnischen und sowjetischen Zangenoperation eine vorübergehende Pattsituation eingetreten war, war es wieder der bewährte Oberleutnant Pajari, der die Entscheidung zugunsten der Finnen herbeiführte: Pajari ergriff die Initiative und erschütterte die Russen durch einen über das Eis am Nordufer des Tolvasees geführten schwungvollen Frontalangriff so entscheidend, daß die sowjetischen Kräfte in diesem Frontabschnitt in der Folge vollständig aufgerieben werden konnten. Wieder hatten die Finnen gegen eine starke Übermacht einen beachtlichen Sieg errungen.

Möglich waren solche Erfolge nur dank einer rücksichtslosen Einsatzbereitschaft, die den Gegner nicht schonte, aber auch den eigenen Verbänden das Äußerste abverlangte. An der Spitze von Pajaris Einheiten war eine Kompanie Infanteristen über das schneebedeckte Eis des Tolvasees gejagt, keuchend und immer wieder strauchelnd, mitten in das russische Abwehrfeuer. Ein verwundeter Leutnant hatte den „Haufen" geführt – und als die Russen aus ihren Stellungen geschlagen waren, war die finnische Kompanie gerade noch acht Mann stark. Bis zum 14. Dezember war das ganze Gebiet um Tolvajärvi wieder in der Hand der Finnen. Die sowjetische 139. Infanterie-Division, die dort gekämpft hatte, war schwer geschlagen: 1000 Mann hatten die Russen an Gefallenen verloren, einige Hundert Rotarmisten waren in Gefangenschaft geraten. Von den Finnen erbeutet oder im Kampf zerstört wurden zehn Panzer, zwei Artilleriebatterien und große Mengen an Infanteriewaffen und Ausrüstung. Zehn Tage lang wurden die Kämpfe fortgesetzt, doch blieb die Front im wesentlichen stationär, weil den Finnen die Kraft zur weiteren Verfolgung des geschlagenen Gegners fehlte.

Die Russen besaßen starke Reserven. Die 75. Infanterie-Division – eine frische Division, die noch nicht am Feind gestanden hatte – wurde in Eilmärschen herangezogen, um die Reste der verzweifelt gegen die von allen

Seiten angreifenden Finnen kämpfende sowjetische 139. Infanterie-Division herauszuhauen.

Gleichzeitig sollten die Infanteristen der 75. Infanterie-Division die Straße nach Agläjärvi – praktisch die einzige Straßenverbindung, welche die Rote Armee als Nachschubweg benützen konnte – freikämpfen und sichern.

Der finnischen Aufklärung war der Anmarsch der sowjetischen 75. Infanterie-Division nicht entgangen. Und nach dem bewährten Prinzip der Vorwärtsverteidigung warteten die Finnen das Erscheinen der frischen russischen Kräfte nicht erst ab, sondern gingen nun ihrerseits aus dem Raum von Tolvajärvi gegen die herankommenden Russen vor. Damit hatten die Rotarmisten offenbar nicht gerechnet. Der Vormarsch der als Entsatz für die schwer zusammengeschlagene 139. Infanterie-Division herankommenden russischen 75. Infanterie-Division wurde unter dem Druck frontaler und geschickt aus den Flanken geführter finnischer Überraschungsangriffe langsamer und kam schließlich ganz zum Stehen.

Bald mußten die Russen selbst zur Verteidigung übergehen. Aber das nützte ihnen nichts: Bereits am 18. Dezember 1939 hatten die Finnen die sowjetischen Verbände aus den von den Russen im Raum von Agläjärvi gehaltenen starken Verteidigungsstellungen herausgeschlagen und zum Rückzug gezwungen. Die Finnen begnügten sich aber nicht mit der Inbesitznahme von Agläjärvi, sondern stießen sofort nach. Die Russen waren „weich“, und das mußte genutzt werden. Bis zum Aittofluß trieben die finnischen Verbände die stark angeschlagenen und geschwächten Reste der sowjetischen 139. und 75. Infanterie-Division zurück.

Für die Russen war der Aitto buchstäblich ein „Fluß ohne Wiederkehr“: Jene Verbände, welche die aus der Verfolgung heraus geführten ständigen finnischen Angriffe noch überlebt hatten, wurden am Ufer des Aitto zusammengedrängt und von den Finnen bis zum letzten Mann aufgerieben. Agläjärvi und Aitto – hier hatten die Finnen gegen weit überlegene Feindkräfte Erfolge erzielt, welche man in militärischen Fachkreisen wohl für ausgeschlossen gehalten hätte. Die Russen aber hatten neben ihrem militärischen Prestige auch sehr viel Waffen und Gerät verloren. Zu dem während der Kämpfe zerstörten sowjetischen Material kam für die Finnen auch noch reichliche Beute. Nach dem Abschluß der Kämpfe am Aitto zählte man sechzig erbeutete sowjetische Panzer, mehr als dreißig Feldgeschütze und zehn Granatwerfer. Diese Beutestücke konnten die finnischen Verbände ebensogut brauchen wie die etwa vierhundert Maschinengewehre, welche sie den Russen abgenommen hatten. Dazu kamen noch große Mengen an Munition und Ausrüstung.

Allerdings hatten auch die Finnen ihre Erfolge mit hohen blutigen Verlusten bezahlen müssen – zu hohe Verluste, wie beispielsweise auch Marschall Mannerheim meinte und aus diesem Grund sogar zeitweilig den Abbruch der weiteren Verfolgungskämpfe gegen die zurückweichenden Russen erwog. Der Marschall hatte dann aber doch den Frontkommandeuren nachgegeben: Die Angriffe liefen gut, die Russen wichen zurück, sollte man da einfach stehenbleiben und den Gegner wieder zu

Atem kommen lassen? Und die Finnen griffen weiter an, bis sie die Russen am Aitto buchstäblich bis zum letzten Mann vernichtet hatten.

Der Blutzoll, den die Finnen für diesen Erfolg hatten erbringen müssen, war allerdings tatsächlich erschrekkend hoch. In den finnischen Angriffsverbänden waren etwa 30 Prozent der Offiziere und Unteroffiziere gefallen oder verwundet, bei den Mannschaften lag der Prozentsatz der Ausfälle sogar bei 35 Prozent. Auch im Raum von Ilomantsi hatte sich in der Zwischenzeit die Lage stabilisiert. Obwohl auf russischer Seite eine ganze Division – die 15. Infanterie-Division – angriff, hatte die finnische Front gehalten. Vier schwache Infanterie-Bataillone und eine einzige Geschützbatterie hatten sich den Rotarmisten entgegengestellt. Mit Erfolg: Die sowjetischen Verbände blieben trotz ihrer Übermacht im Schnee liegen und kamen keinen Schritt mehr weiter. Daran sollte sich an diesem Frontabschnitt auch bis zum Kriegsende nichts mehr ändern.

Für die Finnen wogen ihre eigenen militärischen Erfolge doppelt schwer, weil sie den schwachen finnischen Streitkräften das so demoralisierende Gefühl der hoffnungslosen Unterlegenheit nahmen. Und moralische Spritzen konnten die schwer bedrängten Finnen tatsächlich brauchen: Am Nordostufer des Ladogasees beispielsweise hatten die sowjetische 168. und 18. Infanterie-Division bereits am 8. Dezember die finnische Front durchbrochen. Auch hier hatten sich die Finnen allerdings schnell gefangen und waren zu Gegenstößen angetreten, in deren Zug sie bis zum 12. Dezember die Sowjets zurückgedrängt und den ursprünglichen Frontverlauf wieder hergestellt hatten. Da die finnischen Stellungen bei Kollaa hielten, bestand sogar Hoffnung, die beiden russischen Divisionen in der Folge einzuschließen und zu vernichten.

Die für die beabsichtigte Einschließungsoperation vorgesehenen finnischen Kräfte hatten sich zwischen Kitelä und Uomaa in einer etwa U-förmig verlaufenden Stellungslinie versammelt. Die finnische Führung sah den bevorstehenden eigenen Operationen optimistisch entgegen. Man durfte sich gute Siegeschancen ausrechnen. Dennoch schlug der erste finnische Angriff am 13. Dezember 1939 ebenso fehl wie ein zweiter Vorstoß am 17. Dezember. Es stellte sich heraus, daß die finnischen Angriffsverbände bereits zu abgekämpft und überdies zu schlecht ausgerüstet waren, um in der eisigen Kälte gegen das schwere russische Abwehrfeuer erfolgreich voranzukommen. Und die Ausfälle stiegen auf finnischer Seite so schnell, daß man sich bei der Führung des IV. Armee-Korps ernste Sorgen zu machen begann.

Der finnische Angriff gewann infolge der Ungunst der Verhältnisse nur sehr langsam an Boden. Erst am 26. Dezember gelang einer finnischen Kampfgruppe ein erfolgreicher Angriff gegen die sowjetischen Stellungen östlich des Kotasees. Und am 27. Dezember lag endlich auch die Uomaa-Hauptverbindungsstraße im Bereich der finnischen Waffen. Allmählich begann sich nun der Einschließungsring um die sowjetischen Verbände abzuzeichnen, aber der finnische Oberbefehlshaber Hägglund mußte doch erst seine Kräfte umgruppieren, bevor man den Ring um die Russen wirklich schließen konnte.

Entscheidend war, daß die finnischen Stellungen bei

Kollaa hielten, denn nur in diesem Fall war die beabsichtigte Einkesselung der beiden sowjetischen Divisionen wirklich mit Erfolg durchzuführen. Da die sowjetischen Kräfte im geplanten Einschließungsraum wesentlich stärker als die finnischen Angreifer waren, beabsichtigte Hägglund auch bei den bevorstehenden Operationen die bewährte Motti-Taktik anzuwenden. Waren die sowjetischen Verbände einmal eingeschlossen, sollten die Angreifer die russischen Einheiten in mehreren kleinen Kesseln – eben den Motti – immer weiter isolieren, bis die feindlichen Divisionen schließlich ihren Zusammenhalt vollständig verloren hatten.

Anschließend sollte nach finnischer Absicht ein Motti nach dem anderen ausgeräuchert und zerschlagen werden. Dieses taktische Rezept war vernünftig und für die Finnen das einzig Richtige. Da die Finnen zu schwach waren, um einen geschlossenen feindlichen Großverband wirklich mit Aussicht auf Erfolg angreifen zu können, mußten die russischen Divisionen gleichsam zerlegt werden, erst dann konnte man den Gegner wirklich packen.

In der Nacht vom 5. auf den 6. Dezember 1939 wurden die Angriffsverbände des finnischen IV. Armee-Korps in ihre Sturmausgangsstellungen vorgezogen. Das war kein leichtes Unterfangen: Das dicht bewaldete Gelände war weglos und tief verschneit, so daß die Infanterieverbände nur mühsam, schwere Waffen dagegen überhaupt nicht vorwärts kamen. Als am 6. Dezember der entscheidende Angriff begann, verteidigten sich die Russen zwar erwartungsgemäß erbittert und zäh, aber sie machten dabei einen – von finnischer Seite durchaus erwünschten –

schweren taktischen Fehler: Die sowjetischen Verbände blieben, wo sie waren. Die Russen standen und kämpften. Und gruben sich ein, anstatt zurückzugehen.

Noch hätten sie vielleicht aus der sich abzeichnenden Einschließung ausbrechen können. Aber sie erkannten das drohende Unheil nicht. Bis zum 11. Dezember hatten die Finnen die stationär kämpfenden sowjetischen Verbände völlig eingeschlossen und den Gegner bereits in zahlreichen kleinen Mottis isoliert. Damit war der operative Zusammenhalt zwischen den beiden eingekesselten Sowjet-Divisionen im wesentlichen bereits verlorengegangen. Zwar hielten die Rotarmisten ihre Stellung, aber sie hatten die taktische Initiative an die sich zwischen den einzelnen Mottis ungehindert bewegenden Finnen bereits verloren.

In der finnischen Führung durfte man zufrieden sein: Alles war planmäßig abgelaufen. Die Russen saßen im Sack, und es war wohl nur eine Frage der Zeit, wann sie den hoffnungslos werdenden weiteren Widerstand einstellen und sich den Finnen ergeben mußten. Tatsächlich aber hatte man die Härte und Kampfentschlossenheit der eingeschlosssenen sowjetischen Verbände stark unterschätzt. Die Russen dachten nicht daran aufzugeben. Zwar waren sie eingeschlossen und begannen in ihren eiskalten Stellungslöchern und Gräben bald auch zu hungern, weil der Nachschub nicht mehr durchkam, aber sie gaben nicht auf. Ihre Artillerie hatten die eingeschlossenen sowjetischen Verbände jeweils in der Kesselmitte in Stellung gebracht, um sie vor überraschenden finnischen Durchbrüchen zu sichern, und die russischen Panzer dienten als bewegliche Geschützbunker: Wenn die Finnen in die Stellungen der sowjetischen Infanterie einzubrechen drohten, griffen die Sowjetpanzer mit ihrem Geschütz- und Maschinengewehrfeuer in den Kampf ein und fügten den Angreifern hohe Verluste zu.

Der bei den finnischen Verbänden bestehende Mangel an Feldartillerie und Panzerabwehrgeschützen machte sich jetzt besonders störend bemerkbar. Die finnischen Infanteristen mußten jede Feindstellung fast ohne eigene Artillerievorbereitung nehmen, und auch den sichernden Russenpanzern war ohne Einsatz von Panzerjägern nur sehr schwer beizukommen. Unter solchen Gegebenheiten mußte man vor allem auf den Zeitfaktor vertrauen: Wenn man die eingeschlossenen Russen nicht durch den Waffeneinsatz zur Aufgabe zwingen konnte, mußte sie der Mangel an Munition und Nahrungsmitteln schließlich doch zur Kapitulation zwingen. Zwar versuchten sowjetische Flugzeuge die eingeschlossenen Verbände aus der Luft zu versorgen, aber die auf diese Weise den eingekesselten Russen zukommenden Nahrungsmittelmengen blieben unzureichend. Und der Hunger wuchs. Bald begannen die Russen buchstäblich an der Substanz zu zehren. Man begann die Troßpferde zu schlachten und aufzuessen. Da die Finnen jedoch besonders infolge des Mangels an schweren Waffen die Mottis nicht im Angriff aufbrechen konnten, entwickelte sich eine Art von Belagerungskrieg. Die Verbände des finnischen IV. Armee-Korps blieben bis in den Februar 1940 hinein an der Kesselfront im Einsatz, während gleichzeitig auch noch Angriffe von insgesamt vier aus dem Raum von Salmi und Käsnäselkä herankommende sowjetische Divisionen abgewehrt werden mußten.

Unter den gegebenen Umständen konnten die Finnen nur versuchen, die Mottis einzeln nacheinander anzugreifen und auszuschalten. Das geschah dann in der Folge auch. Nach einer Reihe von schweren Kämpfen kapitulierten die Reste der sowjetischen 18. Division am 18. Februar 1940, und die zur Division gehörige Panzer-Brigade gab am 29. Februar den weiteren Widerstand auf. Auf dem Schlachtfeld blieben 4300 sowjetische Gefallene – darunter auch zwei Generale – zurück. Genauer gesagt: die Finnen hatten nach dem Kampf 4300 tote Russen gezählt. Jene Gefallenen aber, welche längst zugeweht unter der dichten Schneedecke lagen, konnte man nicht mitzählen; zu diesem Zweck hätte man schon bis zum Frühjahr warten müssen.

Die Finnen erbeuteten beträchtliche Mengen an Waffen und Ausrüstung, darunter 128 Panzer, 91 Geschütze, 120 Kraftwagen und Artilleriezugmaschinen sowie 62 Feldküchen. Dazu kamen noch Infanteriewaffen, Munition und Ausrüstungsgegenstände in großer Zahl.

Der sowjetischen 168. Division blieb das traurige Schicksal ihres Schwesterverbandes nur deshalb erspart, weil der Winterkrieg vor der völligen Vernichtung der ebenfalls eingekesselten Division zu Ende ging. Auch die Soldaten der sowjetischen 168. Infanterie-Division befanden sich in einer ausweglosen Situation. Da die Luftversorgung unzureichend blieb, versuchte man die eingeschlossenen Verbände in einem gewagten Unternehmen vom Land her mit Nachschub zu versorgen. Die Russen schickten lange Kolonnen von Troßwagen über das Eis des Ladogasees, aber obwohl die Nachschubkolonnen durch sowjetische Panzer begleitet und gesichert wurden, erwies sich das Verzweiflungsunternehmen als glatter Fehlschlag. Die Finnen, welche die sowjetischen Bewegungen von ihren Stellungen auf einer kleinen Insel in der Nähe von Koinora aus einsehen konnten, griffen die feindlichen Troßkolonnen bei Nacht an und dezimierten sie schwer.

Was diesen kleinen finnischen Jagdkommandos entgangen war, wurde schließlich durch weitere Angriffe von Land her und sogar aus der Luft völlig vernichtet.

Während die sowjetische 18. und 168. Infanterie-Division in den verschiedenen Mottis ihrer Vernichtung entgegengingen, hielten im Raum von Kollaa einige schwache finnische Bataillone schweren russischen Angriffen nur unter äußerster Anspannung aller Kräfte stand. Obwohl Kollaa einer der wichtigsten Angelpunkte der Front war und ein Nachgeben der finnischen Abwehr an dieser neuralgischen Stelle das gesamte finnische IV. Armee-Korps erschüttern und den Weiterbestand des Einschließungsringes um die beiden sowjetischen Divisionen ernsthaft gefährden konnte, wurden den bei Kollaa im Kampf stehenden finnischen Verbänden kaum nennenswerte Reserven zugeführt. Den ganzen Monat Januar 1940 über kamen die finnischen Verteidiger von Kollaa buchstäblich nicht aus den Stiefeln. Aber obwohl die Russen ununterbrochen angriffen, hielt die Front, wenn auch unter einer beinahe übermenschlichen Kraftanstrengung. Die wenigen in dieser Zeit ankommenden Reserven – drei selbständige Infanterie-Bataillone, ein Infanterie-Regiment und eine zur Ski-Brigade umgerüstete ehemalige Kavallerie-Brigade – mußten sofort in die Abwehrfront eingegliedert werden. Alle Verbände blieben rund um die Uhr im Einsatz, an eine auch nur vorübergehende Herausnahme von abgekämpften Frontverbänden zur Erholung und Auffrischung war unter den gegebenen Verhältnissen selbstverständlich nicht zu denken. Aber der wirklich heldenhafte Einsatz der im Kollaa-Abschnitt im Abwehrkampf stehenden finnischen Verbände sollte sich lohnen: Nur das unentwegte Ausharren und der unerschütterliche Widerstand der Verteidiger von Kollaa hatte jene Operationen möglich gemacht, in deren Zug Hägglund weiter im Süden die beiden sowjetischen Infanterie-Divisionen eingeschlossen und beinahe vollständig vernichtet hatte.

Der Objektivität wegen muß gesagt werden, daß die großen finnischen Abwehrerfolge an der Karelischen Landenge und an der Front nördlich des Ladogasees jedoch nicht nur auf die beispiellose Standhaftigkeit der finnischen Verteidiger zurückzuführen waren, sondern auch auf schwere Mängel in der sowjetischen Kampfführung.

Obwohl die Rotarmisten ausgezeichnete und gut kämpfende Soldaten waren, blieben sie dem Gegner doch stets aus mehreren Gründen unterlegen: Die sowjetische militärische Führung operierte auf allen Befehlsebenen zu wenig elastisch und konnte sich der oft schnell wechselnden taktischen Situation auf dem Kampffeld nur schwer anpassen. Auch die sowjetische Fronttruppe bewies im Kampf wenig Einfallsvermögen und Anpassungsfähigkeit an die taktische Lage, dazu kam noch erschwerend, daß die Rotarmisten völlig ortsunkundig und auf die besonderen Einsatzbedingungen an der finnischen Front in keiner Weise vorbereitet waren. Sehr nachteilig wirkte sich für die Russen die mangelhafte Planung auf unterer und mittlerer Führungsebene und das unzureichende Zusammenwirken der einzelnen Waffengattungen im Einsatz aus. Die Finnen hatten sich beispielsweise schon bald daran gewöhnt, daß das den Infanterieangriffen des Gegners vorausgehende Vorbereitungsfeuer der russischen Artillerie meist völlig unwirksam weit hinter den finnischen Stellungen irgendwo in die Landschaft ging, ohne auch nur im geringsten Schaden anzurichten. Die sowjetischen Infanteristen büßten für die mangelnde Zielgenauigkeit der eigenen Artillerie oft mit hohen blutigen Verlusten. Ebenso kam es beispielsweise vor, daß sowjetische Panzer ohne Begleitinfanterie die finnischen Stellungen angriffen, dann plötzlich im Vorfeld stehenblieben und wieder in die eigenen Ausgangsstellungen zurückrollten. Und die wenig später angreifende sowjetische Infanterie mochte sich dann verzweifelt fragen, wo die zugesagte Panzerunterstützung blieb.

Derartige Mängel wurden erst abgestellt, als schließlich Anfang 1940 der als tüchtig bekannte Marschall Timoschenko den Oberbefehl über die an der Finnlandfront stehenden sowjetischen Verbände übernahm.

Viele sowjetische Verluste waren auch darauf zurückzuführen, daß die russische Führung – ebenfalls auf jeder Befehlsebene – konsequent bei einmal erteilten Befehlen und Kampfaufträgen blieb und auf die taktische Situation meist nicht im geringsten Rücksicht nahm. Mochte die finnische Abwehr an einer bestimmten Stelle der Front noch so heftig sein, die Russen kümmerten sich nicht darum und trieben Welle um Welle der eigenen

Infanterie ins mörderische Feuer. Das mochte gegen jede taktische und menschliche Vernunft sein, es wurde dennoch immer wieder praktiziert. Daß auf diese Weise das Schlachtfeld unnötig oft zur bloßen Schlachtbank wurde, auf der Hunderte von eigenen Soldaten unnötig dahingemetzelt wurden, schien die Russen nicht weiter zu stören.

Weiter in der Abwehr

5

Obwohl die finnischen Deckungs- und Grenzsicherungsverbände während ihres Einsatzes an der Karelischen Landenge den Russen von Anfang an nur hinhaltenden Widerstand hatten leisten können und der Ausgang dieser Kämpfe daher niemals zweifelhaft war, war diese Kampfführung im Sinne des finnischen Gesamtverteidigungskonzepts doch durchaus sinnvoll und notwendig. Der hinhaltende Widerstand hielt die Russen so lange auf, bis die finnischen Hauptkräfte ihre Verteidigungsstellungen bezogen hatten. Nachdem sich die finnischen Sicherungsverbände bis zum 6. Dezember 1939 aus dem Vorfeld zurückgezogen hatten, trat nun eine mehrere Tage andauernde Ruhepause ein, während derer die Sowjets ihre Verbände für die Weiterführung des Angriffes umgruppierten. Diese nur von örtlicher Spähtrupptätigkeit und gelegentlichen Feuerüberfällen der sowjetischen Artillerie unterbrochene Ruhepause konnten auch die Finnen recht gut brauchen. Den in ihre Verteidigungsstellungen eingerückten finnischen Verbänden fehlte jede praktische Fronterfahrung, und es wäre zu befürchten gewesen, daß es im Fall eines sofortigen feindlichen Großangriffes zum Ausbruch einer Panik in den Verbänden des finnischen Feldheeres gekommen wäre. Auch die Orientierung im Gelände fiel den finnischen Verbänden schwer. Viele der meist bei Nacht in ihre Stellungen eingewiesenen Soldaten verirrten sich buchstäblich in der Dunkelheit – es fehlte unter anderem sogar an einer ausreichenden Anzahl von Taschenlampen –, und auch die unmittelbar hinter der Front befindlichen vordersten Reserveverbände mußten stets in Bereitschaft bleiben, um im Fall feindlicher Durchbrüche sofort eingreifen zu können.

Während größere russische Angriffe in dieser Zeit meist ausblieben, nahm doch die Späh- und Stoßtrupptätigkeit bald stark zu. Dabei kam es regelmäßig besonders in den Nachtstunden zu lebhaften Gefechten, welche beiden Seiten keine wesentlichen Erfolge brachten. Allerdings mußten die in ihren befestigten Stellungen und Bunkern liegenden Finnen schon bald feststellen, daß die Mannerheim-Linie den Anforderungen nicht genügte.

Es kam nicht selten vor, daß sowjetische Stoßtrupps durch die Stacheldrahtsperren bis zu den Panzerhindernissen vordrangen und diese sprengten, ohne daß man die Russen dabei von den Bunkern aus wirksam unter Beschuß hätte nehmen können. Der Grund: Man hatte die Infanterie- und Panzersperranlagen zu weit von den Bunkern entfernt angelegt. Jetzt, aufgrund der praktischen Einsatzerfahrungen wußte man es besser – aber jetzt war es zu spät.

Die Kampfpause nach dem Rückzug der Finnen auf ihre Hauptverteidigungsstellungen nützten selbstverständlich beide Parteien in entsprechender Weise. Nicht nur die Finnen hatten eine Atempause gewonnen, sondern auch die Russen. Und sowohl Finnen als auch

Russen kam diese Atempause gelegen. Während die Finnen ihre Verbände umgruppieren und in die Stellungen der Mannerheim-Linie einweisen konnten, nützten die Russen die Zeit für die Bereitstellung ihrer Angriffsverbände. Aus den sowjetischen Aktivitäten und Angriffsvorbereitungen ließ sich für die Finnen bald erkennen, daß der Gegner offenbar in zwei Angriffskeilen anzugreifen beabsichtigte. Ein sowjetischer Angriffskeil mußte sich nach finnischer Schätzung auf Summa und in weiterer Folge gegen Wyborg richten, der zweite dagegen zielte auf Taipale am östlichen Ende der Mannerheim-Linie.

Ohne Zweifel kam dem gegen Summa gerichteten Stoß entscheidende Bedeutung zu: Wenn die Russen bei Summa durchbrachen, würden sie auf Wyborg und von dort weiter gegen das finnische Kernland und die Hauptstadt Helsinki vorgehen. Ein solcher Schlag hätte in kurzer Zeit zum Zusammenbrechen der finnischen Abwehr führen müssen, da die Rote Armee im Fall einer erfolgreichen Kampfführung mit einer einzigen gewaltigen Angriffsoperation die Hauptmasse der finnischen Streitkräfte abgeschnitten und damit in der Folge kampfunfähig gemacht hätte. Den zweiten gegen Taipale zu erwartenden sowjetischen Stoß hielt man dagegen auf finnischer Seite im wesentlichen für ein bloßes Täuschungsmanöver, mit dem der Gegner die Finnen vermutlich nur von seinen eigentlichen operativen Absichten abzulenken versuchen mochte. Wahrscheinlich hatten die Finnen mit ihren Annahmen recht, dennoch aber wurden die Russen tatsächlich bei Taipale offensiv. Dies vermutlich nicht zuletzt deshalb, weil das in dieser

Gegend gut ausgebaute Eisenbahnnetz und die auch für Fahrzeuge tragfähige Eisdecke des Ladogasees den Sowjets die Verlegung auch größerer Angriffsverbände stark erleichterte. Aus finnischen Aufklärungsmeldungen, die während der Nachtstunden des 14. Dezember 1939 eingingen, ergab sich, daß der Angriff der Russen offenbar unmittelbar bevorstand. Die bei Taipale vor der Mannerheim-Linie stehenden sowjetischen Verbände in Divisionsstärke waren um eine weitere Division verstärkt worden, und gleichzeitig hatte man eine massive sowjetische Artilleriekonzentration im vermutlichen Angriffsgebiet feststellen können.

Die finnischen Aufklärungsmeldungen waren zutreffend gewesen: Der sowjetische Angriff begann in den frühen Morgenstunden des 15. Dezember mit mächtiger Artillerievorbereitung. In dieser ersten Angriffsphase waren die Finnen unterlegen, weil es ihnen an schwerer und weitreichender Artillerie fehlte. Ausweichen konnten die Finnen dem sowjetischen Artilleriefeuer nicht. Die finnischen Infanteristen mußten in ihren Stellungen und Bunkern bleiben und die massive Beschießung ohne jede Gegenwehr über sich ergehen lassen. Wenn dabei Ausfälle auftraten, mußte man sie eben hinnehmen. Und während für die hinter ihren Deckungen kauernden Finnen in einem einzigen brüllenden und tosenden Orkan aus dem Lärm der Abschüsse und Einschläge sowjetischer Artilleriegranaten buchstäblich die Welt unterging , mußte die finnische Artillerie schweigen. Den Finnen fehlte es nicht nur an ausreichenden Munitionsmengen, sondern ihre Geschütze trugen einfach nicht weit genug, um das sowjetische Artilleriefeuer in geeigneter Weise beantworten zu können. Warten hatte man den finnischen Kanonieren befohlen, warten, bis die russische Infanterie und die Panzer über das Eis kommen. Warten, bis sie auf Kernschußweite heran sind – und dann erst im direkten Beschuß alles drauf, was aus den Rohren geht. Und die finnischen Artilleristen befolgten die Befehle. Sie warteten, bis die Russen kamen, hielten das Feuer zurück, bis die sowjetischen Infanteristen und Panzer ganz nah heran waren. Bis der erlösende Befehl kam: „Feuer!"

Die russischen Angriffsverbände wurden im Abwehrfeuer der finnischen Infanterie und Artillerie so schwer deziminiert, daß sie sich bald zurückziehen mußten. Zwölf Panzer blieben zerstört im Vorfeld zurück – die Toten konnte niemand zählen. Nachdem der 16. Dezember ohne besondere Aktivitäten vergangen war, griffen die Russen am folgenden Tage wieder an. Diesmal allerdings nicht nur bei Taipale, sondern auch bereits bei Summa, am anderen Ende der Mannerheim-Linie, wo ja von Anfang an der sowjetische Hauptstoß zu erwarten gewesen war. Welle um Welle kamen die russischen Infanteristen, wurden die vordersten Wellen von den Finnen auf kürzeste Distanz – teilweise aus Entfernungen von weniger als fünfzig Metern – buchstäblich niedergemäht, stürmten die folgenden Wellen unbeirrt weiter, über die gefallenen Kameraden hinweg, mitten hinein in das rasende Abwehrfeuer der Finnen. Den Russen schienen selbst schwerste Verluste nichts auszumachen: Rücksichtslos trieben die Kommandeure ihre Soldaten weiter gegen den Feind. Schließlich ertrank der sowjetische Angriff buchstäblich im eigenen Blut. Als die ersten russischen Einheiten, im finnischen Abwehrfeuer zwischen zahllosen gefallenen Kameraden im Vorfeld auf den Boden gezwungen, endlich die Nerven verloren und zu fliehen begannen, war alles vorbei: Die finnische Abwehrfront hatte standgehalten.

Obwohl die Russen nach ihren anfänglichen schweren Rückschlägen ihre Angriffe bei Taipale am Weihnachtstag 1939 wieder aufnahmen und bis 27. Dezember fortsetzten, erzielten sie keine Erfolge. Waren die Angriffe an sich eher lustlos und schlecht koordiniert geführt worden, brachte auch eine Wandlung der Angriffstaktik der Sowjets nicht den erwünschten Durchbruch. Statt – wie ursprünglich – vom Süden her, griffen die Sowjets in ihrer neuen Angriffsserie jetzt meist vom Westen her an. Irgendwelche greifbaren Erfolge brachte diese neue Taktik für die Russen freilich nicht. Im Gegenteil, die Verluste der angreifenden Verbände waren höher als je zuvor, während die finnischen Verteidigungsstellungen im wesentlichen ebenso intakt blieben wie Waffen und Gerät der Verteidiger.

Der gleichzeitig mit dem Angriff gegen Taipale am 17. Dezember 1939 beginnenden sowjetischen Offensive im Raum von Summa waren auf russischer Seite umfangreiche Vorbereitungen vorausgegangen. Während sie ab Anfang Dezember den Gegner in einigen kleineren Vorstößen abgetastet hatten, versammelten die Sowjets vor Summa gleichzeitig überaus starke Angriffsverbände. Nachdem diese recht zügig getroffenen Vorbereitungen bis etwa Mitte Dezember 1939 im wesentlichen abgeschlossen waren, mußten die Finnen mit dem baldigen Losbrechen einer entscheidenden feindlichen Großoffensive rechnen, mit der die Russen offenbar eine schnelle Entscheidung des Krieges zu erzwingen hofften.

Die Finnen standen der Roten Armee an diesem neuralgischen Frontabschnitt nicht eben gut vorbereitet gegenüber. Zwar war bei Summa die gesamte finnische 5. Infanterie-Division in Stellung gegangen, aber die von der Division zu haltende Front war gefährlich überdehnt, eine riskante Situation, die noch durch das beinahe völlige Fehlen von Eingreifreserven unmittelbar hinter der Front weiter verschärft wurde. Zwar stand an sich auch die als Reserve des Oberkommandos bestimmte finnische 6. Infanterie-Division einsatzbereit zur Verfügung, doch waren ihre Verbände so weit von der Front entfernt, daß sie jedenfalls nicht rechtzeitig zur Stelle sein konnten, um einen möglichen russischen Durchbruch auszubügeln. Wie allgemein, waren auch die im Raum von Summa stehenden finnischen Artillerieverbände mit Geschützen und Munition so unzureichend ausgestattet, daß sich eigene Angriffsoperationen schon aus diesem Grund verboten. Die Finnen konnten also nicht viel anderes tun, als ihre Verbände in Erwartung der sowjetischen Offensive noch etwas umzugruppieren, im wesentlichen aber mußte man abwarten und dem Gegner die Initiative überlassen.

Am 17. Dezember war für die Finnen zumindest die nervenaufreibende Wartezeit vorüber: Die Russen griffen an!

Die Offensive begann in den Morgenstunden mit einem mächtigen Artillerietrommelfeuer, das die Finnen in ohnmächtiger Hilflosigkeit und ohne jede Gegenwehr über sich ergehen lassen mußten. Um zehn Uhr am Vormittag griffen sodann russische Infanterie und Panzer an. Eine ganze Infanterie-Division hatten die Russen im relativ schmalen Angriffsraum eingesetzt, dazu kamen noch achtzig Panzer und Kräfte der sowjetischen Luftwaffe, welche die vorgehenden sowjetischen Infanteristen unterstützen sollten. Waren die Finnen bereits infolge der materiellen Übermacht der Angreifer im Nachteil, wurden sie nun durch die rücksichtslose Kampfweise der Russen geradezu geschockt. Die hinter den Panzern vorgehende russische Infanterie kümmerte sich um das finnische Abwehrfeuer nicht im geringsten. Mochten Dutzende und Hunderte von Infanteristen fallen – die Überlebenden griffen ohne Zögern weiter an. Maschinenhaft beängstigend – ein unheimliches Schauspiel, das an den Nerven der aus allen Waffen feuernden finnischen Verteidiger zerrte. Eine schlimmere Bedrohung als die in großer Zahl noch im Vorfeld fallenden Infanteristen bedeuteten die sowjetischen Panzer, denn diesen war mit Infanteriewaffen selbstverständlich nicht beizukommen. Panzerabwehrgeschütze besaßen die Finnen nur in geringer Zahl – und einen angreifenden, von der feindlichen Infanterie gedeckten Panzer beispielsweise mit einem Molotowcocktail auszuschalten, war mehr als schwierig. Da auch bald nach Angriffsbeginn das finnische Feldtelefonnetz durch die feindliche Beschußwirkung ausgefallen war, kämpften die Fronteinheiten praktisch ohne jede Verbindung zu den rückwärtigen Befehlsstellen. Zwar besaßen manche finnische Einheiten Funkgeräte, die aber waren meist veraltet und funktionierten nicht immer.

Die sowjetischen Angriffe gingen den ganzen Tag über mit unerhörtem Material- und Mencheneinsatz weiter. Erst als bei Einbruch der Dunkelheit die Kampftätigkeit abflaute, konnte man auf finnischer Seite versuchen, sich ein einigermaßen klares Bild von den Kampfereignissen des Tages zu machen.

Sobald das russische Feuer nachgelassen hatte, hatten sich sofort finnische Störungssucher auf den Weg gemacht, um das vielfach zerschossene Kabelnetz der Feldtelefonanlagen instandzusetzen. Mit Erfolg. Bald waren die Verbindungen soweit hergestellt, daß die einzelnen Einheitsführer und die rückwärtigen Befehlsstellen wieder Verbindung aufnehmen konnten. Trotzdem war Vorsicht geboten: Die Russen konnten irgendwo die Leitungen angezapft haben und hörten vielleicht mit. Also sprachen die Finnen am Feldtelefon zur Sicherheit nicht im Klartext, sondern man verwendete bewußt ein Kauderwelsch aus finnischen und schwedischen Worten. Es war selbstverständlich, daß Einheiten, Orte und Waffen ebenfalls stets nur mit Tarnbezeichnungen genannt wurden. Zumindest aus dem vielleicht mitgehörten Nachrichtenverkehr sollten die Russen keine Rückschlüsse auf Stärke und Dislozierung der finnischen Verbände ziehen können.

Bald durften die Finnen die überraschende und erfreuliche Feststellung machen, daß der Gegner trotz des Großeinsatzes seiner Kräfte die Abwehrfront nirgendwo wirklich nachhaltig durchbrochen hatte. Nur im Ort Summa selbst hatten die Russen einen lokalen Frontdurchbruch erzielt, den die Finnen jedoch bald abriegeln und völlig beseitigen konnten.

Alles in allem sah die Bilanz des ersten Angriffstages bei Summa für die Rote Armee wenig erfreulich aus: Die finnische Abwehrfront hatte den schweren sowjetischen Angriffen standgehalten. Und die infolge der Angriffe eingetretenen sowjetischen Verluste – fünfundzwanzig Panzer und zahllose Gefallene – waren zunächst völlig sinnlos geblieben.

Das schien die sowjetische Führung jedoch nicht weiter zu stören. Während die Nachtstunden vom 17. auf den 18. Dezember verhältnismäßig ruhig geblieben waren, begann der 18. Dezember für die Finnen ebenso unerfreulich wie der Tag zuvor. Wieder brüllte im Kampfraum von Summa die sowjetische Artillerie auf: Abschüsse und Einschläge, ein tosender Orkan. Fünf Stunden lang lagen die Finnen völlig wehrlos im ununterbrochenen feindlichen Trommelfeuer. Als der Artilleriebeschuß aussetzte, stießen Infanterie und Panzer nach. Etwa siebzig Russenpanzer zählten die Finnen bei Angriffsbeginn. Aber wenig später krochen nur noch sechzig Stahlungeheuer durch das Gelände. Zehn russische Panzer standen brennend und rauchend vor der finnischen Abwehrfront – diesmal hatten die finnischen Panzerjäger überaus präzise Arbeit geleistet.

Es war kein guter Tag für die Russen. Wieder mußte ihre angreifende Infanterie hohe blutige Verluste hinnehmen, ohne auch nur an einer Stelle der Abwehrfront wenigstens lokale Erfolge erzielen zu können. Schließlich stellten die Russen die an diesem Tag von Anfang an so erfolglosen und teilweise von den Finnen bereits in den Ansätzen zerschlagenen Panzer- und Infanterieangriffe gänzlich ein.

Für die Finnen bedeutete das allerdings kaum eine Erleichterung. Zwar blieb es im unmittelbaren Vorfeld der eigenen Abwehrstellungen ruhig, dafür aber setzte wieder schweres russisches Artilleriefeuer ein, welches diesmal auch während der ganzen Nacht ohne Unterbrechung andauerte.

Waren die beiden ersten Großkampftage für die Finnen schon schwer gewesen, erneuerten die Russen am 19. Dezember ihre Offensive mit bis dahin noch nicht dagewesener Intensität. Die Russen wollten den Durchbruch um jeden Preis erzwingen. Die Finnen sahen sich an diesem Tag geradezu unübersehbaren Panzer- und Infanteriemassen gegenüber. Die Russen brachten nicht weniger als sechs Infanterie-Divisionen zum Einsatz, dazu kamen ein komplettes Panzer-Korps und zwei selbständige Panzer-Brigaden. Und noch vor den Panzern und Infanteristen kam die russische Luftwaffe. Ohne auf nennenswerte Gegenwehr zu stoßen, flogen sowjetische Kampffliegerverbände die finnischen Stellungen an und luden ihre tödlichen Lasten über den in ihren Bunkern und Gräben liegenden Finnen ab.

Nach den Bombern kamen die Jäger. Ganz knapp zogen sie über dem Boden dahin, suchten ihre Ziele – und fanden sie: Wie Habichte stürzten sie sich auf die finnischen Stellungen und zwangen die Verteidiger durch ununterbrochenes Maschinengewehrfeuer in Deckung. Obwohl sich der Schwerpunkt der sowjetischen Angriffe erneut auf Summa konzentrierte, griffen die Russen an diesem Tag an einem breiteren Frontstreifen als an den Vortagen an.

Und diesmal konnten die Russen auch gewisse Erfolge

erzielen. So tapfer die Finnen sich schlagen mochten, sie waren der gewaltigen Übermacht nicht gewachsen. Obwohl bald nach Beginn des russischen Angriffs – wie bereits gewohnt – auf finnischer Seite die meisten Nachrichtenverbindungen ausgefallen waren, erhielt die finnische Führung doch einige alarmierende Meldungen. Allein im Kampfraum von Summa waren etwa 100 russische Panzer aufgetreten. Hundert Panzer – das mag für uns nach den großen Panzerschlachten des Zweiten Weltkrieges und der Nahostkriege keine allzu große Zahl sein. Damals aber, knapp nach Ausbruch des Zweiten Weltkrieges und für ein in der Panzerbekämpfung unerfahrenes, mit panzerbrechenden Waffen kaum ausgestattetes Heer wie das finnische, mußte das massive Auftreten von hundert feindlichen Panzerwagen an der Front eine schwere Krise auslösen. Die Situation wurde überdies noch dadurch erschwert, daß die sowjetischen Kampfwagenbesatzungen buchstäblich ohne Rücksicht auf Verluste angriffen.

Mit wahrer Todesverachtung rollten die Russenpanzer ins finnische Abwehrfeuer, walzten die Panzerhindernisse nieder, hielten, schossen in die finnischen Gräben und Stellungen, rollten weiter – und waren plötzlich durch. Aber die Finnen hatten sich bald wieder gefangen: Trotz der gewaltigen Übermacht traten sie immer wieder zu Gegenstößen an, knackten die durch die Stellungen gebrochenen Feindpanzer und dezimierten die sowjetischen Infanterieverbände. Das Unwahrscheinliche geschah: Der Frontzusammenhang konnte im wesentlichen bewahrt werden. Wo die Russen durchgebrochen waren, wurden sie im Laufe des Tages zurückgetrieben oder im Durchbruchsraum aufgerieben. Nördlich von Summa hatten die Russen am 19. Dezember gleich nach Angriffsbeginn eine schmerzliche Niederlage erlitten. Eine entlang der einzigen Vormarschstraße angreifende sowjetische Panzerkolonne war dort auf finnisches Abwehrfeuer gestoßen, konnte sich infolge der ungünstigen Geländeverhältnisse – rechts und links der Straße lagen dichte Wälder, in denen die Panzer nur unter allergrößten Schwierigkeiten operieren konnten – der feindlichen Waffenwirkung kaum entziehen und mußte schwere Verluste hinnehmen.

Wie auf dem Präsentierteller mußten die russischen Panzer stehenbleiben. Die Finnen ließen sich diese Chance nicht entgehen. Als sich die Russen schließlich bei Einbruch der Dunkelheit doch noch zurückziehen konnten, waren sie schwer geschlagen. Solche Ausfälle trafen die Rote Armee infolge ihrer Übermacht jedoch nicht wirklich schwer. So führten die Russen beispielsweise trotz hoher Verluste ihre Angriffe an der Summafront nicht nur den ganzen 19. Dezember über weiter, sondern setzten sie nach Zuführung von Reserven auch am folgenden Tag fort.

Aber obwohl nun auch die sowjetische Artillerie – anders als bei Angriffsbeginn – wesentlich präziser schoß und die Finnen dadurch ernste Ausfälle erlitten, hielt die Abwehrfront auch weiterhin. Als die Russen schließlich am 23. Dezember ihre bis dahin ständig erneuerten Angriffe einstellten, konnten die Finnen einen großen Abwehrsieg für sich buchen.

Zwischen den zahllosen gefallenen Rotarmisten standen die ausgebrannten Wracks von achtundfünfzig sowjetischen Panzern im Vorfeld der Mannerheim-Linie. Für die Finnen eine stolze Bilanz, für die Sowjets dagegen eine recht enttäuschende: Seit dem Ausbruch des Winterkrieges hatten sie allein an der Landengenfront nicht weniger als 239 Panzer verloren.

Wenn man sich im Kreml irritiert fragen mochte, warum eigentlich aus dem geplanten „Spaziergang nach Helsinki" nichts geworden war, hätte man wohl vier Hauptursachen für das so offensichtliche Versagen der sowjetischen Militärmacht feststellen müssen.

Zunächst: Da die Russen keinesfalls mit wirklich entschlossenem militärischen Widerstand des Gegners gerechnet hatten, waren ihre operativen und logistischen Vorbereitungen vor Angriffsbeginn unzureichend geblieben. Schlimmstenfalls, so hatte man angenommen, werde man die Finnen eben mit gewaltiger Übermacht einfach niederwalzen. Weiter: Nachdem man auf sowjetischer Seite bald nach Angriffsbeginn hatte feststellen müssen, daß die Finnen zum äußersten Widerstand entschlossen waren, hatte die Führung der Roten Armee ihr ursprüngliches Konzept beibehalten, oder besser, sich auch weiterhin nicht um ein wirklich klares operatives und taktisches Konzept bemüht, um den finnischen Widerstand zu brechen. Die Russen verließen sich auf ein höchst einfaches Patentrezept: Mehr Panzer und Infanterie, und wenn der Erfolg weiter ausblieb: noch mehr Panzer und noch mehr Infanterie. Eine russische Dampfwalze à la 1939 – aber diese Dampfwalze wollte eben nicht richtig ins Rollen kommen. Zum dritten: War die sowjetische Führung auf allen Befehlsebenen ohnehin von Anfang an nicht gerade sehr einfallsreich und elastisch gewesen, wurde ihre Aufgabe noch zusätzlich durch die sowohl bei den Einsatzverbänden als auch bei den Stäben vorhandenen politischen Kommissare erschwert. Die Kommissare hatten auf Einhaltung der politischen Linie zu achten, von militärischen Dingen verstanden sie dagegen oft recht wenig. Dennoch wagten die sowjetischen Kommandeure nicht, ihre Kommissare einfach zu ignorieren. Noch waren die großen blutigen Säuberungen, in welchen auf Befehl Stalins eine große Anzahl auch höchster Generalstabsoffiziere der Roten Armee in den dreißiger Jahren nicht nur ihrer Kommandos enthoben, sondern auch liquidiert worden waren, den sowjetischen Offizieren in allzu deutlicher Erinnerung. Und wer damals vielleicht eben noch davongekommen war, hatte das Schweigen gelernt. Mochten die militärischen Ansichten vieler Politkommissare auch völlig unfundiert sein – man schwieg und richtete sich danach, um nicht politisch aufzufallen. Als für die sowjetische Kampfführung zusätzlich erschwerend wirkten sich auch gewisse psychologische Faktoren aus.

Die finnischen Soldaten wußten, worum es für sie in diesem Kampf ging. Sie standen in der Abwehr gegen einen übermächtigen Eroberer, und sie fochten für ihre Heimat und für ihre Familien irgendwo hinter der Front. Dieses Bewußtsein gab den Finnen zusätzlichen Mut und Durchhaltewillen. Anders die Russen. Vor Beginn des Krieges hatte man ihnen erklärt, daß die Finnen sie mit offenen Armen erwarten würden. Die Tatsache, daß die Finnen nun im Gegensatz zu den bei den Rotarmisten so leichtfertig geweckten Erwartungen den Russen heftigen Widerstand leisteten, traf die sowjetischen Frontverbände schwer. Dazu kam noch, daß die oft nur unzureichend ausgebildeten und mangelhaft geführten sowjetischen Einheiten in Finnland in einem für sie völlig ungewohnten Gelände kämpfen mußten, in dem sie sich kaum zurechtfanden. Jene sowjetischen Verbände beispielsweise, deren Angehörige aus den Weiten der Ukraine oder aus den russischen Steppengebieten kamen, mochten noch nie zuvor in ihrem Leben größere Wälder gesehen haben – und nun wurden sie plötzlich in teilweise urwaldartig dicht bewaldetem und unübersichtlichem Gelände mit einem Gegner konfrontiert, der zu äußerstem Widerstand entschlossen war.

Schlimm war auch, daß die Russen – anders als die Finnen – hinsichtlich der Bekleidung nicht auf die Winterkriegsführung vorbereitet waren. Die finnischen Soldaten hoben sich in ihren weißen Schneehemden im Einsatz vom winterlich verschneiten Gelände kaum ab, die russischen Soldaten bildeten dagegen in ihren erdbraunen Mänteln und Uniformen auch auf weite Entfernung geradzu ideale Zielscheiben.

Nachdem man die Russen auch an der Mannerheim-Linie zunächst mit Erfolg aufgehalten hatte, konnten die Finnen daran denken, selber im Gegenangriff die Initiative zu übernehmen. Einen derartigen Vorschlag hatte der finnische Generalmajor Öhquist namens des II. Armee-Korps bereits in der Phase der hinhaltenden Rückzugskämpfe an der Karelischen Landenge gleich nach Kriegsausbruch an das finnische Oberkommando herangetragen. Zunächst war Öhquist mit seinen Vorschlägen jedoch ohne Erfolg geblieben. Das Oberkommando winkte ab. Zu riskant, meinte man, und zunächst einmal abwarten, wie sich das weitere Kampfgeschehen entwickelt.

Am 19. Dezember aber gab das finnische Oberkommando den Vorstellungen Öhquists nach. Zwar machte zu diesem Zeitpunkt gerade die große Abwehrschlacht bei Summa die höchste Anspannung aller eigenen Kräfte erforderlich, aber die Front hielt dem feindlichen Druck offenbar doch stand. Unter solch günstigen Bedingungen daher zur gegebenen Zeit eine finnische Gegenoffensive zu führen, schien durchaus im Bereich des Möglichen.

Nach der finnischen Planung sollte der eigene große Gegenschlag vor allem von der finnischen 6. Infanterie-Division geführt werden, die als operative Reserve des Oberkommandos bis dahin zurückgehalten und nicht an der Front verwendet worden war. Die durch ein weiteres Infanterie-Regiment verstärkten Einheiten der 6. Division sollten zusammen mit Teilen von fünf anderen finnischen Divisionen zwischen dem Muolaa- und dem Kuolemasee an einem etwa 24 Kilometer breiten Frontabschnitt zum Angriff antreten. An der westlichen Begrenzung des Angriffsraumes sollten Teile der 4. Division vorgehen und dabei gleichzeitig den Schutz der rechten Flanke der 6. Division übernehmen, die entlang des Summaflusses angreifen sollte. Gleichzeitig fiel Teilen der 5. Division die Aufgabe zu, die im Raum von Summa stehenden sowjetischen Verbände zu binden und niederzuhalten. Weiter im Osten des Angriffsabschnittes sollten Teile der finnischen 1. Infanterie-Division entlang der Bahnlinie vorstoßen. Östlich der 1. Division stehende Kampfgruppen der 11. Division sollten gleichzeitig nach Angriffsbeginn in westlicher Richtung durchbrechen und die Russen zwischen den eigenen vorgehenden Verbänden und denen der finnischen 1. Infanterie-Division einschließen.

Der finnische Plan war gut und recht ehrgeizig dazu. Wenn er gelang, mußten sich die Finnen dem Feind gegenüber nicht nur militärisch, sondern auch politisch in einer wesentlich günstigeren Position befinden als zuvor. Rein militärisch hätte ein finnischer Angriffserfolg die Russen entscheidend zurückgeworfen. Eine fühlbare Niederlage auf dem Schlachtfeld konnte den Kreml immerhin veranlassen, in Friedensgespräche mit den Finnen einzutreten. Das war das eigentliche Hauptziel, welches die politische und militärische Führung Finnlands mit der bevorstehenden Offensive erreichen wollte.

Der finnische Angriff sollte am 23. Dezember 1939 um 06.30 Uhr beginnen. Bis kurz vor Angriffsbeginn hatte starker Schneefall geherrscht, danach sank die Temperatur ab, und ein heftiger Sturm setzte ein. Die finnischen Infanteristen froren in ihren Bereitstellungsräumen: kein gutes Zeichen für den bevorstehenden Angriff, weil man nicht nur gegen die Russen, sondern auch gegen die Unbilden der Witterung zu kämpfen hatte. Immerhin war die Infanterie einsatzbereit, wenigstens teilweise. Da bis kurz vor Angriffsbeginn die Heranführung der finnischen Offensivkräfte noch nicht abgeschlossen werden konnte, bot sich auf den wenigen Anmarschstraßen das in solchen Fällen übliche Bild: Fahrzeugkolonnen, Pferdegespanne, Nachschubtrosse, fluchende Kutscher und aufgeregte Offiziere, nicht eingehaltene Zeitpläne und resignierende Kraftfahrer...

Schlimm war auch, daß das von der finnischen Aufklärung erarbeitete Feindlagebild unvollständig war. Unter solchen Umständen konnten die angreifenden eigenen Verbände recht unangenehme Überraschungen erleben. Trotz aller Schwierigkeiten begann die finnische Offensive planmäßig. Die finnischen Angriffsverbände erzielten zunächst beträchtliche Raumgewinne, blieben jedoch dort liegen, wo die Russen mit Panzern im Gegenstoß zurückschlugen. Wie aus den früheren Abwehrkämpfen bereits gewohnt, fielen auch während des Vormarsches die finnischen Nachrichtenmittel schnell aus. Die „Strippenzieher" kamen mit dem Bau der oft auch durch feindlichen Beschuß schnell wieder zerstörten Kabelleitungen nicht nach, und die wenigen vorhandenen Funkgeräte fielen – ebenfalls ein bereits gewohntes Phänomen – fast vollständig aus. Nicht zuletzt wegen der unzureichenden Verbindung zwischen den angreifenden Verbänden blieb auch der finnische Artillerieeinsatz von Anfang an mangelhaft. „Die Artillerie läßt uns im Stich!" Immer wieder mußten die vor den russischen Verteidigungsstellungen oder im Feuer angreifender Russenpanzer liegengebliebenen finnischen Infanteristen diese bittere Festellung treffen. Aber die finnischen Artilleristen hatten ihre Kameraden durchaus nicht im Stich gelassen. Die Zugmittel blieben im Schnee stecken, die Nachrichtenverbindungen waren ausgefallen – und aus diesem Grund wußten die finnischen Batterien oft überhaupt nicht, wo man sie brauchte. Acht Stunden nach Angriffsbeginn kam der Befehl, der allen Hoffnungen ein Ende machte: „Angriff einstellen!"

Die Offensive war gescheitert. Die finnischen Verbände lösten sich vom Feind und begannen sich auf ihre Ausgangsstellungen zurückzuziehen. Die Russen störten die finnischen Absetzbewegungen nicht – und das war zweifellos kein Zufall. Wenn die finnische Offensive auch nicht durchgeschlagen hatte, waren die sowjetischen Verbände vom gegnerischen Angriff doch überrascht und stark erschüttert worden. Es war eine unglaubliche Überraschung, daß die doch so sichtlich unterlegenen Finnen diese Offensive überhaupt gewagt hatten. Letzten Endes hatte sich das taktische Risiko für die Finnen doch gelohnt. Man hatte den Gegner zum Laufen gebracht, was der Kampfmoral der finnischen Verbände unerhörten Auftrieb gab. Und die Russen waren tatsächlich so stark erschüttert, daß sie nach der finnischen Offensive mehr als einen Monat lang an der Landengenfront keinerlei größere Angriffsanstrengungen mehr unternahmen.

Kleinere sowjetische Angriffe im Raum von Taipale vom 25. bis zum 27. Dezember fielen dabei ebensowenig ins Gewicht wie die im Januar 1940 an der gesamten Landengenfront ständig fortgesetzte örtliche russische Späh- und Stoßtrupptätigkeit.

Die Schlacht von Suomussalmi

6

Etwa auf halbem Weg zwischen der Eismeerküste im Norden und der Karelischen Landenge im Süden fand im ostfinnischen Grenzraum während des Winterkrieges eine Reihe von schwersten Kämpfen statt, welche zu den bedeutendsten und entscheidendsten dieser finnisch-sowjetischen Auseinandersetzung gehörten. Hier, im dünnbesiedelten unwirtlichen Grenzgebiet, errangen die Finnen im Raum zwischen den Ortschaften Suomussalmi und Kuhmo etwas wie ein allen Erwartungen und Erfahrungen widersprechendes „militärisches Wunder“. Obwohl zahlen- und ausstattungsmäßig stark unterlegen, schlossen sie die Kräfte von drei sowjetischen Divisionen ein und zerschlugen sie beinahe vollständig.

Begonnen hatte alles mit einer Katastrophe. Das finnische Oberkommando hatte angenommen, daß die Russen im unwirtlichen und wegarmen Gebiet entlang der finnischen Ostgrenze nicht mit stärkeren Verbänden angreifen würden. Und da man die Hauptmasse der finnischen Streitkräfte an der Karelischen Landenge zusammengezogen hatte, wo man – an sich völlig richtig – den Schwerpunkt der sowjetischen Angriffstätigkeit erwartete, blieben für den weniger wichtigen Raum weiter im Norden nur schwächere Verbände. Reservisten, Grenzsicherungsverbände und Einheiten der Bürgerwehr – mehr stand nicht zur Verfügung. Man baute eine „Alibifront" auf und hoffte, daß die Dinge ruhig blieben. Ein paar Geplänkel an der Grenze vielleicht, kleinere Stoßtruppunternehmen. Dafür war man auf finnischer Seite vorbereitet. Ganz und gar nicht vorbereitet war man auf das, was nach Kriegsbeginn dann wirklich kam: Drüben, jenseits der Grenze, standen zwei komplette sowjetische Angriffsdivisionen samt den dazugehörigen Panzerverbänden. Und an den Flanken dieser beiden russischen Infanterie-Divisionen standen Verbände einer weiteren Division. Wie der Gegner diese Großverbände in den Angriffsraum gebracht hatte und wie er sie in der wegarmen Gegend diesseits und jenseits der Grenze später versorgen wollte, blieb den Finnen rätselhaft. Später erst stellte sich heraus, daß die Sowjets – wie auch bei Ladoga – schon vor Kriegsbeginn in monatelanger Arbeit ein ganzes Netz von Nachschub- und Verbindungswegen angelegt hatten. Ende November 1939 wurde es jenseits der finnischen Ostgrenze recht unruhig: Die Russen stellten sich zum Angriff bereit. Völlig unvorbereitet traf dieser Angriff die Finnen nicht, weil es nicht einmal der Aufmerksamkeit der zivilen Grenzbevölkerung hatte entgehen können, daß sich drüben, jenseits der Grenze, etwas zusammenbraute. Dennoch war man nicht weiter beunruhigt gewesen. Man vertraute darauf, daß der Gegner hier kaum mit stärkeren Kräften angreifen werde. Und das Leben ging in seinen gewohnten Bahnen weiter. Bis zum 30. November 1939 – an diesem Tag kamen die Russen über die Grenze. Nicht zug- oder kompanieweise, sondern in Divisionsstärke.

Die finnischen Behörden hatten keinerlei vorbereitende Maßnahmen für eine eventuell notwendige Evakuierung getroffen. Man hatte sich sicher gefühlt. Aber diese Sicherheit war trügerisch. Als die Grenzbevölkerung am 30. November Hals über Kopf fliehen wollte, war es bereits zu spät. Die sowjetischen Verbände stießen mitten in die Zivilbevölkerung, überrollten die Flüchtlingskolonnen und vernichteten alles, was sich ihnen in den Weg stellen mochte. Und die Kinder, die noch am Morgen wie an jedem Tag zur Schule gegangen waren, brauchten ihre Hausaufgaben nicht mehr vorzuzeigen. Die Russen waren da . . .

Gleich nach Angriffsbeginn wurde es klar, daß die Russen gegen Kuhmo stießen. Die beiden aus Richtung der Grenze nach Kuhmo führenden Straßen waren von Teilen der dort vorgehenden sowjetischen 54. Infanterie-Division verstopft. Die Finnen konnten den Angreifern ein einziges Bataillon entgegenstellen, das war alles. Dennoch ging man bereits am 1. Dezember zum Gegenangriff über. Nicht frontal, denn das wäre Selbstmord gewesen, sondern aus der Flanke, wo der Gegner verwundbar war und sich sicher fühlte.

Ihr Wagemut nützte den Finnen zunächst jedoch kaum. Wohl fügten sie dem Gegner immer wieder gewisse Verluste zu, aber wirklich aufhalten konnten sie die sowjetischen Verbände nicht. Nachdem die Finnen bis zum 5. Dezember ständig weiter zurückgedrängt worden waren, wurde die Lage schließlich so kritisch, daß an eine Weiterführung des Kampfes nur noch nach schleuniger Zuführung von Reserven zu denken war. Also wurde das zu der im Raum von Oulu liegenden finnischen 9. Infanterie-Division gehörige 25. Infanterie-Regiment in Marsch gesetzt und sofort nach seinem Eintreffen im Kampfgebiet verwendet. Ein ganzes Infanterie-Regiment – das klang für die im Raum von Kuhmo kämpfenden schwachen finnischen Verbände recht tröstlich.

Die Wirklichkeit sah anders aus. Die ankommenden Infanteristen waren zwar glücklicherweise vollständig mit Skiern ausgestattet, jedoch nur mit Karabinern und Maschinengewehren bewaffnet. An Ausrüstung brachten sie ihre Feldzelte mit, das war alles. Keine Artillerie, keine Pakgeschütze – die wurden vermutlich an anderer Stelle dringender gebraucht. Aber was nützte es: die Soldaten des 25. Infanterie-Regiments gingen sofort nach ihrem Eintreffen in den Einsatz. Man durfte keine Zeit verlieren. Wenn man weiter abwartete, konnten die sowjetischen Verbände im Kampfgebiet nur noch stärker werden. Es blieb nicht einmal Zeit genug, um die Männer des 25. Infanterie-Regiments gründlich in die Lage einzuweisen. Dennoch gewannen die nun geführten finnischen Flankenangriffe so weit an Schlagkraft, daß bis zum 8. Dezember durch von Norden nach Süden geführte Stöße die auf der Straße nach Kuhmo vorgehenden sowjetischen Verbände in eine schwierige Lage gerieten. Die Finnen hatten die Straßenverbindung an mehreren Stellen unterbrochen und damit einzelne sowjetische Verbände von der Verbindung zur Hauptmasse der russischen Truppen abgeschnitten.

Das war ein an sich recht beachtlicher Erfolg, der sich allerdings infolge der zahlenmäßigen Schwäche der Finnen und ihrer dürftigen Bewaffnung und Ausstattung mit Nachrichtenmitteln nicht lange behaupten ließ. Zwar saßen die Finnen dem Gegner am Hals, aber es fehlte ihnen an den geeigneten Mitteln, um kräftig zuzudrükken. Dazu kam noch, daß die ohnehin zahlenmäßig schwachen finnischen Verbände ebenso Ausfälle hatten wie die Russen, allerdings wog jeder Gefallene und Verwundete bei den abgekämpften Finnen ungleich schwerer als bei den Russen. Trotz ihrer relativen Schwäche und der eiskalten Witterung konnten die finnischen Verbände den weiteren Vormarsch der Russen allmählich verlangsamen und ihn schließlich bis zum 20. Dezember 1939 zum Stillstand bringen.

Bald befanden sich die sowjetischen Einheiten in einer überaus schwierigen Lage, die für die unmittelbare Zukunft weit Schlimmeres befürchten ließ. Die Russen hatten die Straße in ihrem Besitz, denn von dort hatten sie die schwächeren Finnen nicht verdrängen können. Gleichzeitig aber saßen die Russen fest. Weiter nach vorn anzugreifen, reichte die Kraft der teilweise eingeschlossenen sowjetischen Verbände nicht, und zurückzuziehen wagten sie sich ebenfalls nicht. Die undurchdringlichen Wälder rechts und links der Rollbahn aber gehörten den Finnen. Die russischen Posten mochten sich die schmerzenden Augen ausstarren, sie sahen den Gegner nicht. Nur die Wälder waren da: verschneite, lautlose Wände zu beiden Seiten der Straße. Und dazwischen irgendwo im Unterholz: der Gegner. Schnell und lautlos glitten die Finnen dahin, warteten, lauerten und schlugen plötzlich zu. Weißen Schemen gleich waren sie unvermutet da, fielen über den Gegner her, wann es ihnen paßte. Und verschwanden ebenso plötzlich, wie sie gekommen waren, wieder in den Wäldern, wohin ihnen die Russen nicht zu folgen wagten.

Auf diese Weise verloren die entlang der Straße eingeschlossenen sowjetischen Verbände die Initiative schon bald an den Gegner. Sowjetische Gegenstöße gab es kaum, die Rotarmisten blieben auf der Straße, gruben sich mühsam ein, froren und hungerten. Und warteten. Irgendwann einmal mußten die außerhalb der Einschließung verbliebenen Teile der 54. Infanterie-Division ja kommen und sie herausschlagen. Man brauchte also nur zu warten und durchzuhalten.

Bis Ende Januar 1940 warteten die entlang der Straße nach Kuhmo eingeschlossenen Russen vergeblich. Nichts geschah. Dann kam Verstärkung, aber nicht für die Rotarmisten, sondern für die Finnen. Nach dem siegreichen Abschluß der Kämpfe bei Suomussalmi konnten nun stärkere finnische Verbände in den Raum von Kuhmo verlegt werden. Die Russen mußten sich auf einiges gefaßt machen. Nach ihrem großen Sieg bei Suomussalmi waren die ankommenden finnischen Verstärkungen entschlossener denn je zuvor, es dem Gegner auch bei Kuhmo zu zeigen. Nach Suomussalmi, so meinten die Finnen, war wohl nichts mehr unmöglich. Und die Ereignisse mochten ihnen tatsächlich Anlaß zum Optimismus geben.

Bei Suomussalmi, etwa 96 Kilometer nördlich von Kuhmo, hatten finnische Verbände in Divisionsstärke zwei sowjetische Infanterie-Divisionen – die 163. und die 44. – in einer Reihe von schweren Kämpfen beinahe bis auf den letzten Mann aufgerieben.

Wie überall an der Front, hatten die Russen vor

Kriegsbeginn auch bei Suomussalmi jenseits der Grenze das Straßen- und Wegenetz großzügig ausgebaut und waren dann nach Angriffsbeginn mit verhältnismäßig starken Kräften in das nach wie vor wegarme finnische Gebiet hineingestoßen. Zwischen der finnischen Staatsgrenze und Suomussalmi gab es nur zwei Straßenverbindungen. Eine führte von Juntusranta im Norden aus etwa östlicher Richtung nach Suomussalmi, die andere Straße begann weiter im Süden, bei Raate. Beide Straßen trafen in Suomussalmi zusammen, von wo die Wegverbindung dann weiter nach Kajaani führt. Kajaani ist ein wichtiger Knotenpunkt, denn dort kreuzt die aus Suomussalmi kommende Straße die Fernverkehrsstraße und die Eisenbahnlinie, welche nach Oulu und Tornio und von dort weiter nach Schweden führen.

Nach dem Beginn des sowjetischen Angriffes stieß die ukrainische 163. Infanterie-Division befehlsgemäß gegen Suomussalmi vor. Zwei Regimenter gingen dabei auf der von Juntusranta im Norden her kommende Straße vor, das dritte Regiment der Division benutzte für seinen Vormarsch die aus Raate, also weiter vom Süden her nach Suomussalmi führende Straßenverbindung. Im grenznahen Raum war zunächst nur cin schwaches, ausschließlich aus Reservisten bestehendes finnisches Infanteric-Bataillon gestanden, das sich nun im hinhaltenden Kampf gegen die feindliche Übermacht ebenfalls entlang beider von der Grenze her nach Suomussalmi führenden Straßen zurückzog. Vor dem Eintreffen eigener Verstärkungen konnten die Finnen den vorgehenden Gegner nur durch Störangriffe behindern, aber nicht ernsthaft aufhalten.

Nachdem sich die entlang der beiden Straßen zurückgehenden Verbände des finnischen Bataillons am 6. Dezember 1939 in Suomussalmi vereinigt hatten, setzten die Finnen am darauffolgenden Tag die gesamte Ortschaft in Brand und gingen auf neue Verteidigungsstellungen an einem kleinen See in der Nähe von Suomussalmi zurück. Dort durfte man sich zunächst einigermaßen sicher fühlen, weil die Eisdecke für Ketten- und Räderfahrzeuge noch nicht tragfähig war. Von ihren Stellungen am feindabgewandten Seeufer konnten die Finnen dann wenig später auch das Einrücken der ersten russischen Verbände in das immer noch brennende und rauchende Suomussalmi beobachten.

Die Gefühle der finnischen Reservisten müssen bei diesem Anblick wohl etwas gemischt gewesen sein: Vor ihnen zog die sowjetische Übermacht in das zerstörte Suomussalmi, hinter ihnen lag Oulu, wohin die Russen offenbar wollten. Und dazwischen lagen nur noch sie selber, ein einziges schwaches finnisches Infanterie-Bataillon, noch dazu nur Reservisten.

So schlimm, wie sie den finnischen Infanteristen hinter Suomussalmi erscheinen mochte, war die Lage allerdings nicht. Während die Russen in den brennenden und rauchenden Ort einzogen, näherten sich auch andere Verbände Suomussalmi – finnische Verbände: Das zum Verband der finnischen 9. Division gehörige 27. Infanterie-Regiment rollte von Oulu her im Eisenbahntransport in Richtung Osten. Das Regiment führte Oberst Siilasvuo, dem gleichzeitig der Oberbefehl über alle im Kampfraum von Suomussalmi im Einsatz befindlichen Verbände übertragen worden war.

Zunächst wurde der Anmarsch des 27. Infanterie-Regiments allerdings noch durch einen höchst banalen Zwischenfall aufgehalten. Der lange Güterzug, in dem die finnischen Infanteristen samt Waffen und Ausrüstung Suomussalmi entgegenrollten, krachte unvermutet auf einen auf den Gleisen stehenden Nachschubzug. Pech für die Finnen: Vierundzwanzig Stunden lang blieb die Eisenbahnstrecke blockiert. Aber man ließ sich nicht entmutigen. Immerhin war man auf der erst kurz zuvor verlängerten Eisenbahnlinie bis auf etwa 40 Kilometer an Suomussalmi herangekommen; das mußte genügen.

Bis zum 9. Dezember langte das 27. Infanterie-Regiment marschierend im Raum von Suomussalmi an. Am 11. Dezember waren die Verbände des Regimentes einsatzbereit. Nach seinem Eintreffen im neuen Einsatzraum hatte sich Oberst Siilasvuo zunächst mit der Lage vertraut gemacht und dann eine verstärkte finnische Kampfgruppe in den Raum nordwestlich von Suomussalmi befohlen, von wo aus die Finnen gegen die sowjetischen Stellungen im Ort selber vorgehen sollten. Während die Russen unter dem Druck der schwungvoll angreifenden finnischen Kampfgruppe Boden aufgaben, gingen die Hauptkräfte des finnischen 27. Infanterie-Regiments befehlsgemäß entlang der nach Raate führenden Straßenverbindung vor. Die finnischen Infanteristen sollten versuchen, die Straßenverbindung unter ihre Kontrolle zu bringen und damit die im Raum von Suomussalmi kämpfenden sowjetischen Verbände von ihrer Nachschubbasis in Raate abzuschneiden. Eine weitere finnische Kampfgruppe sollte auf Befehl von Oberst Siilasvuo versuchen, die vom Norden her aus

Richtung Juntusranta nach Suomussalmi führende Straße zu erreichen und damit den bereits teilweise eingeschlossenen Gegner auch von seiner zweiten Nachschubbasis abzuschneiden. War der Gegner erst einmal vom Nachschub an Waffen, Munition und Nahrungsmitteln getrennt, konnte man auf finnischer Seite den nächsten Schritt einleiten: die Einschließung des Gegners in mehreren kleinen Mottis, in denen die Russen – ohne Nachschub und Verpflegung vollständig isoliert – ihre operative Handlungsfreiheit verlieren und nach dem Eintreffen weiterer finnischer Verstärkungen aus dem Raum von Oulu früher oder später den Kampf einstellen mußten.

Weiter zuwarten durften die im Raum von Suomussalmi versammelten Kräfte allerdings nicht. Obwohl die Lage noch nicht geklärt und auch das vorhandene Kartenmaterial veraltet und teilweise sogar fehlerhaft war, traten die Finnen am 11. Dezember 1939 zum Angriff an. Die Russen griffen beständig in Richtung auf die Fähre nach Haukiperä an, und wenn sie diese erreichten und in ihren Besitz brachten, konnte sich die taktische Situation für die Finnen radikal verschlechtern – in diesem Fall nämlich hätten die Russen den Spieß umdrehen und ihrerseits die Finnen einschließen können. Die nun anlaufenden finnischen Angriffsoperationen fielen in eine unbarmherzige Kälteperiode – die Temperaturen gingen bis auf minus 40 Grad Celsius und tiefer zurück – und verlangten den Soldaten das Äußerste ab. Am schlimmsten froren die finnischen Soldaten vermutlich südlich von Suomussalmi: Dort gingen befehlsgemäß Maschinengewehrgruppen in Stellung, gruben sich in den Schnee, warteten auf mögliche russische Ausbruchsversuche und froren in ihren Schneemulden halb zu Tode. Die finnischen Hauptkräfte aber zogen am 11. Dezember ohne jede Feindberührung in ihre Ausgangsstellungen. Als sie jedoch einen See südöstlich von Suomussalmi überquerten, stießen die Finnen an der Straßenverbindung zwischen dem Kuomas- und Kuivassee auf sowjetischen Widerstand. Entscheidende Bedeutung kam der sich hier entwickelnden Gefechtstätigkeit allerdings nicht zu. Die Finnen ließen nur schwache Kräfte zurück, die an der Straße Hindernisse errichten sollten, die Hauptkräfte aber gingen weiter in Richtung auf Suomussalmi vor. Die vom finnischen Angriff sichtlich überraschten Russen versuchten zwar die Straße zu behaupten, wurden von den Finnen jedoch schnell zersprengt, worauf die finnischen Verbände – wie geplant – ihren Marsch in das hinter den sowjetischen Kräften bei Suomussalmi liegende Hinterland fortsetzten.

Ohne Zweifel hatte das Überraschungsmoment die Finnen am ersten Angriffstag sehr begünstigt. Die Russen sahen sich einem aus südöstlicher Richtung geführten feindlichen Stoß gegenüber, mit dem sie nichts anzufangen wußten. Wohl weil sie nicht recht wußten, was die Finnen mit ihrem Angriff beabsichtigen mochten, hatten die Sowjets den Finnen nur schwache Verbände entgegengeschickt, welche von den Finnen prompt zersprengt wurden. Bis zum Abend des ersten Angriffstages waren die Finnen daher bis auf etwa zwei Kilometer an die Straßenkreuzung vor der Haukiperä-Fähre herangekommen. Damit hatten die finnischen

Verbände bereits etwa fünf Kilometer der Straßenverbindung zwischen Raate und Suomussalmi fest unter ihrer Kontrolle. Nördlich von Suomussalmi hatten schwächere finnische Verbände ebenfalls noch am 11. Dezember den Gegner angegriffen und die Straßenverbindung nach Norden in ihre Hand gebracht, waren dann aber nach schweren Kämpfen von den Russen wieder auf ihre Ausgangsstellungen zurückgeworfen worden.

Am 12. Dezember erneuerten die Finnen ihre Angriffe. Zwar war die Temperatur bereits so weit abgesunken, daß man die Kraftfahrzeuge erst gar nicht in Betrieb zu nehmen versuchte, aber die finnischen Infanteristen waren kampfbereit. Und obwohl sie ohne warme Verpflegung und bei ständig stärker werdender Kälte in den Einsatz gingen, lief es am 12. Dezember für die finnische Infanterie. Die Russen verloren gleich nach Angriffsbeginn eine beherrschende Höhe entlang der Straße nach Suomussalmi, und die Finnen setzten daraufhin ihren Vormarsch weiter fort. Eine krisenhafte Lage trat allerdings ein, als im Laufe des Tages sowjetische Panzer die Finnen aufzuhalten versuchten. Aber man hatte die Gefahr auf finnischer Seite überschätzt. Zwar beherrschten die Russenpanzer mit ihren Geschützen und Maschinengewehren die Straße, aber in den Wäldern zu beiden Seiten der Straße waren die Panzer machtlos. Dorthin konnten sie den Finnen weder folgen noch sie mit einiger Zielgenauigkeit beschießen. Bis zum Abend hatten die Finnen ein wesentliches Ziel erreicht: Sie standen an der Straßenkreuzung zur Fähre nach Haukiperä. Noch aber hielten die sowjetischen Verbände eine wichtige Höhe an der Straße besetzt. Die

Finnen versuchten die Höhe im Sturmangriff zu nehmen. Vergeblich. Die Russen wehrten sich verzweifelt. Hin und her ging der Kampf, dann mußten die Finnen doch zurück. Wenig später kamen sie freilich zum Erfolg: In den Nachtstunden gaben die Russen ihre Stellungen auf der Höhe auf, und die Finnen rückten kampflos nach.

Am Abend des zweiten Angriffstages beherrschten die Finnen den gesamten Kampfraum südöstlich von Suomussalmi und – was besonders wichtig war – etwa zwölf Kilometer der Straße nach Raate. Der finnische Operationsplan hätte nicht besser funktionieren können. Allmählich wurden die Russen in Mottis eingeschlossen – und sie schienen nicht einmal zu merken, welche Katastrophe sich da allmählich ankündigte. Die finnische Kesseltaktik war den sowjetischen Verbänden einfach unbekannt.

Am 13. Dezember 1939 drangen die Finnen weiter in Richtung Suomussalmi vor und hatten bis zum Abend den Ortsrand erreicht. Ohne auf Feindwiderstand zu stoßen, arbeiteten sich die finnischen Infanteristen in den Nachtstunden langsam und vorsichtig in ihre Sturmausgangsstellungen unmittelbar vor den sowjetischen Stellungen heran.

Leicht würde der für den folgenden Morgen befohlene Angriff nicht werden. Siilasvuo verlangte von seinen dem Gegner zahlenmäßig weit unterlegenen und bereits ziemlich abgekämpften Männern nicht wenig: Fast ohne Artillerieunterstützung und ohne panzerbrechende Waffen sollten die finnischen Infanteristen die Russen aus Suomussalmi herauswerfen. Das war eine kaum zu lösende Aufgabe, denn die in Suomussalmi befindlichen sowjetischen Verbände hatten sich in den Hausruinen und Kellern gut verschanzt. Außerdem besaßen sie Panzer, deren Waffenwirkung die finnischen Angreifer nichts Gleichwertiges entgegenzusetzen hatten.

Die Lage der Finnen wurde allerdings dadurch erleichtert, daß eine andere finnische Kampfgruppe bei Hulkonniemi, weiter im Norden, gute Fortschritte gemacht hatte und sich damit die Möglichkeit ergab, den Gegner auch von hinten zu packen. Diese Hoffnung erfüllte sich zwar nicht, weil die Russen die bei Hulkonniemi eingebrochenen Finnen nach heftigen Kämpfen bis zum 18. Dezember wieder in ihre Ausgangsstellungen zurückgeworfen hatten, aber die aus südöstlicher Richtung gegen Suomussalmi angreifenden finnischen Kampfgruppen profitierten von diesen Kämpfen indirekt, weil sie starke sowjetische Kräfte im Norden banden. Trotzdem kam man zunächst nicht recht weiter. Ein am 14. Dezember geführter finnischer Angriff schlug trotz Anspannung aller verfügbaren Kräfte nicht durch. Zwar drangen die Finnen in die Peripherie von Suomussalmi ein, aber die Russen wehrten sich mit dem Mut der Verzweiflung. Sie ließen die finnischen Infanteristen vorbeistoßen und nahmen sie dann von hinten aus gedeckten Maschinengewehrnestern unter Feuer.

Schwere blutige Verluste unter den Angreifern waren die Folge. Bis zum 18. Dezember gingen die von beiden Seiten mit äußerster Erbitterung geführten Kämpfe um Suomussalmi weiter, dann befahl Siilasvuo die Einstellung des Angriffes. Zwar war man allmählich weitergekommen, aber die Finnen hatten dabei so schwere Verluste erlitten, daß weitere Angriffe nicht zu verantworten waren. In den Kellern und Ruinen lieferten sich Finnen und Russen einen Kampf auf Leben und Tod. Sie belauerten einander geduldig, warteten, bis der andere einen Fehler machte, aus der Deckung kam. Immer wieder hatten die Finnen angegriffen und dem Gegner eine Ruine nach der anderen abgenommen, die russischen Infanteristen mit Handgranaten aus den Kellern gesprengt . . . Aber es dauerte alles zu lange, und es kostete zu viele Kräfte. Bald waren die Angreifer so ausgepumpt, daß sie einfach nicht mehr weiterkonnten.

Während Finnen und Russen einander noch in den brandgeschwärzten Ruinen von Suomussalmi an die Kehle gingen, drangen schwächere finnische Verbände nördlich und nordöstlich des Ortes über den dort befindlichen See vor, um dem Gegner die Zuführung von Reserven über das Eis unmöglich zu machen. Das gelang ebenso wie eine andere wichtige Aufgabe: Die Finnen hatten allmählich die gesamte sowjetische 163. Infanterie-Division in mehreren Mottis eingeschlossen und isoliert. Nun kam es darauf an, dem Gegner den Ausbruch aus diesen Kesseln zu verwehren und die eigenen Stellungen an den Kesselwänden so zu stärken, daß sie weder von innen oder – beim möglichen Erscheinen von feindlichen Entsatzverbänden – von außen wieder aufgebrochen werden konnten.

Solche Maßnahmcn warcn durchaus angcbracht. Finnische Aufklärungseinheiten meldeten die Heranführung frischer sowjetischer Verbände aus der Richtung von Raate und auch von Norden her, auf der Straße von Juntusranta. Gleichzeitig mehrten sich die Anzeichen für einen bevorstehenden Ausbruch der eingeschlossenen russischen 163. Infanterie-Division. Übrigens erhielten auch die Finnen Verstärkungen. Bis zum 20. Dezember waren zwei weitere Feldartilleriebatterien im Kampfraum von Suomussalmi angelangt, außerdem zwei Pakgeschütze, welche die Finnen nur allzu nötig brauchen konnten.

Bereits am 20. Dezember traten die Finnen wieder zum Angriff an. Die Artilleristen der beiden neueingetroffenen Batterien schossen, was aus den Rohren ging. Dazwischen bellten die finnischen Pakgeschütze, und die Infanteristen stürmten. Wieder vergeblich. Die finnischen Panzerjäger wurden mit den russischen Panzern nicht fertig, und die sowjetischen Infanteristen kämpften um ihr Leben. Wenn man die russischen Stellungen schon nicht eindrücken konnte, erzielte man doch gewisse Erfolge: Man hielt den Gegner nieder, nahm ihm die Initiative und ließ ihn nicht zu Atem kommen.

Am 21. und 22. Dezember wurden kleinere finnische Kampfgruppen mit einem wichtigen Auftrag losgeschickt: Sie sollten an der Straße nach Raate hinter den zwischen dem Kuomas- und Kuivassee eingeschlossenen Verbänden eine Brücke zerstören. Die Sache ging schief, die Finnen konnten die Brücke nicht zerstören. Aber eine Panzerjägergruppe, welche die finnische Kampfgruppe begleitet hatte, wurde ihrerseits von den Russen angegriffen. Diese plötzliche Aktivität des Gegners ließ nur einen Schluß zu: Die Russen erwarteten Verstärkungen und wollten sich nicht noch in letzter Minute eine wichtige Brücke sprengen lassen, über welche die Entsatzverbände zu ihnen vorstoßen sollten.

Die finnischen Vermutungen waren richtig. Was sich

auf sowjetischer Seite zusammenbraute, ließ sich allerdings erst später aus Aufklärungsmeldungen erkennen: Von Raate her war eine ganze russische Division im Anmarsch, die 44., eine motorisierte Elitedivision aus dem Moskauer Militärbezirk. In der eben noch eingeschlossen in hoffnungsloser Lage kämpfenden sowjetischen 163. Infanterie-Division durfte man wieder guten Mutes sein. Die 44. kam, und die würde die eingeschlossenen Kameraden bald heraushauen. Die finnischen Kampfgruppen setzten sich ab.

Zwei schwache finnische Kompanien blieben auf der Straße nach Raate zurück. Die Kompanien sollten einen Ausbruch der zwischen dem Kuomas- und Kuivassee eingeschlossenen Teile der sowjetischen 163. Division verhindern und gleichzeitig die von Osten her auf der Straße herankommenden vordersten Teile der sowjetischen motorisierten 44. Division aufhalten. Es war ein Wettrennen gegen die Zeit: Konnten die beiden Kompanien die Front nach beiden Richtungen – gegen Westen die sowjetische 163. Infanterie-Division und nach Osten gegen die sowjetische motorisierte 44. Division – halten, bis andere finnische Verbände die Mottis, in denen die 163. Infanterie-Division festsaß, ausgeräumt hatten? Und wenn die 44. vom Osten her auf die beiden finnischen Kompanien an der Straße nach Raate stieß, würden sich die finnischen Infanteristen dann solange halten können, bis man ihnen entsprechende Verstärkungen schicken konnte?

Das Unglaubliche geschah. Die Finnen hielten, krallten sich an den Straßensperren buchstäblich fest. Und ließen „keinen (russischen) Teufel über die Brücke“, wie es schon der finnische Dichter Runeberg in „Fähnrich Stahls Erzählungen“ beschrieben hatte. Zwei Wochen dauerte der ungleiche Kampf an, dann nahte Verstärkung.

Mittlerweile hatte Oberst Siilasvuo neue Dispositionen getroffen. Bis zum 25. Dezember sollte die gesamte finnische 9. Infanterie-Division von Oulu kommend im Kampfraum von Suomussalmi eintreffen. Mit diesen frischen Verbänden wollte Siilasvuo die bei Hulkonniemi eingeschlossenen Russen gleichzeitig von Westen und Norden her angreifen, zur selben Zeit sollte eine schwächere Kampfgruppe von Osten her gegen die Russen antreten. Die im Ort Hulkonniemi eingekesselten Sowjets sollten während des Hauptangriffes durch kleinere Vorstöße niedergehalten werden.

Wenn alles planmäßig ablief, mußte die sowjetische 163. Infanterie-Division in so viele kleine Mottis aufgespalten werden, daß die Russen in kürzester Zeit aufgeben mußten. Der finnische Angriff sollte am 26. Dezember beginnen.

Der Gegner schien den Finnen allerdings einen gehörigen Strich durch die Rechnung zu machen: Am 24. und 25. Dezember griffen die Russen an der gesamten Einschließungsfront mit äußerster Kraft an.

Russische Kampf- und Jagdflugzeuge griffen in die Erdkämpfe ein. Die Finnen hielten die Front, aber den geplanten eigenen Angriff mußten sie verschieben. Zwar nur um einen Tag, aber immerhin: Den eigenen, nach zweiwöchigem schweren Einsatz und infolge der massiven feindlichen Angriffe am 24. und 25. Dezember stark abgekämpften Verbänden mußte zumindest eine kurze

Ruhepause gewährt werden. In den Morgenstunden des 27. Dezember aber traten die Finnen an, brachen durch die sowjetischen Abwehrstellungen im Norden von Hulkonniemi und spalteten die dort stehenden Russen in mehrere kleine Mottis auf.

Bis zu den Abendstunden des ersten Angriffstages hatten die sowjetischen Verbände ihre taktische Bewegungsfreiheit bereits eingebüßt. Aber sie gaben nicht auf. Sie versuchten, die Finnen im Gegenstoß zu werfen. Der Plan mißlang. Zwei Tage lang tobten die Kämpfe. Dann hatten die Russen schwere blutige Verluste erlitten und waren nun – hoffnungslos eingekesselt und ohne jeden Nachschub – fast am Ende.

Schon am 27. Dezember allerdings – also am ersten Tag des finnischen Großangriffes – hatten finnische Aufklärungsflugzeuge alarmierende Meldungen gebracht: die sowjetische motorisierte 44. Division stand an der von Raate her führenden Straße angriffsbereit in Stellung. Wenn die Russen die finnischen Widerstandsnester an der Straße durchbrachen, konnten sie die Mottis, in denen die Finnen die russische 163. Infanterie-Division eingeschlossen hatten, aufsprengen.

Mit höchster Eile wurde nun ein finnisches Infanterie-Bataillon zur Verstärkung der Kampfgruppen entlang der Straße nach Raate in Marsch gesetzt. Und die finnischen Infanteristen kamen noch zurecht, um am folgenden Tag zusammen mit ihren an der Straße verschanzten Kameraden einen heftigen Angriff der sowjetischen motorisierten 44. Division abzuwehren.

Hatte man hier am 28. Dezember eine kritische Lage eben noch knapp gemeistert, konnten am selben Tag die

Finnen weiter im Westen einen entscheidenden Erfolg erreichen: Im Kampfraum von Hulkonniemi brachen finnische Verbände vom Süden her im Angriff durch die Verteidigungsstellungen der dort eingeschlossenen Teile der russischen 163. Infanterie-Division. Der finnische Vorstoß war so schwungvoll, daß die bedrängten Russen völlig aus dem Gleichgewicht gerieten, ihre Stellungen aufgaben und in wilder Panik über das Eis des Kiantasees zu fliehen begannen. Die Panikstimmung sprang sehr schnell auf die bei Suomussalmi stehenden Russen über, die ebenfalls ihre Stellungen aufgaben und zusammen mit ihren Kameraden über die weite Eisfläche des Kiantasees zu entkommen versuchten. Damit hatte die sowjetische 163. Infanterie-Division als kampfkräftiger Großverband zu bestehen aufgehört. Bis auf etwa ein Drittel der Divisionskräfte, die nördlich von Hulkonniemi eingeschlossen waren, hatte sich die Division praktisch aufgelöst. Die Rotarmisten konnten den psychischen und physischen Belastungen einfach nicht länger widerstehen. Wer die schweren Kämpfe seit der Einschließung durch finnische Verbände überlebt hatte, lief einfach davon. Hinaus auf das Eis des Kiantasees.

Es war ein beklemmendes Bild: Die weite, verschneite Eisfläche des Sees und darauf Hunderte von erdbraunen, ameisenhaft durcheinanderlaufenden Punkten – die fliehenden Sowjetsoldaten, dazwischen einige russische Panzer, die ebenfalls hinaus aufs Eis fuhren oder am Ufer stehenblieben, um ihre Kameraden zu decken. Ob Massenausbruch oder bloße Flucht, kümmerte die Finnen wenig. Sie erfaßten die Situation schnell und folgten – die Fliehenden auf Skiern schnell einholend – dem

Gegner auf das Eis hinaus. Auch die finnische Luftwaffe griff in die Bodenkämpfe ein und besorgte den Rest. Die „Schlacht auf dem Eis“ war eine einseitige Angelegenheit. Nur wenige Russen überlebten das Panikunternehmen, und jene, die ihren finnischen Verfolgern entgangen waren, hatten meist nur ihr Leben gerettet.

Am folgenden Tag griffen die Finnen die nördlich von Hulkonniemi eingeschlossenen Reste der sowjetischen 163. Infanterie-Division an. Der finnische Angriff kam an sich gut voran, nahm dann aber einen unerwarteten Verlauf: Die Russen, die sich offenbar nicht im Kessel ohne jede Aussicht auf Erfolg einfach abschlachten lassen wollten, brachen in einer gewaltigen Anstrengung aus den Motti aus, wurden jedoch dennoch von den Finnen fast vollständig aufgerieben. Da die Kämpfe bei Hulkonniemi die finnischen Hauptkräfte banden, konnte Oberst Siilasvuo zur weiteren Verstärkung der eigenen Abwehrstellungen an der Straße nach Raate nur ein einziges Infanterie-Bataillon freimachen, welches unverzüglich in Marsch gesetzt wurde und die gegen die von Osten her angreifenden Verbände der sowjetischen motorisierten 44. Division im schweren Abwehrkampf stehenden finnischen Kampfgruppen erfolgreich unterstützte.

Insgesamt gesehen hatten der 28. und 29. Dezember 1939 cinen gewaltigen Erfolg der finnischen Waffen gebracht. Die sowjetische 163. Infanterie-Division war nach längerer Einschließung an diesen beiden Tagen beinahe restlos vernichtet worden. Fünftausend tote Rotarmisten blieben auf dem Schlachtfeld zurück, dazu kamen noch jene Gefallenen, die längst unter der dicken

Schneedecke lagen. Fünfhundert sowjetische Soldaten waren in Gefangenschaft geraten. Auch die Beute war reichlich und den Finnen höchst willkommen: 25 Feldgeschütze, 11 Panzer, 150 Lkw und 250 Pferde. Diese Beute wurde von den finnischen Verbänden ebenso unverzüglich für die eigene weitere Kampfführung vereinnahmt wie unzählige Infanteriewaffen und Munition, welche der Gegner ebenfalls auf dem Kampffeld zurückgelassen hatte.

Die Finnen hatten tatsächlich einen glänzenden Erfolg errungen, aber eine Ruhepause durften sich die teilweise ebenfalls bereits recht abgekämpften finnischen Verbände nicht gönnen. Nur ein paar Stunden konnten die erschöpften Sieger rasten, dann standen die Kolonnen wieder marschbereit. Es ging nach Osten, in Richtung auf Raate. Wenn der Angriff der sowjetischen 44. Division nun als Entsatzunternehmen für die eingeschlossene 163. Infanterie-Division seinen Sinn auch bereits verloren hatte, führten die Russen ihre Offensivanstrengungen entlang der Straße Raate–Suomussalmi doch mit unverminderter Heftigkeit weiter. Bald aber sollten auch die motorisierten Schützen der 44. Division mit der Motti-Taktik der Finnen unangnehme Erfahrungen machen.

Die Motti-Taktik zerfiel in drei prinzipielle Abschnitte. Nach sorgfältiger Aufklärung erfolgte als erster entscheidender Schritt stets das Abblocken. Man machte an sich bietenden günstigen Stellen der Straßen, auf denen die feindlichen Einheiten vorgingen, „den Laden dicht“, wie das die Soldaten der deutschen Wehrmacht später im Rußlandfeldzug bezeichnen sollten. Man schnitt – oft vom Gegner unbemerkt – die Straße vor und hinter einem dort stehenden Feindverband ab und blockierte sie. Griff der Gegner an, stieß er auf finnische Kampfgruppen, die die Vormarschstraße blockierten, zog er sich daraufhin zurück, stieß er dabei ebenfalls auf den Gegner. Fazit: Man saß in der Falle. Waren die sowjetischen Verbände nicht stark genug, um sich den Rückzugsweg gewaltsam zu erkämpfen, mußten sie stehenbleiben, wo sie waren. Stehenbleiben und auf Entsatz warten. War man zu schwach, um sich den Rückzug freizuschlagen, reichte die Kraft regelmäßig auch nicht aus, um sich nach vorn angriffsweise durchzuboxen. Und die Wälder rechts und links der Straße gehörten ohnehin den Finnen.

Wenn die russischen Verbände erst einmal bewegungslos in einem so gebildeten Motti liegenblieben, war ihr Schicksal meist besiegelt. Zu den blutigen Ausfällen infolge der dann regelmäßig einsetzenden finnischen Angriffe kam über kurz oder lang akuter Treibstoff-, Munitions- und Nahrungsmittelmangel. Das Ende war fast immer gleich: ein harter Endkampf, Tote, Verwundete, eine Anzahl von Gefangenen, zerstörte Waffen, stehengelassene Panzer und Lkw als willkommene Beute für die Finnen.

Die 44. Division sollte in dieser Hinsicht ebenfalls recht bittere Erfahrungen machen. Noch während die schweren Kämpfe bei Suomussalmi andauerten, hatten die Finnen entlang der Flanken der auf der Straße von Raate her vorgehenden Verbände der 44. Division eifrig Aufklärung betrieben. Die vordersten Feindverbände waren weit vor Suomussalmi an der finnischen Abwehr entlang der Vormarschstraße hängengeblieben, und die Nachhuten der 44. Division standen etwa 34 Kilometer weiter im Osten auf der gleichen Straße. Eine ganze kampfstarke Division stand also auseinandergezogen über eine Strecke von 34 Kilometern auf einer einzigen Straße. Ein gefährlicher Heerhaufen, wenn sich die Angriffsspitze der Division den Weg freikämpfte. Und eine fette Beute, wenn man diesen bewegungslos daliegenden Heerwurm aus den langen Flanken heraus angriff.

Leicht machten es die Russen den Finnen nicht. Die Schützen der motorisierten 44. Division mochten bereits dunkel ahnen, was da aus den Wäldern rechts und links der Straße auf sie zukommen konnte. Nicht zufällig hatten die russischen Soldaten zu beiden Seiten der Straße den Baumbestand bis zu 400 Meter tief ausgeschlagen. Vielleicht brauchte man freies Schußfeld . . .

Die Wälder waren bereits „feindverseucht“: Tag und Nacht stießen kleinere finnische Kampfgruppen auf die Straße vor, griffen die Russen an, „beschossen“ einige Fahrzeuge mit Maschinengewehrfeuer, warfen Handgranaten – und verschwanden auf ihren Skiern ebenso schnell und lautlos, wie sie gekommen waren. Die Wälder nahmen die Finnen auf. Und die Russen begannen diese schweigenden weißverschneiten Mauern zu beiden Seiten der Straße bald zu hassen.

Selber wagten sie sich kaum von der Straße weg, weil sie in der urwaldähnlichen Wildnis den Finnen hoffnungslos unterlegen waren. Man hat später berichtet, daß die Russen selbst in jeder lichten Waldung stets so etwas wie tödliche Platzangst gezeigt hätten – kein

Wunder, wenn man bedenkt, daß aus den Wäldern für die Rotarmisten in Finnland selten Gutes kam. Da blieb man doch besser auf der Straße stehen. Wie stark die Finnen tatsächlich waren, wußten die Russen zwar aufgrund eigener mangelnder Aufklärung nicht, aber immerhin: Die sowjetischen Panzer waren unterwegs und hielten die Verbindung zwischen den Verbänden der 44. Division offen – das beruhigte und gab ein Gefühl der Sicherheit. Solange die finnischen Verbände – welche die Russen übrigens zahlenmäßig weit überschätzten – nicht massiv angriffen, würde man sich halten können, davon war die Führung der 44. Division überzeugt. Hätten die Russen gewußt, daß zur gleichen Zeit weiter im Osten bei Suomussalmi die eingeschlossenen Verbände der sowjetischen 163. Infanterie-Division einen immer hoffnungsloser werdenden Kampf um das bloße Überleben führten, hätten sie vielleicht anders reagiert. Die beiden sowjetischen Divisionen waren offenbar ohne jede Nachrichtenverbindung zueinander.

Für die Finnen waren die taktischen Verhältnisse und Geländeverhältnisse jedenfalls geradezu ideal. Etwa vier bis fünf Kilometer südlich der Straße von Raate nach Suomussalmi liegt ein langgestreckter, etwa parallel zur Straße sich hinziehender See, dessen Eisfläche die Finnen für ihre beabsichtigten Einschließungsoperationen gegen die sowjetische motorisierte 44. Division als Anmarschweg benutzten. Günstigere Verhältnisse hätten die Finnen kaum vorfinden können: Die Eisfläche des Sees bot sich als natürliche Rollbahn an, und der dichte Waldgürtel zwischen Seeufer und der Straße nach Raate nahm den auf dieser Straße stehenden sowjetischen Verbänden jede Sicht auf die aufmarschierenden Finnen. Wollten sie die Russen angreifen, brauchten die Finnen nur den schmalen Waldgürtel zu durchqueren. Das bereitete trotz einer etwas mehr als einen Meter hohen Schneedecke keine großen Schwierigkeiten, bot gleichzeitig aber den Vorteil, daß die vorgehenden finnischen Einheiten der Sicht des Gegners bis unmittelbar vor Angriffsbeginn entzogen blieben.

Der finnische Angriff begann am Silvestertag des Jahres 1939 und richtete sich zunächst gegen jene russischen Spitzenverbände, welche schon seit längerer Zeit vor der Abwehr einiger schwächerer finnischer Kampfgruppen an der Straße nach Suomussalmi festlagen. Man wollte diese sowjetischen Verbände nun durch einen flankierend geführten Angriff isolieren und sich dabei ein klareres Bild über die feindliche Kräfteverteilung beschaffen. Der finnische Vorstoß traf zunächst auf heftigen Widerstand, wurde vorübergehend eingestellt und kam auch nach seiner Wiederaufnahme am 2. Januar 1940 anfangs kaum weiter.

Die Situation änderte sich erst, nachdem im Laufe des Tages die restlichen Verbände der finnischen 9. Infanterie-Division im Kampfgebiet eintrafen und unverzüglich ins Gefecht eingriffen. Die Moral der finnischen Verbände war ausgezeichnet: die Einheiten der 9. Infanterie-Division hatten bei Suomussalmi die letzten Mottis der sowjetischen 163. Infanteriedivision ausgeräumt und dabei gegen den völlig erschütterten Gegner kaum Verluste gehabt. Nun brannten sie darauf, es auch den Verbänden der 44. Division zu zeigen. Nach dem Eintreffen der finnischen Verstärkungen schlug der

Angriff nun tatsächlich durch, und die Spitzenverbände der 44. Division wurden gänzlich eingeschlossen.

Am 5. Januar setzten die Finnen zu einem Großunternehmen an. Überall wurden an diesem Tag die auf der Straße Raate–Suomussalmi stehenden russischen Verbände angegriffen, gleichzeitig wurde erfolgreich Motti-Taktik praktiziert. Wo immer möglich, errichteten die Finnen quer über die Straße Panzer- und Infanteriehindernisse aus schnell gefällten Bäumen, um die sowjetischen Verbände zu isolieren. Der Gegner reagierte wütend. Wozu besaß man denn schließlich Panzer?

Und die Russenpanzer rollten an. Sie wollten die Straßensperren einfach niederwalzen. Aber in das Geräusch der unter den Panzerketten zerbrechenden Stämme mischte sich das harte Bellen der finnischen Pakgeschütze. Dann brannten die ersten Panzer. Andere fuhren auf Minen, mit welchen die Finnen das Gelände rund um die Sperren verseucht hatten. Und ins Gelände ausweichen und die Sperren umfahren konnten die Panzer nicht, weil der Schnee meterhoch lag und die Waldränder den Weg versperrten. Die rauchenden Panzerwracks aber, die an den „abatis“ (finnisch: Straßensperren) stehenblieben, machten diese nur noch undurchdringlicher.

Am Abend des 5. Januar hatten die Finnen bereits viele Einheiten der sowjetischen motorisierten 44. Division eingeschlossen. Am folgenden Tag erneuerten die Finnen ihre Angriffe und erzielten einen gewaltigen Erfolg. Die in zahlreichen Mottis isoliert kämpfenden Russen reagierten auf die finnischen Angriffe nervös und unsicher.

Bald nach Angriffsbeginn zeigten viele russische Verbände deutliche Zeichen von Panik: Sobald die Finnen an der Straße erschienen, verließen die Rotarmisten ihre Stellungen und flohen voller Entsetzen in die Wälder. Und die Finnen nützten ihre Chance. Sie stießen in die Mottis hinein und räumten sie aus, einen nach dem anderen. Waren die meisten Mottis bereits bis zu den Abendstunden des 6. Januar zerstört, löste sich die sowjetische motorisierte 44. Division unter den am folgenden Tag erneuerten finnischen Angriffen vollständig auf. Einige wenige abgekämpfte und schwer dezimierte sowjetische Einheiten, welche dem Chaos durch rechtzeitigen Ausbruch und Flucht nach Osten entgangen waren – das war alles, was von dieser stolzen russischen Elitedivision übriggeblieben war.

Wieder machten die Finnen reichliche Beute: 43 Panzer, 50 Feldgeschütze, 25 Panzerabwehrgeschütze und 270 Lkw, Pkw und Zugmaschinen. Dazu kamen noch 300 Maschinengewehre, 6000 Gewehre und 32 Feldküchen. Und auch 1170 Pferde, die hilflos und hungrig im Kampfgebiet umherirrten und die über die reichliche Beute hocherfreuten Finnen wohl gern als neue Herren akzeptieren mochten. Die Zahl der gefallenen Russen festzustellen, war zunächst kaum möglich, weil sich die sowjetischen Einheiten bei ihrer Massenflucht weit über das Gelände verstreut hatten. 1300 russische Soldaten wurden als Gefangene eingebracht.

Die Finnen hatten bei Suomussalmi und während der Kämpfe entlang der Straße nach Raate insgesamt 900 Mann an Gefallenen und 1770 an Verwundeten verloren.

Die Vernichtung zweier Divisionen – der 163. Infanterie-Division und der motorisierten 44. Division – hatte die sowjetische Führung so schwer erschüttert, daß die Russen für die gesamte weitere Dauer des Winterkrieges im Mittelabschnitt der finnischen Front nun keine größeren Angriffsanstrengungen mehr unternahmen. Der Griff nach der „finnischen Taille" – der Versuch, Nord- und Südfinnland an der räumlich schmalsten Stelle durch einen Stoß zur schwedischen Grenze voneinander abzuschneiden – war dem Gegner gründlich mißlungen.

Es war ein letzter Sieg Davids gegen Goliath gewesen: Die Finnen hatten die bessere Führung gehabt als der Gegner, sie hatten entschlossener gekämpft, und sie kannten das Gelände besser als die russischen Angreifer. Auf diese Weise hatten die Finnen unter Oberst Siilasvuo einen der in der Kriegsgeschichte so seltenen „klassischen Siege" erfochten. Daß es letzten Endes allerdings doch nicht mehr als ein ordinärer Sieg sein konnte, ein militärischer Triumph, der den Gegner zwar schwer traf, aber nicht endgültig in die Knie zwingen konnte, lag an der gewaltigen Übermacht der Roten Armee.

Während die Vernichtung der beiden bei Suomussalmi und entlang der Straße nach Raate eingeschlossenen Sowjet-Divisionen ihrem Abschluß entgegenging, standen finnische Verbände im Raum von Kuhmo im Abwehrkampf gegen die Einheiten der sowjetischen 54. Infanterie-Division. Wieder kam es auf Zeitgewinn an: Man mußte die Russen aufhalten, bis die bei Suomussalmi fechtende finnische 9. Infanterie-Division nach Abschluß der Einschließungskämpfe frei wurde und nach Kuhmo verlegen konnte.

Am 26. Januar langten Vorausabteilungen der 9. Infanterie-Division im Raum von Kuhmo an. Es war klar, daß man auch bei Kuhmo wieder jenes operative Konzept anzuwenden gedachte, welches sich bei Suomussalmi so ausgezeichnet bewährt hatte. Die sowjetische 54. Infanterie-Division durfte sich auf einiges gefaßt machen. Es ging darum, die Russen zunächst durch schnell und überraschend von Skigruppen geführte Angriffe zu beunruhigen und auf diese Weise den an sich zahlenmäßig weit überlegenen Gegner zu entnerven. Dabei kamen die erst kurz zuvor bei Suomussalmi erworbenen praktischen Kampferfahrungen den Finnen ausgezeichnet zustatten. Zunächst aber mußten erst die Voraussetzungen für einen wirklich entscheidenden Schlag gegen die Russen erarbeitet werden.

Während die allmählich im Raum von Kuhmo eintreffenden Verbände der finnischen 9. Infanterie-Division sich zunächst bei Tag möglichst unauffällig verhielten, wurde es nachts lebendig: Die Finnen begannen – vom Gegner unbemerkt – eine nördlich der Hauptverbindungsstraße nach Kuhmo liegende Straßenverbindung auszubauen. Auf der Rollbahn im Süden standen die Russen, an der Straße im Norden arbeiteten die Finnen Nacht für Nacht. Dieser Fleiß hatte sehr gute Gründe: Die Finnen wollten von Norden her den Russen in den Rücken fallen. Die finnischen Bauabteilungen richteten nicht nur die Straße selbst für die militärischen Bedürfnisse her, entlang der Straße wurden auch Stellungen ausgehoben, Unterstände und Vorratslager angelegt und Zelte aufgebaut, in denen nötigenfalls später eigene Verbände ein warmes Nachtlager finden konnten.

Der finnische Angriff begann am 28. Januar 1940 mit einem von schwächeren Kräften geführten Stoß gegen die in unmittelbarer Nähe von Kuhmo liegenden sowjetischen Verbände. Die Russen reagierten heftig, stellten den weiteren Vormarsch auf Kuhmo aber ein.

Der eigentliche finnische Hauptangriff gegen die am 28. Januar zunächst einmal von einer schwachen Kampfgruppe an der weiteren Fortsetzung ihres Vormarsches gegen Kuhmo gehinderten sowjetischen Hauptkräfte begann am 29. Januar 1940. Vier finnische Bataillone waren an diesem Unternehmen beteiligt. Ein Bataillon griff in zwei Gruppen von Norden her an, die drei anderen Bataillone traten – ebenfalls in zwei Angriffssäulen gegliedert – aus dem Raum südöstlich des Saunasees an. Zwar stießen alle vier Bataillone auftragsgemäß bis zur Hauptverbindungsstraße vor, doch erreichte das von Norden her angreifende finnische Infanterie-Bataillon das befohlene Ziel nicht ganz. Das Bataillon kam wohl bis an die Straße heran, stieß dabei aber auf aus vorbereiteten Stellungen heraus so heftig geführten sowjetischen Widerstand, daß die finnischen Infanteristen nicht mehr weiterkamen. Die beiden aus südöstlicher Richtung vorgehenden finnischen Bataillonskampfgruppen erreichten dagegen die Straße ohne weiteren Widerstand und teilten sich dort: Ein Bataillon stieß entlang der Straße weiter nach Südosten vor, die beiden anderen Bataillone griffen – der Straße in nordwestlicher Richtung folgend – die vor Kuhmo stehenden russischen Hauptverbände von hinten an. Damit trat für die Russen ein höchst unerwünschter taktischer Effekt ein: Die Straßenverbindung zwischen den vor Kuhmo und den weiter im Hinterland stehenden sowjetischen Verbänden war unterbrochen, und diese gefährlichen Lücken wurden – da die finnischen Kampfgruppen ja in auseinanderstrebenden Richtungen angriffen – immer länger. Diese für die Sowjets höchst alarmierende Situation wurde vorübergehend stabilisiert, als die entlang der Straße – sowohl nach Südosten als auch nach Nordwesten – angreifenden finnischen Bataillone auf von den Russen angelegte Bunkerstellungen trafen. Und die sowjetischen Bunkerbesatzungen verteidigten sich mit wütender Entschlossenheit. Dann erschienen auch noch russische Panzer. Mit dieser Gefahr wurden die Finnen allerdings schnell fertig: Wozu hatte man denn bei Suomussalmi unter anderem eine große Anzahl der als ausgezeichnet bekannten russischen Panzerabwehrgeschütze erbeutet? Die Panzerjäger der finnischen 9. Infanterie-Division hatten die Russenpak selbstverständlich bei ihrer Verlegung in den Raum von Kuhmo mitgebracht. Und jetzt bewährten sich die sowjetischen Beutegeschütze gegen die feindlichen Panzer ausgezeichnet. Schnell gingen die kleinen Geschütze in Stellung. Und die Richtschützen kurbelten die Rohre ins Ziel.

Schuß – schon brannte drüben der erste Panzer. Dann der zweite . . . An der Straße nach Kuhmo hatten die russischen Panzer wenig Glück: Die finnischen Panzerjäger zwangen sie bald zum Rückzug. Schlimmer waren die mit massiven Holzbohlen verstärkten von den Russen angelegten Erdbunker. Mit Granatwerfern war den Bunkern nicht beizukommen, und Feldartilleriegeschütze besaßen die Finnen kaum. Also mußten wieder die Panzerjäger heran. Sie brachten ihre Geschütze vor den Bunkern in Stellung und jagten Granate um Granate in die Schießscharten. Das half – aber nur vorübergehend. Wirklich knacken konnten die kleinen, aber rasanten Pakgranaten nur Kampfwagen, aber nicht massive Bunker. Obwohl die sowjetischen Bunker das finnische Vorgehen zeitweilig aufhielten, konnten die Finnen im Verlauf der folgenden Tage die nach Kuhmo führende Straße auf etwa 26 Kilometer Länge unter ihre Kontrolle bringen und die dort stehenden Feindkräfte in nicht weniger als zehn Mottis einschließen. Das war ein beachtlicher Erfolg – aber er hing an einem seidenen Faden. Eine von den Finnen neu erbaute Nachschubstraße reichte von Norden her zwar bis an die Hauptverbindungsstraße heran, endete dort aber an einer ausgesprochen windigen Ecke: exakt zwischen zwei Mottis – und der von den Finnen gehaltene Raum zwischen den Kesselrändern war nicht breiter als etwa 800 Meter. Natürlich hatten auch die Russen recht gut begriffen, daß hier eine Schwachstelle der Finnen lag. Und prompt griffen sie Anfang Februar genau an dieser neuralgischen Stelle an, schnitten die finnische Nachschubstraße ab und sperrten dem Gegner so für einige Tage jeden Nachschub.

Die Finnen griffen die Russen auf der Nachschubstraße an. Die wußten, worum es ging – und hielten verbissen. Aber auch die Finnen kamen wieder. Sie rannten gegen die verschanzten Russen an und warfen sie im zweiten Anlauf von der Straße. Der finnische Nachschubweg war wieder frei, und damit war eine Lage bereinigt, welche für die Finnen höchst gefährlich hätte werden können. Hatten die Russen den Finnen schon nicht die lebenswichtige Nachschubstraße sperren können, leisteten sie doch allen finnischen Angriffen entlang der Straße nach Kuhmo hartnäckigen Widerstand. Die finnischen Verbände versuchten den Gegner in den Mottis immer enger zusammenzudrängen, um schließlich den russischen Widerstand zu brechen. Aber die Russen kämpften um jeden Meter. Besonders an den beiden Mottis östlich und westlich der finnischen Nachschubstraße blieb die Lage stets kritisch, bis schließlich die Verteidigung im östlichen Kessel unter ständigem finnischen Druck am 25. Februar schwächer wurde. Zwei Tage später drückten die Finnen auch die westlich der Nachschubstraße kämpfenden Sowjets weiter zurück, doch brach die feindliche Verteidigung nicht vollständig zusammen. Die zu beiden Seiten der Nachschubstraße befindlichen Kessel wurden von den Russen auch weiterhin gehalten, wenngleich auch ihre Widerstandskraft ständig abnahm.

Insgesamt hatten die Finnen im Kampfraum von Kuhmo bei weitem nicht den militärischen Erfolg erreicht wie beispielsweise bei Suomussalmi. Anders als dort war bei den Kämpfen im Raum von Kuhmo die Initiative niemals ganz auf die Finnen übergegangen. Die Russen blieben – obwohl eingeschlossen – stets aktiv und hielten die Finnen durch ständige Gegenstöße in Atem. Das war ganz entscheidend darauf zurückzuführen, daß die sowjetische Luftwaffe bei Kuhmo laufend Versorgungseinsätze flog und die eingeschlossenen sowjetischen Verbände mit Munition, Ausrüstung, Kraftstoff und Verpflegungsgütern belieferte. Dagegen konnten die Finnen nichts unternehmen. Die finnische Luftwaffe war viel zu schwach, um die feindlichen Versorgungseinsätze zu verhindern oder auch nur nachhaltig zu stören. Das war es eben: Die Finnen führten einen „Krieg des armen Mannes“ – zu wenig Flugzeuge und vor allem viel zu wenig Artillerie. Die massiv holzverstärkten russischen Erdbunker in den Mottis beispielsweise hätte man nur durch Artillerieeinsatz zerstören können. Granatwerferfeuer nützte zu diesem Zweck kaum und blieb ebensowenig wirksam wie beispielsweise das gezielte Feuer aus Pakgeschützen. Aus diesem Grund konnten die Finnen die Mottis auch kaum jemals im ersten Angriffsschwung nehmen, vielmehr mußten sie den dort eingeschlossenen Gegner regelrecht belagern. Das kostete Zeit. Und Zeit war für die Finnen ebenso knapp wie der Nachschub. Man konnte die Russen in ihren massiven Bunkerstellungen nicht unbegrenzt lange belagern. Wegen Munitions- und Verpflegungsmangels würde der Gegner den Kampf nicht aufgeben, weil er aus der Luft versorgt wurde. Dazu kam noch, daß sich die Finnen bald auch gegen Entlastungsangriffe der reichlich mit Panzern und Artillerie ausgestatteten sowjetischen 23. Infanterie-Division wehren mußten. Im Februar 1940 wurden die Russen immer lebhafter. Immer wieder griffen sie an und versuchten die finnischen Einschließungsringe um die Mottis zu sprengen. Aber noch hielten die Finnen allen Gegenangriffen stand. Vorteilhaft wirkte sich dabei aus, daß die russische Taktik immer noch mangelhaft war und das Zusammenwirken der russischen Einheiten auf dem Kampffeld nicht richtig funktionierte.

So brach beispielsweise bei einer Gelegenheit ein Rudel Sowjetpanzer durch die finnischen Stellungen. Nichts hatte die Stahlungeheuer aufhalten können – aber als sie durch waren, griffen die Panzer die finnischen Verbände nicht planmäßig aus verschiedener Richtung an, sondern fuhren einfach in einer einzigen Kolonne weiter ins Hinterland. Die an der Durchbruchstelle kämpfenden finnischen Verbände faßten sich schnell. Sie griffen im Gegenstoß an und machten den Motti, aus dem die russischen Panzer ausgebrochen waren, wieder dicht. Was nützte dem Gegner nun der Panzerdurchbruch? Nichts. Den russischen Panzern blieb nur der Rückzug. Obwohl die Finnen allmählich in die Defensive gezwungen wurden, mußte der Gegner bei seinen zahlreichen Ausbruchsversuchen aus den verschiedenen Mottis immer wieder hohe blutige Verluste hinnehmen. Gelegentlich erlitten auch von außen zur Unterstützung ihrer eingeschlossenen Kameraden angreifende sowjetische Verbände schwere Verluste. So war es beispielsweise, als die Russen eine ganze Ski-Brigade einsetzten. Die hinter dem Einsatz stehenden Überlegungen waren durchaus vernünftig gewesen: Wenn die auf ihren Skiern schnell und lautlos dahingleitenden Finnen so große Erfolge hatten, warum sollte man sie dann nicht nach ihrem eigenen System schlagen können? Also setzte das sowjetische Oberkommando eine Ski-Brigade mit dem Befehl in Marsch, aus nördlicher Richtung durch dichtes Waldgebiet zu sickern und dann den Finnen einen schweren Angriffsschlag zu versetzen.

Zweifellos war die sowjetische Ski-Brigade ein Eliteverband: Chrustschow beispielsweise schrieb, daß die

Soldaten dieser Brigade zu den besten Skiläufern der Sowjetunion gezählt hätten. Das mochte sein – dennoch aber erlitten die russischen Skischützen in den finnischen Wäldern ein katastrophales Debakel.

Bereits bei ihrer ersten Feindberührung am 11. Februar 1940 erlitt die Ski-Brigade im unübersichtlichen Waldgelände hohe blutige Ausfälle und verlor überdies fünfzig Mann an Gefangenen.

Aber so schnell ließen sich die Russen nicht entmutigen und setzten nach dem Gefecht ihren Vormarsch weiter fort. Die Russen wollten nach Kiekinkoski an der nördlichen Straßenverbindung nach Kuhmo. Dort verlief die von den Finnen neu errichtete Nachschubverbindung, und dort konnte man daher dem Gegner vielleicht einen entscheidenden Schlag versetzen. Am 14. Februar waren die Russen tatsächlich an der Straße. Der Widerstand der Finnen war schnell gebrochen. Außer einigen zur Auffrischung vorübergehend aus der Front gezogenen schwächeren finnischen Einheiten befanden sich in der Nähe der Nachschubstraße nur finnische Troßleute. Schnell entschlossen griffen die Russen an. Die Finnen mußten dem Feinddruck weichen. Sie setzten sich ab – und kamen im Gegenstoß zurück. Vergeblich – die Russen waren stärker. Und die Finnen fluchten. Die Russen hatten sie aus ihren warmen Quartieren geschlagen. Doch die Situation sollte sich bald ändern: Eine schnell alarmierte finnische Ski-Kompanie rückte an den Kampfraum heran. Ohne das Eintreffen der Hauptkräfte abzuwarten, stürzten sich die ersten ankommenden finnischen Infanteristen gleich auf den Feind. Und die Russen, obwohl den Angreifern zahlenmäßig weit überlegen, gerieten bald in arge Bedrängnis. Die Finnen eröffneten den Feuerkampf – die Russen schossen nur vereinzelt zurück. Allerdings durchaus nicht, weil sie etwa den Nahkampf vorgezogen hätten, sondern aus technischen Gründen: In der extremen Winterkälte versagten die an sich ausgezeichneten halbautomatischen Gewehre der russischen Skibrigadisten. Später erst stellte sich heraus, daß mangelnde Waffenpflege die Ursache der bei den meisten Gewehren auftretenden Ladehemmungen gewesen war. Fett, Öl und Pulverrückstände waren gefroren und hatten die Waffen gebrauchsunfähig gemacht. Als die finnischen Infanteristen angriffen, war es selbstverständlich zu spät. So verzweifelt die Russen auch immer wieder am Abzug ihrer Waffen reißen mochten – nichts!

Die Finnen stürmten heran. Im Nahkampf versuchten die Russen nun den Gegner abzuwehren, mit Gewehrkolben, Seitengewehren oder mit den bloßen Händen, wenn nichts mehr anderes blieb. Die Gegner fuhren einander im wahrsten Sinn des Wortes an die Gurgel.

Als die Finnen feststellen mußten, daß eine sowjetische Kampfgruppe in ihren Rücken gelangt war, brachen sie den Angriff ab und zogen sich zurück. Am folgenden Morgen aber, nach dem Eintreffen der Hauptkräfte ihrer Kompanie, griffen sie wieder an. Die Russen wurden zum Rückzug gezwungen. Für die sowjetischen Skibrigadisten war die Lage nun sehr schlimm. Durch die finnische Einschließungsfront in einen Motti einzubrechen und dort zusammen mit ihren eingekesselten Kameraden den Kampf fortzusetzen, waren ihre Kräfte zu schwach. Also ging ein Teil der sowjetischen Ski-

Brigade nach Nordwesten zurück und geriet dabei prompt in eine finnische Abwehrstellung. Daher gingen die Russen wieder zurück und versuchten sich nun in nördliche Richtung zurückzuziehen. Wieder nichts. Diesmal wurden die russischen Skisoldaten gleich von zwei Seiten vom Gegner angegriffen. Das war zuviel. Hals über Kopf begannen die Russen nach Osten zu fliehen. Aber auch dort gab es kein Entrinnen mehr: Etwa hundert von jenen russischen Soldaten, die ihr Heil in der Flucht nach Osten gesucht hatten, verloren in der weglosen Wildnis die Orientierung und wurden von finnischen Patrouillen gestellt und im Kampf getötet. Die Hauptmasse der sowjetischen Ski-Brigade hatte allerdings erst überhaupt nicht zu fliehen versucht, sondern war in den zunächst von den Russen so schnell eroberten finnischen Bunkern entlang der Nachschubstraße geblieben. Dort richteten sich die Russen zur Verteidigung gegen die zu erwartenden finnischen Angriffe ein. Und die Finnen kamen. Da es den angreifenden Finnen an Artillerie fehlte, gingen sie die Bunker im Nahkampf an. Sie schlichen sich unauffällig heran, krochen an den schrägen Seiten der Erdbunker hoch und warfen Handgranaten durch die Schußscharten ins Innere. Krachen, dumpfe Detonationen, Rauch und Qualm – aber der Gegner gab nicht auf.

„Kommt 'raus!" schrien die Finnen den eingeschlossenen Russen zu. „Nehmt die Hände hoch und kommt raus!"

Vergeblich. Jetzt versuchten es die Finnen mit einem Generalangriff, aber der Gegner hielt die Bunker mit unerschütterlicher Entschlossenheit. Als die Finnen schließlich die holzbewehrten Bunker in Brand steckten, trieb der Rauch den Gegner ins Freie. Die Russen versuchten einen Massenausbruch und fielen im finnischen Feuer.

Nach Abschluß der Kämpfe zählten die Finnen dreihundert beim Ausbruchsversuch gefallene Rotarmisten. In den ausgebrannten Bunkerruinen fanden sie weitere vierzig tote Russen. Nur zwei sowjetische Soldaten hatten sich den Angreifern ergeben – wahrhaft ein harter Gegner, auf den die Finnen hier gestoßen waren. Die sowjetische Ski-Brigade aber hatte zu bestehen aufgehört. Jene Russen, die nicht im Kampf um die Bunker gefallen waren, hatten irgendwo in den dichten Wäldern ihr Ende gefunden. Gefallen, verblutet, in finnische Hinterhalte gelaufen ... Eintausendfünfhundert tote russische Skibrigadisten zählten die Finnen später.

Ein Freund des Verfassers, der finnische Oberst K. Marttinen, berichtet in diesem Zusammenhang, daß nach dem Abschluß des Kampfes gegen die feindliche Ski-Brigade die finnischen Soldaten die übriggebliebenen Skier der Sowjetsoldaten eingesammelt hätten. Dabei, so schildert Marttinen, hatte man aber feststellen müssen, daß die Beuteskier infolge ihrer mangelhaften Qualität praktisch unbrauchbar waren. Die russischen Bretter taugten nur als Feuerholz. Gegen Ende Februar 1940 wurden Teile der eingeschlossenen sowjetischen 44. Infanterie-Division in ihren Mottis immer aktiver. Besonders die sowjetische Artillerietätigkeit nahm stark zu, worunter besonders die im Raum von Kuusijoki im Kampf stehenden finnischen Verbände erheblich zu leiden hatten.

Nach einer Reihe von schweren Kämpfen gegen die nach dem Ausbruch aus dem Einschließungsring drängenden Russen gaben die Finnen schließlich einen Teil der Front auf und benützten die so frei werdenden eigenen Verbände zur Verstärkung der Einschließungsfront an dem bei Löytävaara liegenden Motti. Auch in diesem Kampfgebiet nahm die sowjetische Aktivität ständig zu. Die Russen versuchten aus dem Kessel auszubrechen, doch wurden alle diese Angriffe unter schweren Verlusten für die eingeschlossenen sowjetischen Verbände abgewiesen.

Hier blieb die Situation praktisch bis zum Ende des Winterkrieges unverändert: Die Russen waren zu schwach, um aus dem Motti auszubrechen, und die Finnen nicht stark genug, den Kessel einzudrücken. Ständige Kämpfe gab es in dieser Zeit auch um den in der Nähe des Saunasees liegenden Motti. Dort waren es jedoch die Finnen, welche die Initiative behielten und den eingeschlossenen Russen durch ständige Angriffe schwere Verluste beibrachten.

Vermutlich war es tatsächlich nur die allgemeine Einstellung der Kampftätigkeit im März 1940, welche den Russen hier eine vollständige Niederlage ersparte. Bei der Führung der finnischen Einschließungsverbände war man jedenfalls der Meinung, daß man den Motti hätte zerschlagen können, wenn der Winterkrieg auch nur um einen oder um zwei Tage länger gedauert hätte.

Insgesamt hatten die Kämpfe im Raum von Kuhmo den Finnen weit weniger spektakuläre Erfolge gebracht als beispielsweise die Schlacht bei Suomussalmi. Dennoch hatten die Russen zweifellos auch bei Kuhmo eine schwere Niederlage und hohe Verluste an Menschen und Material erlitten. Die finnischen Verluste aber wogen infolge der von Anfang an gegebenen Unterlegenheit der Finnen noch schwerer. Besonders fühlbar waren auf finnischer Seite die ungewöhnlich hohen Ausfälle an Offizieren gewesen.

In den schweren Kämpfen, in denen die finnischen Einheiten immer wieder gegen vielfach überlegene russische Verbände hatten antreten müssen, wog selbstverständlich stets das persönliche Vorbild besonders entscheidend. Wenn eine Gruppe, ein Zug oder eine Kompanie durch das feindliche Abwehrfeuer zu Boden gezwungen wurde, waren es oft die Offiziere, die aufsprangen und damit ihre Männer zur Weiterführung des Angriffes mitrissen. Und oft waren es dann eben die Offiziere, die als erste getroffen liegenblieben.

Weit im Norden, jenseits des Polarkreises, hatten die Russen nach Kriegsbeginn ebenfalls eine Offensive eröffnet, waren aber bereits im Raum von Petsamo und Salla bald wieder zum Stehen gebracht worden. Zunächst allerdings hatte es übrigens auch für die Finnen im Norden böse ausgesehen: Bis zum 9. Dezember 1939 hatten zwei sowjetische Divisionen das einzige im Kampfraum von Salla verfügbare finnische Bataillon aus der Ortschaft gedrängt. Nach diesem Vorstoß lag nun die Straßenverbindung nach Kemijärvi und Pelkosenniemi zunächst völlig unzureichend verteidigt vor den Russen. Wenn sich die sowjetische Führung schnell entschloß, konnte man nun sowohl nach Südwesten als auch nach Nordwesten zügig weiter vorgehen, und damit bot sich in der Zukunft die operative Möglichkeit zur Vereinigung mit den im Raum von Petsamo, Suomussalmi und Kuhmo kämpfenden sowjetischen Verbänden.

Bis zum 16. Dezember 1939 waren die Russen bereits auf etwa dreiundzwanzig Kilometer an Kemijärvi herangekommen. Entgegen allen finnischen Erwartungen gingen die Russen nun jedoch nicht weiter auf Kemijärvi vor, sondern wurden an einer anderen Stelle der Angriffsfront aktiv. Ein durch Panzer und ein Aufklärungsbataillon verstärktes sowjetisches Regiment aus dem Verband der beiden im Raum von Salla stehenden sowjetischen Divisionen begann gegen Savukosi und Pelkosenniemi vorzugehen.

Für die Finnen war das zunächst beinahe gleichgültig, weil ihre eigenen Kräfte ohnehin nicht zum Aufbau einer einigermaßen geschlossenen Abwehrfront ausgereicht hätten. Nach dem Eintreffen eines einzigen Reservebataillons ergriffen die Finnen allerdings auch im Norden die Initiative und traten am 18. Dezember zu einem überraschenden Flankenangriff gegen die vorgehenden Russen an. Die sowjetischen Verbände zeigten sich überrascht. Unter dem Eindruck des finnischen Gegenstoßes gerieten sie in eine wilde Panik und zogen sich fluchtartig in Richtung auf Salla zurück. Die Finnen waren zufrieden: Die Russen hatten es bei ihrer Flucht so eilig gehabt, daß auf dem Kampffeld nicht weniger als zehn Panzer, vierzig Lkw und großc Mengen an Infanteriewaffen und Munition zurückgeblieben waren.

Nach diesem unerwarteten Dekabel waren die Russen so erschüttert, daß sie im Raum von Salla etwa einen Monat lang stehenblieben und keine weiteren Vorstöße mehr unternahmen. Nur am 2. und 3. Januar 1940 führten die Sowjets entlang der Straße von Salla nach Kemijärvi zwei kleinere Angriffe von bloß lokaler Bedeutung durch, die erwartungsgemäß keine entscheidenden Ergebnisse brachten. Auch die Finnen blieben in dieser Zeit nicht untätig und drängten die Russen in einer Reihe von Gegenstößen von der Straße. Die Sowjets verloren dabei zweihundert Mann, dann aber waren auch die finnischen Verbände bereits so abgekämpft, daß an weitere Angriffsunternehmen nicht mehr zu denken war. Die Finnen gingen daher vorübergehend zum Kleinkrieg über. Sie schlichen ins feindbesetzte Hinterland und überfielen die sowjetischen Nachschubkolonnen, sprengten Brücken und beunruhigten den Gegner in jeder nur denkbaren Weise. Die Russen blieben in der Defensive. Sie gruben sich ein und begannen Bunker zu errichten. Auf den Straßen patrouillierten russische Panzer und Skieinheiten.

Mitte Januar 1940 war es für die Russen mit dem ruhigen „Etappenleben" vorbei: Die Front rührte sich wieder. In Bewegung hatte sie allerdings nicht die Rote Armee gebracht, sondern die Finnen. So vehement griffen sie die sowjetischen Verbände an, daß diese schließlich auf neue Stellungen bei Märkäjärvi südwestlich von Salla zurückgehen mußten. In diesem Raum blieb die Front dann bis zum Ende des Winterkrieges stehen. Vom Schlachtenglück begünstigt waren die Russen an der Front im hohen Norden tatsächlich in keiner Weise, weder bei ihren geplanten Großunternehmen noch auch bei kleineren Aktionen.

Als beispielsweise nach dem Rückzug der Sowjets auf Märkäjärvi eine stärkere sowjetische Kampfgruppe einige schwache finnische Bataillone aus ihren Stellungen an der Straße von Salla nach Pelkosenniemi zu schlagen versuchte, wurden die angreifenden Rotarmisten von den finnischen Verteidigern glatt abgewiesen. Wenig später gingen die Finnen dann ihrerseits im Gegenstoß vor und zwangen die Russen zum Rückzug.

Obwohl die Finnen im Kampfraum von Salla einfach zu schwach waren, um den Gegner – wie beispielsweise weiter im Süden, bei Suomussalmi – in Mottis einzuschließen und zu vernichten, blieben die Verteidiger auch an der Front im hohen Norden erfolgreich. Sie hielten mit ihren schwachen Kräften eine zusammenhängende stabile Abwehrfront, welche der Gegner nicht zu durchbrechen vermochte. Zum Einkesseln fehlte die notwendige Kraft – aber mit den den Russen in jeder Weise unterlegenen eigenen Verbänden erreichten die Finnen dennoch ein ganz wesentliches Ziel: Der Gegner konnte die Front nicht durchbrechen und gewann damit nicht jene operative Freiheit, welche ihm ein tiefes und weiträumiges Vorstoßen seiner überlegenen Großverbände möglich gemacht hätte.

Am 26. Februar 1940 trafen im Raum von Salla schwedische Freiwilligenverbände ein. Sie lösten die dort stehenden finnischen Bataillone ab, die nach Süden in den Raum von Wyborg (Viipuri) verlegt wurden.

Bald nach Beginn des Winterkrieges waren die Russen auch in den Raum von Petsamo vorgestoßen. Dieses Gebiet war sowohl für Finnland als auch für die Sowjetunion von großer Bedeutung: Der von Finnland nach dem Ersten Weltkrieg vertraglich von den Russen erworbene Korridor von Petsamo (Petschenga) sicherte den Finnen nicht nur den Zugang zum wichtigen Eismeerhafen gleichen Namens; im „Korridor“ lagen auch die ergiebigen Nickelvorkommen von Kolosjoki, die der finnischen Volkswirtschaft beachtliche Exporteinnahmen sicherten. Nachteilig wirkten sich für die Finnen allerdings die chronisch unzureichenden Verkehrsverbindungen nach Petsamo aus. Der eisfreie Hafen konnte vom finnischen Binnenland her nur über eine einzige verhältnismäßig schmale Straße erreicht werden. Eine Eisenbahnverbindung gab es überhaupt nicht – der Hafen von Petsamo lag nicht weniger als vierhundert Kilometer von der nächsten Bahnlinie entfernt. Wenn man allerdings auf finnischer Seite angenommen haben sollte, daß Petsamo – infolge seiner exponierten Lage weit vom Schuß – während des Winterkrieges von russischen Angriffen verschont werden bleibe, hatte man sich geirrt. Die Sowjets bewiesen überaus reges militärisches Interesse am Petsamogebiet und erhofften sich dort offenbar einen leichten Sieg. Da das sowjetische Verkehrsnetz zum Hafen von Murmansk recht leistungsfähig ausgebaut war und die rote Kriegsmarine die Gewässer des Eismeeres ohnehin beherrschte, stand einem größeren Angriffsunternehmen nichts im Weg. Immerhin: Die Nickelminen von Kolosjoki zählten bei weitem zu den ergiebigsten in ganz Europa – und sie in den Besitz zu bekommen, war wohl einiger Anstrengungen wert.

Bei Kriegsbeginn hatten die Russen jenseits der Grenze eine kampfstarke Division versammelt – im Vergleich zu den weiter im Süden gegenüber der finnischen Ostgrenze und im Raum der Karelischen Landenge aufmarschierenden Großverbände eine verhältnismäßig schwache Streitmacht. Dennoch blieben die Finnen dem Gegner im Raum von Petsamo geradezu grotesk unterlegen. Jenseits der Grenze war eine sowjetische Division aufmarschiert – und dagegen hatten die Finnen nur eine Kompanie Infanterie aufzubieten. Und eine Feldartilleriebatterie. Die Geschütze stammten aus dem Jahre 1887 ... Reserven gab es auf finnischer Seite mit Ausnahme von einigen schwachen und weit dislozierten Einheiten überhaupt nicht.

Gleich nach Kriegsbeginn besetzten sowjetische Truppen die Fischereihalbinsel und stießen sodann im zunächst unaufhaltsam scheinenden Vormarsch in drei Angriffssäulen nach Süden vor. Trotz ihrer Unterlegenheit wehrten sich allerdings die Finnen durch unentwegte Störangriffe, welche den Gegner – zusammen mit der arktischen Kälte – zur allmählichen Verlangsamung und schließlich vollständigen Einstellung des weiteren Vormarsches zwangen.

Bis zum 18. Januar 1940 kam die Front im Raum von Nautsi zum Stillstand. Die sowjetischen Verbände gruben sich ein, bauten feste Stellungen und benutzten ihre ebenfalls eingegrabenen Panzer zur zusätzlichen Absicherung gegen mögliche finnische Gegenstöße. Auch im Norden also kein „Blitzkrieg" gegen Finnland – und daran sollte sich in diesem Frontabschnitt bis zum Ende des Winterkrieges auch nichts mehr ändern.

Die Februaroffensive

7

Nach der schweren Niederlage, welche die Russen im Dezember 1939 bei ihren wiederholten vergeblichen Durchbruchsversuchen an der Mannerheim-Linie erlitten hatten, blieb es auch im Januar 1940 entlang den finnischen Abwehrstellungen an der Karelischen Landenge verhältnismäßig ruhig. Gegen alle finnischen Erwartungen hatten die Sowjets nicht versucht, durch Fortsetzung des Angriffes ihr stark erschüttertes militärisches Prestige wiederherzustellen, sondern sie warteten zunächst einmal ab. Nur im russischen Hinterland herrschte ununterbrochene lebhafte Aktivität. Neue Angriffsdivisionen rollten und marschierten heran, dazu starke Artillerieverbände, Panzer, Munition, Ausrüstung . . .

Der Nachschub rollte ununterbrochen, und gleichzeitig wurden die rückwärtigen Verbindungen ausgebaut. An der Front blieb es ruhig – doch was sich in den dahinterliegenden Bereitstellungsräumen an Menschen und Material allmählich ansammelte, verhieß für die Finnen das Schlimmste. Nach ihren schweren Mißerfolgen im Dezember 1939 hatten die Sowjets eine Umgliederung in den höchsten Befehlsstellen vorgenommen. Der so wenig erfolgreiche Verteidigungskommissar K. E. Woroschilow wurde als militärischer Oberbefehlshaber der an der finnischen Front kämpfenden Verbände der Roten Armee durch Marschall Timoschenko abgelöst.

Anders als Woroschilow galt Timoschenko als ausgezeichneter Heerführer und als Mann, der seine militärischen Kräfte systematisch und überlegt einzusetzen pflegte. Das Nachlassen der sowjetischen Angriffstätigkeit an der Karelischen Landenge war allerdings nicht nur auf den Kommandowechsel zurückzuführen, sondern auch auf den Umstand, daß die sowjetische Führung offenbar zeitweilig einen eigenen entscheidenden Durchbruch durch die finnische Front im Norden des Ladogasees erhoffte. Gelang ein solcher Durchbruch, konnte sich die operative Situation entscheidend zugunsten der Russen ändern. In einem solchen Fall hätte man nämlich mit den an der Landengenfront stehenden Verbänden die starke finnische Abwehrfront an der Mannerheim-Linie nicht mehr um jeden Preis frontal durchbrechen müssen, sondern man hätte durch einen Vorstoß aus dem Norden des Ladogasees die an der Landengenfront stehenden finnischen Verbände von hinten umfassen können. Überdies hätte ein solcher Vorstoß zur Unterbrechung der Eisenbahnverbindung zwischen Finnland und Schweden führen können.

Wie schon beschrieben, kam es im Januar 1940 an der Landengenfront zu keinem einzigen sowjetischen Großunternehmen. Man beschränkte sich auf Späh- und Stoßtrupptätigkeit und versuchte außerdem die finnischen Verteidigungsstellungen durch Beobachtung aus der Luft – die Sowjets verwendeten dazu Fesselballone – aufzuklären. Für die Finnen war das überaus unangenehm, weil die feindliche Artillerie auf diese Weise

Finnische Scharfschützen südlich von Suomussalmi. Noch sitzen die Russen im Ort.

Nur Karabiner und Maschinengewehre… Soldaten des finnischen 25. Infanterieregiments aus Oulu während des Marsches in den Kampfraum von Kuhmo.

Im Kampfraum von Suomussalmi: Finnische Offiziere beim Kartenstudium.

Umfangreiche Beute machten die Finnen nach der Vernichtung der 163. Infanterie-Division bei Suomussalmi.

Gefangene Rotarmisten.

Gab der sowjetischen Angriffsführung endlich ein vernünftiges Gesamtkonzept: S. Timoschenko, Marschall der Sowjetunion.

Oberst H. J. Siilasvuo, der Sieger von Suomussalmi.

General Sikorski, Ministerpräsident der polnischen Exilregierung in England. Er wollte polnische Kriegsschiffe für eine Blockade von Petsamo einsetzen.

immer exaktere Zielangaben erhielt und sich allmählich immer besser auf die finnischen Stellungen einschoß.

Dazu kamen noch während des ganzen Monats Januar ständig fortgesetzte Angriffe der sowjetischen Luftwaffe, welche den Finnen zusätzliche Verluste brachten. Hinter der Front führten die Russen jedoch nicht nur starke Reserven heran, sie bereiteten sich auch gründlich auf die Wiederaufnahme der Offensive vor. Katastrophale Pannen, wie sie für die Kämpfe im Dezember 1939 auf sowjetischer Seite so charakteristisch gewesen waren, sollten sich nicht mehr wiederholen. Und so übte man hinter der Front immer wieder, was man dann vorn gegen die finnischen Verteidigungsstellungen praktizieren wollte: Zunächst sollte die Artillerie den Angriff vorbereiten. Wenn dann der Gegner erschüttert war, sollte die Infanterie im engen Zusammenwirken mit begleitenden Panzern angreifen. Im Übungsgelände funktionierte das alles schon recht bald zufriedenstellend, zumindest wesentlich besser als noch einen Monat zuvor an der Front.

Für die finnischen Soldaten in ihren Stellungen an der Mannerheim-Linie war das wochenlange untätige Warten demoralisierend. Während drüben eine neue Division um die andere in ihre Bereitstellungsräume rückte, mußte man selber tatenlos bleiben und noch dazu die ständigen sowjetischen Luftangriffe und das feindliche Artilleriefeuer praktisch ohne jede Gegenwehr über sich ergehen lassen. Die Lage an der Mannerheim-Linie wurde für die Finnen täglich schwieriger: Infolge des andauernden russischen Artilleriebeschusses und der Bombenangriffe fielen die meisten Nachrichtenverbindungen aus, viele finnische Bunkerstellungen waren bereits zerstört, und die sowjetischen Flugzeuge griffen bei Tage selbst einzelne Soldaten im Tiefflug an, wenn sie sich aus der Deckung wagten.

Gegen Ende des Monats Januar 1940 war die sowjetische Luftwaffen- und Artillerietätigkeit bereits so intensiv geworden, daß die Finnen Truppen- und Nachschubbewegungen praktisch nur noch bei Nacht durchführen konnten. Und während man bei der finnischen Artillerie die Granaten zählen mußte, deckte die russische Artillerie jedes erkennbare Ziel sofort mit einem wahren Granathagel ein. Die finnischen Infanteristen in ihren Zelten und Bunkern froren erbärmlich, weil sie trotz eisiger Kälte alle Feuer löschen mußten. Eine einzige verräterische Rauchfahne hätte genügt, um unverzüglich das Interesse der feindlichen Artillerie zu wecken.

Wenn die Finnen der Landengenfront auch keine entscheidenden Verstärkungen zuführen konnten, gruppierten sie ihre Kräfte doch um. Die finnische 5. Infanterie-Division wurde aus der Front gezogen und durch die zur 3. Infanterie-Division umbenannte ursprüngliche 6. Infanterie-Division ersetzt. Die zusätzlich durch einige selbständige Einheiten verstärkte 5. Division wurde im Hinterland der Front zusammengezogen und sollte als Reserve dienen. Die Verbände der finnischen 1. Infanterie-Division gingen in der 21. Division auf, und die so verstärkte Division wurde im Osten der Landengenfront als Reserve des Oberkommandos bereitgestellt.

Auch die Russen gliederten nach der Kommandoübernahme durch Timoschenko ihre Verbände um: Die an der Landengenfront stehenden sowjetischen Angriffskräfte wurden in zwei Armeen – der 7. und 13. – zusammengefaßt. Die weiter im Norden der finnischen Front befindlichen drei sowjetischen Armeen – die 9., 14. und 18. – wurden in eine neugeschaffene Heeresgruppe Nord eingegliedert, die dem Marschall der Sowjetunion G. Stern unterstellt wurde.

Nach mehr als einmonatiger Vorbereitung nahmen die Russen schließlich am 1. Februar 1940 ihre Offensivtätigkeit an der Landengenfront wieder auf. Wie schon im Dezember 1939 lag der Schwerpunkt der sowjetischen Durchbruchsversuche an der Mannerheim-Linie auch diesmal wieder im Raum von Summa.

Bei Angriffsbeginn waren die finnischen und sowjetischen Kräfte an der Landengenfront folgendermaßen verteilt: Der die Front im Raum zwischen dem Rand des Finnischen Meerbusens bis nach Suokanta haltenden finnischen 4. Division standen drei sowjetische Divisionen – die 43., 138. und die 70. – gegenüber. Im Raum zwischen Suokanta und der Bahnlinie (siehe Karte!) befanden sich die Abwehrstellungen der finnischen 3. Division, denen die sowjetische 123. und 90. Division samt der sowjetischen 40. Panzer-Brigade angriffsbereit gegenüberstanden. Jenseits der als Nahtstelle vorgesehenen Bahnlinie hielt die finnische 1. Division Stellungen bis zum Muolasee. Der finnischen 1. Division lag die sowjetische 24. Infanterie-Division gegenüber. An die Stellungen der finnischen 1. Division schloß sich der vom Muolasee bis nach Vuoksi verlaufende Verteidigungsabschnitt der finnischen 2. Division. Gegenüber lagen in diesem Abschnitt zwei russische Großverbände: die 136.

und die 142. Infanterie-Divsion. Zwischen Vuoksi und Sakkola war die finnische 8. Division der russischen 4. Infanterie-Division gegenüber abwehrbereit in Stellung gegangen. (In diesem Frontabschnitt besaßen die Russen vermutlich noch einige weitere Angriffsverbände). Linker Nachbar der finnischen 8. Division war die finnische 7. Division, welche den Abschnitt zwischen Sakkola und dem Ladogasee gegen mögliche Angriffe von zwei in diesem Raum bereitstehende feindliche Divisionen – der sowjetischen 49. und 150. Infanterie-Division – zu behaupten hatte.

An Großreserven standen den Russen hinter der Front an der Karelischen Landenge ein komplettes Heeres-Panzer-Korps und mindestens drei Infanterie-Divisionen zur Verfügung. Die Finnen besaßen dagegen an Reserven nur zwei Großverbände, nämlich die 5. und die 21. Infanterie-Division.

Als am 1. Februar 1940 die neue russische Offensive an der Landengenfront begann, waren die Finnen zunächst einmal – wie bereits gewohnt – wehrlos. Wehrlos gegen das Trommelfeuer der sowjetischen Artillerie und gegen die Luftwaffe. Einhundertvier Batterien – das entsprach etwa vierhundert Geschützen – hatte die finnische Luftaufklärung vor Angriffsbeginn auf russischer Seite feststellen können. Vierhundert Geschütze und dazu etwa fünfhundert sowjetische Kampfflugzeuge, welche nach Angriffsbeginn die finnischen Stellungen ohne Unterbrechung bombardierten. Bis in die Mittagsstunden des ersten Angriffstages bebte die Erde unter den Artillerieeinschlägen, zerbrachen finnische Bunker unter feindlichen Volltreffern.

Die Russen waren sich ihrer artilleristischen Überlegenheit und der Schwäche der finnischen Luftwaffe so gewiß, daß die sowjetischen Artilleriebatterien aus offenen Feuerstellungen feuern konnten. Wozu hätte man die Geschütze auch tarnen oder in getarnter Feuerstellung aufstellen sollen? Mochten die Finnen doch ruhig sehen, woher die sowjetischen Granaten kamen – unternehmen konnten sie dagegen infolge ihrer Unterlegenheit ja ohnehin nichts. Als um die Mittagszeit die sowjetische Artillerie schwieg, begann der eigentliche Angriff. Die Russen hatten seit ihrer verlustreichen Offensive im Dezember 1939 einiges dazugelernt: Die sowjetischen Panzer waren mit vor dem Bug auf Metallgestellen befestigten schweren Eisenwalzen ausgestattet, mit deren Hilfe sie die im Vorgelände vergrabenen Panzerminen unschädlich machten.

Was die in ihren Löchern und Bunkern kauernden finnischen Infanteristen zu sehen bekamen, war beklemmend: Die Minenzünder sprachen auf das Gewicht der Eisenwalzen an. Detonationen, aufspritzende Flammen- und Erdsäulen, Qualm – und die feindlichen Panzer fuhren weiter, als sei nichts geschehen.

Die erste Angriffswelle zogen die Sowjetpanzer in hinten an den Kampfwagen befestigten Schlitten nach. Auf diese Weise befanden sich die Infanteristen der ersten Welle ebenso sicher in Deckung wie die zweite Infanteriewelle, welche im Schutz dichter künstlicher Nebelschleier angriff. Überdies waren die sowjetischen Infanteristen mit Metallschildern ausgestattet, die ihnen zusätzlichen Schutz vor der Wirkung des feindlichen Abwehrfeuers bieten sollten.

Die Russen hatten dazugelernt. Nicht nur ihre Ausstattung, auch ihre Taktik war besser geworden. Bei ihren Großangriffen ab dem 1. Februar beispielsweise versuchten die sowjetischen Panzer nicht mehr, einfach so schnell wie möglich durch die finnischen Stellungen zu brechen, vielmehr gingen sie nun wesentlich systematischer und gründlicher vor. Sie brachen zunächst durch die Stacheldraht- und die Panzerhindernisse, rollten dann auf die feindlichen Stellungen zu, versuchten aber nun nicht einfach weiterzufahren, sondern nahmen den Kampf auf. Sie rumpelten bis in die Nähe der Bunker und Maschinengewehrnester, blieben stehen und jagten Granate um Granate in die Bunkerscharten, bis das Abwehrfeuer verstummte oder die finnischen MG-Bedienungen hinter ihren Waffen gefallen waren. Diese Kampfweise erleichterte den russischen Infanteristen ihre Aufgabe sehr: Anders als bei den Dezemberkämpfen arbeiteten die Russenpanzer nun mit der eigenen Infanterie auf dem Kampffeld wirklich zusammen. Die Panzer walzten für die nachrückenden Infanteristen die finnischen Drahtverhaue im Vorgelände nieder und hielten dann die finnischen Bunker und Maschinengewehrnester im Feuerkampf nieder. Ohne Panzerunterstützung wäre die Infanterie an die finnischen Stellungen nur unter schwersten Verlusten herangekommen.

Für die Finnen ebenfalls sehr nachteilig wirkte sich aus, daß die Russen bei den Angriffskämpfen im Februar 1940 auch erstmals Flammenwerfer verwendeten. Neben Artillerie, Panzern und Flugzeugen hatten die Russen nun auch zum ersten Mal ein anderes Instrument der modernen Kriegsführung eingesetzt: Bereits am 31. Januar, also am Tag vor dem eigentlichen Angriffsbeginn, hatte der Gegner hinter den finnischen Stellungen Fallschirmjägereinheiten abgesetzt. Die russischen Fallschirmjäger konnten den Kämpfen zwar keine entscheidende Wendung geben, aber sie banden doch finnische Kräfte, die zu ihrer Bekämpfung eingesetzt werden mußten und dann zur Abwehr der am 1. Februar beginnenden russischen Hauptoffensive fühlbar fehlten.

Den ganzen 1. Februar über tobte die große Angriffsschlacht an der Karelischen Landenge. Die Rote Armee erlitt schwere Verluste, die sie aber schnell wieder ausgleichen konnte. Die finnischen Stellungen hielten stand. Aber auch die Verteidiger hatten starke Ausfälle zu verzeichnen: Viele finnische Bunkerstellungen und Maschinengewehrnester waren zerstört oder schwer beschädigt worden, und auch die finnische Artillerie hatte beträchtliche Verluste hinzunehmen. Als es dunkel wurde und die russischen Infanterieangriffe aufhörten, versuchten die Finnen unverzüglich ihre beschädigten Stellungen nach besten Kräften instandzusetzen. Das war deshalb besonders schwierig, weil die russische Luftwaffe ihre Angriffe auch in den Nachtstunden fortsetzte und sowohl die finnischen Stellungen als auch die Nachschubstraßen hinter der Front ununterbrochen bombardierte.

Gegen alle finnischen Erwartungen blieb es in den Morgenstunden des 2. Februar an der gesamten Front ruhig. Der Tag verging ohne besondere russische Aktivitäten. Hie und da ein kleiner örtlicher Angriff, den man ohne große Schwierigkeiten abwehrte – das war alles.

Auch der 3. Februar blieb ruhig, ebenso der folgende Tag. Aber in der Nacht vom 4. auf den 5. Februar war die trügerische Ruhe endgültig vorbei: Wieder war es die russische Artillerie, welche die Schlacht eröffnete und bis zum Morgen auf die notdürftig instandgesetzten finnischen Stellungen trommelte. Und als das Artilleriefeuer in den Morgenstunden abebbte, griffen die Russen an, Panzer und Infanterie. Wieder versuchten die sowjetischen Verbände im Raum von Summa durchzubrechen. Aber die Finnen wichen nicht. Sie kämpften weiter, auch wenn die Russenpanzer in die Stellungen schossen und sich sowjetische Infanteristen mit ihren Flammenwerfern bis an die Bunker und Maschinengewehre herangearbeitet hatten.

Die Finnen schlugen zurück: Massenweise blieben die Rotarmisten in ihrem Abwehrfeuer liegen. Und als am Abend der Angriff nachließ, standen vierzehn noch brennende und rauchende russische Panzerwracks vor den Stellungen. Am 6. Februar griffen die Sowjets wieder an. Fünf Tage lang sollte nun die Angriffsschlacht ununterbrochen weitergehen. Obwohl sie auch an anderer Stelle der Front durchzubrechen versuchten, konzentrierten sich die Russen nach wie vor vor allem auf den Kampfraum von Summa. Vergeblich. Die Finnen hielten; trotz ununterbrochener Luftangriffe und des Artilleriebeschusses, der Tag und Nacht fortdauerte. Dazwischen griff immer wieder die russische Infanterie an, aber die Rotarmisten fanden keine einzige weiche Stelle, an der sie hätten durchbrechen können. Bis zu dreihunderttausend Granaten hatte die sowjetische Artillerie an einem einzigen Tag verfeuert, aber die Finnen ließen sich eher in ihren Stellungen erschlagen, als zurückzuweichen.

Da sich die finnische Abwehr bei Summa trotz aller Angriffsversuche als undurchdringlich erwies, verlegten die Russen ab dem 11. Februar den Angriffsschwerpunkt weiter nach Osten, in den Raum von Lähde. Gleichzeitig wurden sie nun in einer Reihe von Angriffen nicht nur entlang der gesamten Mannerheim-Linie aktiv, sie begannen auch über den zugefrorenen Ladogasee und über das Eis an der Küste des Finnischen Meerbusens anzugreifen. Durch das flankierende Vorgehen am Meerbusen und über den Ladogasee versuchten die Russen die Mannerheim-Linie zu umgehen und die finnischen Stellungen von hinten aufzurollen. Mit schnell zusammengestellten Kampfgruppen und Alarmeinheiten warf man den Gegner bald wieder zurück, und aus den klug ausgedachten sowjetischen Flankenmanövern wurde nichts. Trotzdem erzielten die Sowjets durch diese Angriffe einen indirekten Erfolg: Die Abwehranstrengungen an vielen Stellen gleichzeitig fraßen die örtlichen finnischen Reserven. Und da die örtlichen Reserven bald verbraucht waren, mußten die Finnen nun auf ihre letzten Großreserven zurückgreifen – auf die 5. und die 21. Infanterie-Division.

Die schwersten Angriffe richteten die Russen am 11. Februar gegen die finnischen Stellungen im Raum von Lähde, nachdem die finnischen Bunkeranlagen unter schwerstem Artilleriebeschuß so gut wie unbrauchbar geworden waren. Als der Gegner schließlich um 13 Uhr des Angriffstages die ersten Bunker in Angriff nahm, mußten die finnischen Verteidiger die 5. Infanterie-

Division dringend um die Zuführung von Reserven ersuchen. Am Spätnachmittag kam dann tatsächlich Verstärkung – zwei „Bofors"-Feldgeschütze konnte die 5. Infanterie-Division schicken, das war alles. Keine Infanterie, keine Panzerabwehrgeschütze – nichts. Kein Wunder also, daß die Russen schließlich um 17.30 Uhr die finnischen Stellungen durchbrachen und feindliche Infanterie mit Panzerunterstützung die erste finnische Abwehrlinie durchstieß, etwa eineinhalb Kilometer tief vordrang und erst wieder an den rückwärtigen finnischen Stellungen zum Halten gebracht werden konnte. Gleichzeitig versuchte der Gegner durch wiederholte Angriffe den Durchbruchsraum nach beiden Seiten zu erweitern.

Damit wurde die Lage für die Finnen äußerst kritisch: Wenn der Gegner jetzt entschlossen weiter vorstieß, konnte sich eine Katatstrophe ereignen, denn zwischen den durchgebrochenen sowjetischen Verbänden und Wyborg standen nur noch einige schwache Reserveeinheiten des finnischen II. Armee-Korps.

Nicht einmal in den Nachtstunden hörten diesmal die sowjetischen Angriffe auf. Ein ebenfalls noch in der Nacht vom 11. auf den 12. Februar geführter finnischer lokaler Gegenstoß schlug infolge Kräftemangels nicht durch. Die von den Russen geschlagene Durchbruchslücke blieb offen. Am nächsten Tag trafen finnische Verstärkungen ein. Wieder zu wenig, um die Russen im Durchbruchsraum entscheidend zu treffen. Ein einziges Regiment hatte die finnische 5. Infanterie-Division freigegeben, mehr konnte man nicht abzweigen, weil weitere Reservekräfte in den Kampfraum von Summa in Marsch gesetzt werden mußten.

Noch am 11. Februar und in den Nachtstunden zum 12. Februar erzielten die Russen auch nordöstlich von Merkki einen massiven Einbruch in die finnischen Stellungen und rückten weiter in östlicher Richtung vor. Gerade diese Entwicklung traf die Finnen, weil damit ein für den folgenden Tag geplanter eigener Gegenangriff erheblich erschwert wurde. Außer an den beiden Durchbruchsstellen – bei Lähde und Merkki – hielt die finnische Abwehrfront am 11. Februar im wesentlichen allen feindlichen Angriffen stand. Eine bemerkenswerte Leistung, welche die finnischen Frontverbände allerdings beinahe bis über die Grenzen des Erträglichen hinaus belastete. Die abgekämpften Infanteristen der finnischen 3. Infanterie-Division waren am Ende. Den erschöpften Soldaten fielen einfach die Augen zu. So erledigt waren die Finnen, daß sie selbst russischen Panzerangriffen bereits mit völliger Apathie gegenüberstanden und psychisch und physisch kaum mehr zu konzentrierten Abwehranstrengungen in der Lage waren. Am 13. Februar wurde die 3. Infanterie-Division schließlich zur Erholung und Auffrischung aus der Front genommen und von der finnischen 5. Infanterie-Division abgelöst. Das war sicherlich eine notwendige Maßnahme, doch stand man damit im Raum von Summa für den Augenblick dem Gegner ohne jede Großreserve gegenüber. Diese Situation konnte sich erst ändern, wenn die völlig abgekämpften Männer der 3. Infanterie-Division wieder einigermaßen einsatzbereit waren, also etwa eine bis zwei Wochen nach der Herausnahme aus der Front.

Am 13. Februar lag der Schwerpunkt der Kämpfe

wieder im sowjetischen Durchbruchsraum bei Lähde: Die Russen versuchten den Durchbruch durch Einsatz frischer Verbände zu erweitern, und die Finnen versuchten die Frontlücke durch Gegenangriffe zu stopfen. Der finnische Gegenstoß kam zunächst weiter, blieb dann aber infolge Kräftemangels liegen. Das war schlimm: Auf diese Weise blieb das „Loch bei Lähde" offen. Bis zum Abend des 13. Februar waren die zum Gegenangriff angetretenen finnischen Verbände unter starkem feindlichen Gegendruck sogar wieder bis auf ihre Ausgangsstellungen zurückgewichen. Den Finnen fehlte es einfach an Reserven, um den durchgebrochenen Gegner abzukneifen und wieder einen geschlossenen Frontverlauf herzustellen. Die Situation wurde auch durch den Einsatz von sowjetischen Skiverbänden weiter erschwert. Hier schlug die Rote Armee die Finnen mit ihren eigenen Waffen: Die mit Skiern ausgestatteten russischen Infanteristen griffen schnell und lautlos an, waren kaum zu fassen und gestalteten die für die Finnen ohnehin bereits schwierige Kampfsituation noch verwirrender und unübersichtlicher.

Im Durchbruchsraum hatten die Russen bald so starke Kräfte massiert, daß es praktisch kein Halten mehr gab. Immer wieder versuchte der Gegner den Durchbruchsraum nach beiden Seiten zu vergrößern. Bei Merkki griffen die Russen die finnischen Bunkerstellungen von der Seite her an und versuchten sie aufzurollen. Obwohl sich die Finnen erbittert wehrten und die Russen hohe blutige Verluste hinnehmen mußten, gaben die Rotarmisten nicht auf. Sie kamen immer wieder und hatten bis zum späten Nachmittag des 13. Februar die finnischen

Bunkerstellungen tatsächlich ausgeschaltet. Schließlich brach die finnische Abwehrfront im Osten des Durchbruchsraumes. Und schon drängte der Gegner nach: Panzer, Infanterie . . .

Ein einziges Reservebataillon konnten die Finnen hier dem Gegner entgegenstellen. Unter dem Druck der sowjetischen Angriffe wurde es buchstäblich fortgerissen. Überall fehlte es an Reserven. Um die Lage wenigstens einigermaßen im Griff zu behalten, mußten die Finnen nun sämtliche Gegenangriffe einstellen und die Front auf neue Stellungen im Norden des Summasees zurücknehmen. Die Lage war mehr als schwierig. Die Russen hatten ihre Angriffskräfte so verstärkt und dabei so viel Raum gewonnen, daß man mit dem Schlimmsten rechnen mußte. Besonders nachteilig für die Finnen war die Tatsache, daß die ohnehin bereits schwer kämpfenden Verbände im Raum von Summa viele Mannschaftstransportfahrzeuge und zahlreiche schwere Feldhaubitzen verloren hatten. Zwar stammten die Feldhaubitzen aus der Zeit des russisch-japanischen Krieges, aber für die Finnen wog infolge ihrer mehr als knappen artilleristischen Ausstattung selbst der Verlust solcher Museumsstücke außerordentlich schwer.

Während der Nachtstunden des 13. Februar drangen die Russen etwa dreieinhalb Kilometer tief hinter die finnischen Hauptverteidigungsstellungen, blieben dann aber infolge des heftigen finnischen Widerstandes liegen und kamen auch trotz Panzerunterstützung vorübergehend nicht mehr weiter. Es war eine Pattsituation: Den durchgebrochenen sowjetischen Verbänden fehlte es an Kraft zur Weiterführung des Angriffes, und die Finnen waren zu schwach, um den Gegner wieder zurückzudrängen.

Am 14. Februar nahmen die Russen jedoch erneut den Angriff auf und vergrößerten den Durchbruchsraum bei Lähde so entscheidend, daß sich damit der Zusammenbruch der gesamten finnischen Verteidigung im Raum von Summa abzuzeichnen begann. Der finnischen Führung blieb nichts anderes übrig, als die in den gefährdeten Räumen kämpfenden eigenen Verbände wieder zurückzunehmen. Unbeschränkt ließ sich die Methode der lokalen und abschnittsweise durchgeführten Absetzbewegungen allerdings nicht fortsetzen. Es war mit Sicherheit anzunehmen, daß die Russen ihre Angriffe im Durchbruchsraum bereits am folgenden Tag fortsetzen würden. Was sollte geschehen, wenn der Feinddruck ständig weiter zunahm? War es noch zu verantworten, lediglich örtliche Frontkorrekturen vorzunehmen, oder sollte man – um den Zusammenhang zu wahren und die Lage der schwerringenden eigenen Verbände zumindest vorübergehend zu erleichtern – die gesamte Front zurücknehmen? Am 14. Februar besprach sich Marschall Mannerheim mit den Kommandeuren der Frontverbände: Allgemeiner Rückzug auf die zweite Verteidigungslinie oder nicht, das war die Frage. Es wurde entschieden, daß die schwerbedrohte Front im Westen der Karelischen Landenge geschlossen auf die zweite Linie zurückgenommen werden sollte. Daß die zweite (das heißt: rückwärtige) Verteidigungslinie nur wenige betonierte Kampfanlagen besaß, an denen die Truppe in der Verteidigung festen Halt finden konnte, mußte dabei in Kauf genommen werden.

Noch bevor aber die Absetzbewegungen begannen, mußte man alles unternehmen, um die wankende Front zu stützen. Buchstäblich die letzten Reserven kratzten die Finnen zusammen: Die Kriegsmarine sollte Kräfte freimachen und zwei Regimenter in den bedrohten Kampfraum von Summa schicken. Das zur 21. Division gehörende 62. Infanterie-Regiment wurde in Marsch gesetzt. Die Männer des 62. Infanterie-Regiments hatten einen beschwerlichen Weg vor sich: Das Regiment verlegte aus dem Raum von Taipale, also vom östlichen Ende der Landengenfront, im Eisenbahntransport nach dem Westen. In offenen Güterwaggons und bei minus dreißig Grad Celsius. Während des Transportes wurde das Regiment außerdem von sowjetischen Kampfflugzeugen angegriffen, so daß die Kompanien erst am 14. Februar im neuen Einsatzraum im Westen der Landengenfront ausgeladen werden konnten.

Aus Wyborg wurde ein fast ausschließlich aus noch nicht wehrpflichtigen jungen Männern zusammengesetztes Bataillon des Verteidigungs-Korps in Marsch gesetzt. Zu spät übrigens. Als die auf ihren Lkw entsetzlich frierenden Jungen an der Front eintrafen, hatte der Rückzug bereits begonnen. Auch die erst kurz zuvor an die Kollaa-Front befohlene finnische 23. Infanterie-Division wurde nun an die Landengenfront zurückgeholt. Regimenter, Bataillone, bestenfalls eine einzige Division – das waren die Verbände, mit denen die Finnen disponieren konnten. Auf der anderen Seite der Front dagegen dachte die Führung fast ausschließlich divisions- und korpsweise.

Am 15. Februar erneuerten die Russen ihre Angriffe

im Raum von Lähde, überrannten die finnische Verteidigung und drangen weiter in nördliche Richtung vor. Und als die sowjetischen Verbände noch am selben Tag durch die finnische Abwehr an der Straße nach Kämärä brachen, mußte das Ufer des Muolasees von den Finnen endgültig geräumt werden. Der Befehl zum allgemeinen Rückzug kam um 15.30 Uhr.

Da die Rote Armee während der folgenden Tage keine größeren Angriffe führte, blieben die finnischen Absetzbewegungen geordnet. Die zurückgehenden Verbände erreichten ihre neuen Stellungen in guter Ordnung und richteten sich dort – vom Feind im wesentlichen nicht gestört – zur Verteidigung ein. Schlimm war allerdings, daß nach dem Rückzug die nach Wyborg führende Straßenverbindung kaum noch ausreichend gesichert war. Die Lage war nach wie vor mehr als ernst: In der finnischen Führung fragte man sich besorgt, wie lange die neue Front halten konnte. Die finnischen Frontverbände waren müde und abgekämpft.

Immerhin durfte man mit Befriedigung feststellen, daß die Landengenfront an ihrem westlichen und östlichen Ende bisher unerschütterlich gehalten hatte. Im Westen, am Rande des Finnischen Meerbusens, hatten sich finnische Küstenbatterien besonders auf der Insel Koivisto ausgezeichnet bewährt und jeden russischen Versuch, die finnischen Stellungen an der Landengenfront zu umgehen, durch ihr gutgezieltes Feuer erfolgreich vereitelt. Wenn die Granaten der finnischen Artillerie auf dem Eis des Finnischen Meerbusens in Küstennähe detonierten, hatten sich die über die Eisfläche angreifenden Russen bisher stets eilig zurückgezogen.

Obwohl die finnischen Absetzbewegungen fast ausschließlich bei Tag durchgeführt wurden und die sich zurückziehenden Verbände aus diesem Grund durch russische Panzer- und Luftangriffe zusätzliche Verluste hinnehmen mußten, war doch das Gros der finnischen Verbände bis zum 18. Februar 1940 in die rückwärtigen Verteidigungsstellungen eingerückt. Nicht zurückgezogen hatten sich die Finnen von der Insel Koivisto und von einigen umgebenden kleinen Inseln. Obwohl auch diese Positionen mit Rücksicht auf den allgemeinen Rückzug im Westen der Landengenfront nicht zu halten waren, hatte man sogar noch ein weiteres Regiment nach Koivisto verlegt, weil man die auf der Insel befindlichen Batterien so lange wie möglich behaupten wollte, um die an der Landengenfront zurückgehenden eigenen Verbände im Fall des Auftretens krisenhafter Lagen artilleristisch unterstützen zu können. Nach Erfüllung dieser Aufgabe wurde auch Koivisto am 21. Februar von den Finnen geräumt.

Die neue finnische Abwehrfront verlief nach dem vorläufigen Abschluß der Absetzbewegungen in Höhe der Insel Lasi in der Bucht von Wyborg etwa nach Osten bis zur Bahnlinie, von dort in südöstlicher Richtung weiter bis zum Nordufer des Muolasees und sodann weiter bis zum Vuoksi-Seenkanal. Das Schwergewicht der zu erwartenden Kämpfe sollte in den folgenden Tagen die finnische 4. Infanterie-Division zu tragen haben. Diese Division war der rechte Eckpfeiler der Verteidigung. Der Verteidigungsabschnitt der Division endete im Westen an der Küste des Finnischen Meerbusens. In der Nacht des 17. Februar kam es an der neuen

Abwehrfront bereits zu erster Gefechtstätigkeit: Die Russen waren den zurückgehenden Finnen gefolgt und versuchten nun zunächst durch Späh- und Stoßtruppunternehmen die Abwehrfront abzutasten. Schon am folgenden Tag allerdings griffen die Russen mit stärkeren Verbänden an und erzielten bei Ylä-Sommee einen örtlichen Einbruch in die finnische Front. Dabei setzten sich die Angreifer in den Besitz von einigen massiven Steingebäuden, verschanzten sich dort und hielten sich gegen bald einsetzende finnische Gegenstöße überaus hartnäckig.

Wie schon anläßlich der früheren Kämpfe an der Mannerheim-Linie bewies sich auch bei Ylä-Sommee wieder die Unzulänglichkeit der finnischen Panzerhindernisse: Die Fels- und Betonhindernisse lagen so weit im Vorgelände, daß vor oder zwischen diesen Hindernissen zum Stehen kommende Feindfahrzeuge von den Finnen nicht wirklich wirksam unter Beschuß genommen werden konnten.

Die russische Angriffstätigkeit nahm nach dem Nachrücken der sowjetischen Verbände schnell zu. Das im Raum von Ylä-Sommee in Stellung befindliche finnische 10. Infanterie-Regiment wehrte sich zwei Tage lang überaus tapfer gegen ununterbrochene Feindangriffe. Dabei erlitten die Finnen jedoch besonders durch die ungewöhnlich präzise schießende sowjetische Artillerie so schwere Verluste, daß das 10. Infanterie-Regiment am 20. Februar schließlich aus dem Einsatz genommen werden mußte.

Den ablösenden Einheiten erging es kaum besser: Ununterbrochen belegte die russische Artillerie die

Ortschaft, bis schließlich die finnische Front im Osten von Ylä-Sommee vorübergehend nachgab und die angreifenden sowjetischen Verbände einen lokalen Einbruch erzielen konnten. Trotz ihrer Unterlegenheit und Erschöpfung traten die Finnen jedoch wenig später zum Gegenangriff an und schlugen den Gegner zurück.

Die Verteidigung entlang der Küste des Finnischen Meerbusens hatte die Finnen von Anfang an vor große Schwierigkeiten gestellt. Um die stark gegliederte Küste und die vielen kleinen Inseln vor ihr wirklich nachhaltig verteidigen zu können, wären zahlenmäßig große Verbände notwendig gewesen, aber solche standen selbstverständlich nicht zur Verfügung. In der Zeit der Absetzbewegungen im Westteil der Landengenfront konnten die Finnen zur Küstenverteidigung – mit Ausnahme der ortsfesten Küstenartilleriebatterien – nur das 12. Infanterie-Regiment einsetzen. Und das war selbstverständlich zu wenig. Mit derart schwachen Verbänden konnte man nur eine schwerpunktmäßige Besetzung durchführen beziehungsweise sich auf Patrouillen- und Überwachungstätigkeit beschränken.

Als die Russen ab dem 18. Februar 1940 im Küstengebiet aktiv wurden, rächte sich das sofort: Den sowjetischen Angreifern fielen im ersten Ansturm einige Schlüsselpositionen in die Hände, und schon am 19. Februar wurden die finnischen Verbände zum Rückzug auf Pullinniemi und Maisala gezwungen. Obwohl die Russen auch weiter angriffen, konnten die in ihren Stellungen beinahe völlig isoliert kämpfenden finnischen Küstensicherungsverbände den Gegner abwehren und die Russen zunächst am weiteren Vorgehen hindern. Bei Pullinniemi und Maisala kämpften die Finnen mit dem Rücken zum Meer. Noch schwerer aber hatten es die Verteidiger der Insel Koivisto. Wenn sie in Bedrängnis gerieten, gab es keinen rettenden Gegenstoß. Sie saßen auf einer Insel und waren auf sich selber angewiesen. Und wenn sich drüben auf dem Festland die Situation weiter verschärfte – also, wenn beispielsweise Pullinniemi fiel oder die Russen den Ostteil von Koivisto vom Festland her massiv unter Artilleriebeschuß nehmen konnten –, war die Insel nicht mehr zu halten.

Bereits am 22. Februar war die Situation schließlich so schwierig geworden, daß die Finnen Koivisto räumten. Durchaus planmäßig übrigens: Die Geschütze der Inselbatterien wurden nach dem Verschießen der letzten Granaten unbrauchbar gemacht und alle militärischen Einrichtungen zerstört. Und dann begann der Ausbruch der Inselbesatzung. Schwer beladen zogen die finnischen Soldaten hinaus auf die zugefrorene Bucht von Wyborg. Vierzig Kilometer weit ging der Marsch bis nach Säkkijärvi, wo die Finnen am folgenden Tag wohlbehalten eintrafen. Dabei hatten die Ausbrecher unglaubliches Glück gehabt. Obwohl sie unter den Augen des Feindes über die glatte und keinerlei Deckung bietende Eisfläche dahinzogen, hatten sie keine Verluste erlitten, weil sie ein bei ihrem Abmarsch einsetzender schwerer Schneesturm der Sicht der Russen entzogen hatte.

Die Insel Lasi wurde von den Sowjets am Morgen des 23. Februar angegriffen und war bereits um die Mittagszeit fest in der Hand des Gegners. Dieser unerwartete Schlag stellte die Finnen vor schwierige taktische Probleme. Wenn die Russen von Lasi aus weiter angriffen, konnten sie nach Lihaniemi vorstoßen und die Bucht von Wyborg kontrollieren. Und damit war der gesamte Westteil der finnischen Landengenfront aufs äußerste gefährdet. Die Finnen erkannten den Ernst der Lage und versuchten die Insel Lasi noch am Abend des 23. Februar zurückzuerobern. Ohne Erfolg. Der Gegner war bereits zu stark. Nur im Nordteil der Insel konnten die Finnen wieder Fuß fassen und sich eine Zeitlang behaupten. Unter den gegebenen Verhältnissen war daher die finnische Abwehrfront auf dem Festland nun vom Westen her ständig bedroht. Nicht nur darüber machte man sich jedoch in der finnischen Führung ernste Sorgen, sondern auch die Lage an der Festlandfront selber hatte sich höchst gefährlich entwickelt. Im hügeligen und sumpfigen Gebiet zwischen der nach Wyborg führenden Überlandstraße und der Eisenbahnlinie hatten die Russen schon bald nach der Rücknahme der finnischen Front auf die zweite Linie einen beachtlichen Angriffserfolg erzielt. Die im sowjetischen Angriffsstreifen befindlichen Verbände der finnischen 5. und 23. Infanterie-Division hatten sich als wenig standfest erwiesen.

Den ersten Einbruch in die finnischen Stellungen hatten die Russen bereits am 17. Februar im Raum von Postilampi erzielt, doch hatte man – wenn auch nur unter größter Anstrengung – den ursprünglichen Frontverlauf wiederherstellen können. Wenig später jedoch griffen die Russen wiederum erfolgreich an: Am Ostufer des Näykkisees brachen sie in die finnischen Stellungen ein und konnten im Gegenstoß nicht mehr zurückgeworfen werden.

Hin und her wogte der Kampf. Was die Finnen auch

unternehmen mochten, die Rotarmisten behaupteten ihren Einbruch und dehnten ihn immer weiter aus. Am 23. Februar war die Lage bereits äußerst kritisch geworden. Die Finnen konnten im Einbruchsraum den Frontzusammenhang nur noch unter äußerster Anstrengung bewahren. Schon unter dem nächsten Stoß konnte die Front brechen – und dann lag das Hinterland offen vor dem Gegner. Und damit war der Weg nach Wyborg für die Russen frei.

Was man bei der Führung der finnischen Frontverbände schon von Anfang an befürchtet hatte, schien sich nun zu bewahrheiten: Der Rückzug auf die zweite Linie hatte den finnischen Verbänden nur vorübergehend Erleichterung gebracht. Nun war zu überlegen, ob man unter erneutem starken Feinddruck nicht an eine weitere Zurücknahme der Front denken sollte. Die Frontkommandeure waren für Rückzug, aber Marschall Mannerheim lehnte die ihm am 18. Februar zugeleiteten Vorschläge ab. Kein Rückzug. Halten, wo man stand.

Den Frontbefehlshabern war diese starre Haltung des Marschalls unverständlich. Wozu sollte die Truppe unnötig bluten? Aber Befehl war eben Befehl. Die finnischen Infanteristen, Artilleristen und Panzerjäger kämpften dort weiter, wo sie standen. Zehn Tage noch hielt die zweite Linie, dann hätte der feindliche Druck wohl jeden weiteren Haltebefehl gegenstandslos gemacht. Mannerheim aber hatte die Rückzugsvorschläge seiner Frontkommandeure am 18. Februar 1940 nicht zufällig abgelehnt: Die Offiziere, die über ihren sturen Marschall fluchen mochten, wußten nicht, daß die Finnen damals bereits erste Friedensfühler nach Moskau ausgestreckt hatten. Und je hartnäckiger die Front den entschlossensten feindlichen Angriffsversuchen standhielt, desto eher mußten sich die Russen verhandlungs- und kompromißbereit zeigen.

Am 25. Februar durchbrachen die Russen die finnische Abwehrfront bei Honkaniemi. Das war eine Katastrophe. Wenn man den Gegner nicht noch im letzten Augenblick aufhielt, konnte er bis nach Wyborg durchstoßen und die entlang der zweiten Linie im Abwehrkampf stehenden finnischen Verbände einschließen. Am 26. Februar versuchten die Finnen unter Anspannung aller verfügbaren Kräfte die Lage im Gegenangriff nochmals zu stabilisieren. Sogar einen Einsatz von fünfzehn englischen „Vickers"-Kampfwagen wollte man zu diesem Zweck durchführen. Die Finnen hatten die Panzer bereits vor Kriegsbeginn gekauft, doch hatten Lieferung, Einbau und Justierung der Waffen so viel Zeit in Anspruch genommen, daß die Kampfwagen erst im Februar 1940 endlich einsatzbereit waren. Tatsächlich aber blieben die Erfolge des Kampfwageneinsatzes weit hinter den Erwartungen der finnischen Führung zurück. Schon vor ihrer ersten Feindberührung richteten die „Vickers" mehr Schaden als Nutzen an: Das überraschende Erscheinen von Panzern aus dem eigenen Hinterland – ein höchst ungewöhnliches Bild – führte bei den rückwärtigen finnischen Einheiten zu höchster Verwirrung und zu panikartigen Szenen auf der Nachschubstraße.

Eigene Panzer in größerer Zahl, geradezu eine Kolonne – das war so unglaublich, daß sich die finnischen Soldaten daran erst gewöhnen mußten. Auch der Kampfeinsatz der Panzer verlief enttäuschend: Die leichten „Vickers"-Sechstonner fuhren sich teilweise im tiefen Schnee fest und waren auch in Panzerung und Bewaffnung den schwereren Feindpanzern (Gewicht je nach Typ verschieden; Einsatzgewicht der russischen Standardkampfpanzer etwa achtundzwanzig Tonnen) eindeutig unterlegen. Unter solchen Bedingungen war an eine erfolgreiche Kampfführung nicht zu denken. Das Loch bei Honkaniemi blieb offen, und die Finnen verloren bei den ergebnislosen Gegenangriffen die Hälfte ihrer leichten „Vickers"-Kampfwagen.

Nach dem Fehlschlagen der eigenen Offensivanstrengungen bei Honkaniemi war für die Finnen die zweite Linie endgültig unhaltbar geworden. Der Rückzugsbefehl kam am 27. Februar: Die neue Abwehrfront sollte nach den Absichten der finnischen Führung aus dem Raum unmittelbar vor Wyborg über Tali bis nach Vuosalmi und von dort weiter bis zum Vuoksi-Seenkanal verlaufen. Damit wurde Wyborg (Viipuri) nun zur Frontstadt.

Zur taktischen und führungsmäßigen Erleichterung der Verteidigung von Wyborg befahl Mannerheim nun die Aufteilung der Kräfte des finnischen II. Armee-Korps in ein I. und II. Armee-Korps. Das neugeschaffene I. Korps bestand aus der 1. und 2. Infanterie-Division und sollte die Abwehrfront von der Eisenbahnlinie bis zum Vuoksi-Seenkanal halten. Das stärkere II. Korps – es bestand aus der 3., 4., 5. und 23. Infanterie-Division – sollte sich dagegen ganz auf die Verteidigung von Wyborg konzentrieren.

Damit hatte man zunächst alles für die Verteidigung

von Wyborg Notwendige und Mögliche getan. Zur Kampfführung um die Stadt und Festung standen nicht nur verhältnismäßig starke finnische Verbände zur Verfügung, man hoffte auch, daß sich der Gegner an den gut ausgebauten und massiven Abwehrstellungen zumindest vorübergehend festlaufen mußte. Vorübergehend – das bedeutete: So lange, bis man vielleicht doch noch zu einem Friedensschluß mit der Sowjetunion gelangte.

Wyborg jedenfalls würden die Russen nicht im Vorbeigehen mitnehmen können. Anders als an der zweiten Linie waren die Verteidigungsstellungen im Raum von Wyborg wirklich gut ausgebaut, so daß die Truppe daran festen Halt finden konnte. Zu den vielen befestigten Feldstellungen, an denen die finnische Zivilbevölkerung bereits den ganzen Winter über gearbeitet hatte, kamen noch die historischen Befestigungsanlagen von Wyborg, welche auch in der modernen Kriegführung den Verteidigern noch gute Dienste leisten konnten.

Im Vorfeld hatte man zusätzlich viele Panzerhindernisse errichtet und dabei die Erfahrungen mit den oft nur unzureichenden Sperranlagen an der Mannerheim-Linie berücksichtigt.

Obwohl der überlegene Gegner ununterbrochen nachdrückte, verlief der finnische Rückzug aus der zweiten Linie planmäßig. Es gab keine Panikszenen, kein unkontrolliertes Zurückhasten. Während sich die Hauptkräfte absetzten, blieben Deckungsverbände stets am Feind und fügten den Russen dabei recht kräftige Verluste zu. An der Küste der Bucht von Lihaniemi gerieten die abschnittsweise zurückgehenden finnischen Verbände zwar unter ungewöhnlich heftigem Feinddruck vorübergehend in Bedrängnis, doch stabilisierte auch hier der rückhaltlose Einsatz der finnischen Nachhuten die Lage bald wieder.

Bereits am 29. Febrauar 1940 stießen sowjetische Kräfte bei Nuoraa auf finnische Vorpostenstellungen vor der neuen festen Abwehrfront, und am 1. März standen die Russen bereits vor dem rechten Flügel der finnischen 3. Infanterie-Division. Die östlich der 3. Infanterie-Division planmäßig zurückgehende finnische 5. Infanterie-Division mußte ihre Absetzbewegungen zeitweilig stark forcieren, weil beim linken Nachbarn – der 23. Infanterie-Division – die Russen unter massivem Panzereinsatz einen Durchbruch erzielt hatten. Dadurch hatte sich vorübergehend eine recht kritische Lage ergeben: Nach ihrem Durchbruch am 28. Februar waren die Sowjets gefährlich tief ins rückwärtige Frontgebiet vorgedrungen, bis sie schließlich am 1. März 1940 bei Ukonmäki durch konzentrierten finnischen Artillerieeinsatz wieder zum Stehen gebracht werden konnten. Durch das Feuer aus sowjetischen Geschützen übrigens, welche die Russen den Finnen bei Suomussalmi wenige Wochen zuvor überlassen mußten. Bis zum 1. März 1940 waren auch die finnischen Absetzbewegungen aus der zweiten Linie im wesentlichen abgeschlossen. Die Finnen hatten ihre neue Verteidigungslinie bezogen.

Der letzte Akt

8

Für die in den Raum von Wyborg zurückgehenden erschöpften finnischen Verbände gab es keine Ruhepause: Während die müden Kompanien und Bataillone in ihren neuen Stellungen einzogen, lagen die eigenen Nachhuten bereits im Feuer der schnell nach vorn gezogenen russischen Artillerie. Bevor aber noch der eigentliche Kampf um Wyborg begann, waren bereits intensive finnische Friedensbemühungen in die Wege geleitet worden. Man war mit dem Kreml auf diplomatischen Kanälen über Stockholm in Verbindung getreten. Bereits aus den ersten inoffiziellen Mitteilungen hatte sich erkennen lassen, daß die Sowjets den Finnen keine leichten Friedensbedingungen zu gewähren bereit waren: Die Gebietsforderungen des Kreml waren für die Finnen geradezu erschreckend umfangreich.

In dieser unsicheren Atmosphäre handelten sowohl die sowjetischen als auch die finnischen Militärs aus einer gewissen Krisenstimmung heraus: Man schlug sich nun mit äußerster Erbitterung um die Faustpfänder. Für die Russen war jeder eroberte Quadratkilometer, jede eroberte Ortschaft ein Faustpfand zur Durchsetzung ihrer Forderungen, für die Finnen dagegen jeder von ihnen behauptete Quadratkilometer, jede Ortschaft, die man gegen den Angreifer hielt, ein Faustpfand zur

Stärkung des eigenen Standpunktes in den bevorstehenden Friedensverhandlungen. Die Verbände des finnischen II. Armee-Korps und der Küstengruppe bekamen die verstärkte feindliche Angriffslust am schlimmsten zu fühlen.

Unmittelbar vor der Stadt Wyborg hielten die finnische 3. und 5. Infanteriedivision einen Verteidigungsabschnitt zwischen Käremäenlahti und Tammisuo. Am 2. März griff der Gegner in diesem Raum an und schlug bei Huhtiala eine Bresche in die finnischen Abwehrstellungen. Schon am folgenden Tag nahm die Rote Armee den Angriff mit ungeheurer Wucht wieder auf und zwang die finnischen Verbände im Einbruchsraum aus dem Vorgelände zurück. Die Finnen konnten sich in der Hauptkampflinie eben noch behaupten. Nur bei Tammisuo hielten sie noch einen kleinen Hügel besetzt. Am 4. März griffen die sowjetischen Verbände entlang des gesamten Verteidigungsabschnittes der beiden finnischen Divisionen an, konnten aber an keiner einzigen Stelle der Front einen größeren Einbruch erzielen.

Dennoch brachte dieser Abwehrerfolg den Finnen so schwere Ausfälle, daß zur Verstärkung ein Regiment aus dem Verband der 3. Infanterie-Division in Marsch gesetzt werden mußte. Ohne Zuführung von Reserven hätten die dort kämpfenden finnischen Verbände weiteren russischen Großangriffen wohl kaum standhalten können. Ebenfalls aus dem Bestand der finnischen 3. Infanterie-Division mußte gleichzeitig ein Infanterie-Bataillon in den Norden der Bucht von Wyborg in Marsch gesetzt werden, um dort an der Küste drohende feindliche Anlandungen abzuschlagen.

Gegen die ohnehin bereits durch die Aufgabe von Reserven an andere bedrohte Abschnitte geschwächte finnische 3. Infanterie-Division richteten die Russen am 5. März so heftige Angriffe, daß die Abwehrfront bei Lintumus zeitweilig zusammenzubrechen drohte. Ebenfalls am 5. März wurden bei Tammisuo zwei sowjetische Panzerangriffe von den Finnen abgewiesen. Am 6. März beschränkten sich die Russen im wesentlichen auf lebhafte Artillerietätigkeit und griffen nur bei Lintumus die finnischen Stellungen direkt an, ohne dabei aber irgendwelche Erfolge zu erzielen. Am 7. März erzielten die angreifenden Sowjets bei Huhtiala einen an sich unbedeutenden Einbruch in die finnische Abwehrfront, der jedoch von den Finnen nicht beseitigt werden konnte. Am folgenden Tag hielten sich die Russen immer noch an der Einbruchsstelle – und damit wurde die Situation allmählich kritisch.

Die Führung des II. Armee-Korps versuchte wirklich die allerletzten Reserven freizumachen. Stäbe und rückwärtige Dienste wurden rigoros ausgekämmt und selbst Nachschub- und Baueinheiten der Front zugeführt. Ähnlich ging man beim finnischen 1. Armee-Korps vor, nur wurden die hier freiwerdenden Reserven dem schwerringenden II. Korps im Raum von Wyborg zugeführt. Eine unmittelbare Erleichterung der Lage bei Wyborg trat dadurch zunächst allerdings nicht ein, weil die beim I. Korps freiwerdenden Verbände noch nicht im neuen Kampfraum eingetroffen waren.

Am 10. März mußte sich die finnische Führung zur teilweisen Zurücknahme der Landengenfront in eine Sehnenstellung entschließen. Dadurch mußte zwar die von der 3. Infanterie-Division zu haltende Abwehrfront im Süden bis unmittelbar an Wyborg heranrücken, andererseits mußten durch diese Frontverkürzung Kräfte freiwerden, die man nur allzu dringend benötigte.

Zunächst aber geschah nichts: Der Befehl zur Rücknahme der Front ging nicht hinaus. Am 11. März griffen die Russen die Stellungen der finnischen 3. Infanterie-Division so heftig an, daß die Front an zwei Stellen ins Wanken geriet. Unter dem Eindruck dieser Ereignisse befahl nun die finnische Führung doch die Zurücknahme der von der 3. Infanterie-Division gehaltenen Front bis unmittelbar an den Stadtrand von Wyborg. Aber wieder mußten die finnischen Infanteristen in ihren alten Stellungen bleiben: Mannerheim widerrief den Rückzugsbefehl.

„Halten", befahl der Marschall, „halten, wo man steht – zumindest bis zum nächsten Abend!" Nicht die militärische Lage machte diesen Befehl nötig, sondern außenpolitische Überlegungen. Das wußten die Frontkommandeure selbstverständlich nicht. Sie fluchten, aber sie gehorchten. Und die Front hielt.

In der Nacht vom 11. auf den 12. März durchbrachen die Sowjets südwestlich von Wyborg die finnische Abwehrfront zwischen Kesämaa und der Insel Porkka.

Der russische Stoß traf genau auf die Nahtstelle zwischen der finnischen 3. Infanterie-Division und den Küstenverteidigungsverbänden – und diese Nahtstelle erwies sich als wenig haltbar. Die Naht zwischen den Küstenverteidigungsverbänden und ihrem linken Nachbarn – der 3. Infanterie-Division – platzte. Generalmajor Öhquist, der Befehlshaber des II. Armee-Korps, wollte den Rückzug befehlen. Aber noch galt Mannerheims Order: Kein Rückzug! Halten um jeden Preis! Also suchte man nach Verstärkungen, fand irgendwo einen „Alarmhaufen“, ein unvollständiges Bataillon, und stopfte es in die geborstene Naht. Und wieder hielt die Front.

Nach der so kritisch verlaufenden Nacht vom 11. zum 12. März 1940 griffen die Sowjets in den Morgenstunden des 12. März die Stellungen der finnischen 3. und 5. Infanterie-Division entlang der gesamten Frontbreite mit bis dahin noch niemals dagewesener Wucht an. Wie nicht anders zu erwarten, hielt die bis an die Grenzen des Erträglichen angespannte finnische Front diesen Angriffen nicht mehr gänzlich stand: Zwischen Karjala und Tammisuo drangen die Russen an mehreren Stellen in die finnischen Stellungen ein und konnten im Gegenstoß nicht mehr geworfen werden. Irgendwelche nennenswerten Reserven gab es auf finnischer Seite nicht mehr, und die abgekämpften und übermüdeten finnischen Infanteristen mußten sich mit der bis zum Abend des 12. März entstandenen Lage einfach abfinden. Der Feind stand nicht nur vor den Stellungen, sondern auch dazwischen und teilweise bereits dahinter. Man konnte nichts anderes tun, als weiterhin um das bloße Überleben zu kämpfen.

Den größten Einbruch in die finnische Front hatten sowjetische Verbände bei Tammisuo erzielt, und hier versuchten die Angreifer auch weiterhin am Gegner zu bleiben. Die Russen griffen an der Einbruchsstelle weiter in westlicher und südwestlicher Richtung an. Das taktische Ziel dieser Angriffe war klar: Die Russen wollten ein großes Motti bilden, in dem *sie* diesmal den Finnen den Lebensfaden abschneiden wollten. Wenn die sowjetischen Angriffe durchschlugen, saß die gesamte finnische 3. Infanterie-Division im Kessel. Wieder versuchte Generalmajor Öhquist die Genehmigung zum allgemeinen Rückzug seines Korps auf Wyborg zu erreichen, und wieder blieb Mannerheim hart: Kein allgemeiner Rückzug! Nur die Verbände der 3. Infanterie-Division sollte Öhquist bis auf Patterimäki zurücknehmen, das gestand ihm der Marschall zu.

Immerhin: Die Infanteristen der 3. Infanterie-Division krochen aus ihren zerschossenen und halbverschütteten Löchern und Stellungen, sammelten sich und gingen zurück. Die Russen folgten ihnen dichtauf. Etwas Luft konnten sich die erschöpften Finnen erst wieder verschaffen, als die Russen in den brennenden Vororten von Patterimäki ihr Vorgehen zeitweilig verlangsamen mußten. Für die Finnen war es ein bitter erkaufter Zeitgewinn: Sie selber hatten die südliche Vorstadt in Brand stecken müssen, um sich wenigstens eine kurze Atempause zu verschaffen.

In den Nachtstunden gelang es dann Einheiten der finnischen 5. Infanterie-Division, die Lage im Raum von Tammisuo etwas zu stabilisieren. Durch einige geschickt geführte Angriffe hatten die Finnen die sowjetische Infanterie von ihren Begleitpanzern getrennt. Damit zeichnete sich nun eine recht überraschende taktische Möglichkeit ab. Nun konnten die Finnen ihrerseits den Gegner einkesseln. Die „Kesselschlacht von Tammisuo" fand freilich niemals statt: Irgendwann, mitten hinein in das Rollen des Artilleriefeuers, in das Knattern der

Infanteriewaffen, das Stottern der Maschinengewehre kam plötzlich der Befehl, mit dem niemand gerechnet hatte: „Feuer einstellen!“

Der Krieg war aus, aber die Entscheidung war nicht bei Tammisuo gefallen, sondern anderswo.

Während die finnische 3. und 5. Infanterie-Division im Raum von Wyborg im schweren Abwehrkampf standen, versuchte weiter im Osten, im Raum zwischen Tali bis Vuosalmi am Vuoksi-Seenkanal, die finnische 23. Infanterie-Division die Front zu halten. An diesem weiter östlich gelegenen Frontabschnitt hatten sich die Absetzbewegungen der finnischen Verbände von Anfang an unter weit geringerem Feinddruck vollzogen als im westlichsten Teil der Landengenfront. An den von den Finnen bezogenen neuen Abwehrstellungen war es erst am 3. März 1940 im Raum von Tali zu ersten größeren Gefechten mit den nachrückenden Russen gekommen. Etwas zuvor hatte es schon weiter im Osten der Front, bei Mustalahti, kleinere Vorpostenscharmützel gegeben, doch fielen diese kaum ins Gewicht. Am 4. März griffen die Russen jedoch auch an der Abwehrfront der finnischen 23. Infanterie-Division mit starken Verbänden an. Während aber an diesem ersten Angriffstag der Frontzusammenhang noch notdürftig gewahrt werden konnte, brachen die Sowjets am folgenden Tag südwestlich von Tali durch. Gleichzeitig versuchten die Russen nicht nur ihren Durchbruch zu konsolidieren und weiter auszudehnen, sondern erzielten noch am 6. März östlich des ersten Durchbruchsraumes einen weiteren Einbruch in die finnische Front.

In dieser kritischen Situation versuchten die Finnen

durch eine künstliche Überflutung des Angriffsgeländes den Gegner aufzuhalten, mußten jedoch bald entsetzt feststellen, daß sie damit einen schweren Fehler begangen hatten: Das Wasser stieg zwar bis in die Höhe der Panzerhindernisse, dann jedoch bildete sich sehr schnell eine solide und tragfähige Eisdecke. Die sowjetischen Panzersoldaten beobachteten das Geschehen mit offenbarer Genugtuung. Sobald das Eis tragfähig genug war, konnten sie mit ihren Kampfwagen auf diese Weise über die finnischen Panzerhindernisse bequem hinwegfahren.

Ohnehin bereits vom Gegner heftig bedrängt und durch die künstliche Überflutung des Vorgeländes noch weiter in Schwierigkeiten geraten, wurde der 23. Infanterie-Division in dieser Situation ein Infanterie-Bataillon weggenommen und in den Raum nördlich der Bucht von Wyborg in Marsch gesetzt.

Vom 8. März 1940 ab griffen die Russen auch die von der 23. Infanterie-Division gehaltenen Frontabschnitte der Landengenfront ununterbrochen an. Noch am 8. März mußten die Finnen unter russischem Druck die Front bis unmittelbar vor Tali zurücknehmen. Einige Stunden später versuchten sich die Finnen das verlorene Gelände im Gegenangriff zurückzuholen, blieben jedoch im konzentrierten russischen Abwehrfeuer ohne jeden Geländegewinn, dafür aber mit schweren eigenen Verlusten, erfolglos liegen.

Während der folgenden Nacht zogen die Sowjets nun ihrerseits starke Verbände in den Raum westlich von Tali vor und standen auf diese Weise bald rund um die Ortschaft. Unter den in und um Tali kämpfenden finnischen Verbänden brach eine wilde Panik aus, eine

Situation, wie es sie beim II. Armee-Korps niemals zuvor gegeben hatte. Schuld an allem war der sprichwörtliche „unbekannte Soldat". Irgendein Infanterist, der wohl plötzlich aus seiner Deckung gesprungen war und die Hiobsbotschaft herausgeschrien hatte: „Die Russenpanzer kommen!"

Warum? Das wußte nachher niemand zu sagen. Die russischen Panzer hätten über den vor den Stellungen befindlichen Perofluß kommen müssen – mit Hilfe von Pionierbrücken oder Fähren, denn das Eis des Pero wäre viel zu dünn gewesen, um tonnenschwere Kampfwagen zu tragen.

„Russenpanzer!" – das Wort genügte: Wie ein Lauffeuer pflanzte sich der Ruf weiter fort. Und bald tauchten die finnischen Infanteristen überall aus ihren Löchern und Stellungen auf. „Russenpanzer!" Schon floh ein ganzes Bataillon vor einem imaginären Schrecken. Und andere Verbände wurden von der Panik angesteckt. Als das gefürchtete Dröhnen der Motoren, das Rasseln und Mahlen der Panzerketten aber ausblieb, faßten sich die Männer schließlich. Die Panik ging vorüber, und die finnischen Infanteristen kehrten in ihre Stellungen zurück.

Um Mitternacht kam der Befehl, den Divisionsgefechtsstand der 23. Infanterie-Division weiter nach hinten zu verlegen, da sich die Frontlage allem Anschein nach etwas beruhigt hatte. Ein an sich richtiger Befehl. Seine Konsequenzen waren allerdings verheerend: Während sich am folgenden Morgen der Divisionskommandeur und praktisch der gesamte Divisionsstab auf dem Weg zum neuen Gefechtsstand befanden, begann die Front unter einem schweren Feindangriff zusammenzubrechen. Der einzige noch im alten Divisionsgefechtsstand zurückgebliebene Stabsoffizier war überfordert. Den Divisionskommandeur konnte er nicht erreichen, und draußen schlugen die Russen die Front in Stücke. Endlich, zwischen neun und zehn Uhr am Vormittag, erfuhr der Divisionskommandeur, was geschehen war.

„Der Russe ist durch!" Was tun? Ferndiagnosen konnte der Kommandierende nicht stellen, also übernahm der Chef des 13. Infanterie-Regiments vorübergehend den Befehl über die Division. Aber das 13. Infanterie-Regiment lag weit südlich des Durchbruchsraumes, und der Regimentskommandeur konnte sich über die Lage ein einigermaßen klares Bild schon deshalb nicht machen, weil die Feldkabelleitungen zwischen den einzelnen Bataillons- und Regimentsgefechtsständen schon bald nach Angriffsbeginn ausgefallen waren. Immerhin wußte man, daß der Gegner durchgebrochen war, also befahl man zunächst einmal eine Kompanie des 13. Infanterie-Regiments zum Gegenstoß und setzte ein weiteres Bataillon in Alarmbereitschaft.

In den Mittagsstunden des 9. März konnte man sich beim finnischen Divisionskommando endlich ein klares Bild machen. Eine russische Elitekompanie hatte den Pero überquert und die finnischen Stellungen angegriffen. Eine unglaubliche Leistung: Die Russen waren – teilweise bis zur Brust im eiskalten Wasser – durch den Fluß gewatet und hatten dann völlig durchnäßt sofort den Angriff begonnen. War der zwar mit beachtlichem Bravour, aber doch nur mit schwachen Kräften geführte sowjetische Vorstoß zunächst noch nicht besonders gefährlich, mußte man doch finnischerseits möglichst bald zum Gegenstoß übergehen. Wenn sich die Russen auf dem von den Finnen besetzten Flußufer behaupten konnten, würde der Gegner doch früher oder später versuchen, den kleinen Brückenkopf mit Artillerie und Panzern zu verstärken, und dann war die finnische Abwehrfront wirklich ernsthaft gefährdet.

Als der finnische Divisionskommandeur in den Abendstunden wieder das Kommando über die 23. Infanterie-Division übernahm, konnte er zunächst nicht viel unternehmen, weil die zuvor befohlenen Gegenmaßnahmen der Division gegen den russischen Brückenkopf bereits im Gange waren. Zum Glück konnte die Lage im großen und ganzen stabilisiert werden. Zwar waren und blieben Repola und Tali fest in sowjetischer Hand, immerhin aber gelang es finnischen Verbänden, den Raum zwischen Kärstillä und dem Leitimosee zurückzuerobern.

Wenn es den Russen allerdings gelang, Panzer und Artillerie über den Pero zu bringen, war die so mühsam stabilisierte finnische Abwehrfront erneut schwer gefährdet. Am 10. März 1940 erreichten sowjetische Angriffsspitzen das Südufer des Leitimosees und stießen bereits am folgenden Tag mit Panzerunterstützung weiter vor. Obwohl sich die Finnen verzweifelt bemühten, war die Front nicht zu halten. Bis zum Abend des 11. März hatte der Gegner im Raum des Leitimosees drei Einbrüche in die Abwehrfront erzielt. Die finnische 23. Infanterie-Division war am Ende ihrer Kraft. Man hielt die Front so gut wie möglich, aber taktische Reserven gab es nicht mehr. Also bat man beim weiter im Osten der

Landengenfront im Kampf stehenden I. Armee-Korps um die Zuführung von Reserven. Aber dort war man selber knapp an Soldaten und Waffen. Ein schwaches Bataillon – das war alles, was das I. Armee-Korps abgeben konnte.

In der Zeit zwischen dem 6. und dem 12. März 1940 hatte man die vom finnischen II. Armee-Korps gehaltene Front um etwa vier Kilometer zurücknehmen müssen. Wie es weitergehen sollte, wußte auf finnischer Seite niemand – aber immerhin: Der 12. März verlief ruhig und ohne größere Kampfhandlungen. Die Russen gruppierten ihre Verbände um und stellten sich zu neuen Angriffen bereit. Es war anzunehmen, daß sie nun, in der hektischen Schlußrunde des Winterkrieges, versuchen würden, unter Anspannung aller verfügbaren Kräfte so weit wie möglich ins finnische Hinterland vorzudringen. Auszutragen brauchten die ermüdeten und erschöpften Infanteristen der finnischen 23. Infanterie-Division diesen Kampf zum Glück nicht mehr.

Um 11.00 Uhr kam am 13. März 1940 auch an der gesamten Landengenfront der erlösende Befehl: „Nicht mehr schießen!“

Der Waffenstillstand war da. Ob die Russen den sich operativ anbietenden Stoß über Tali nach Westen durch das Seengebiet von Saimaa erfolgreich hätten bewerkstelligen können, muß dahingestellt bleiben. Für einen russischen Erfolg hätte die zahlen- und ausstattungsmäßige Überlegenheit gesprochen, für einen finnischen Abwehrerfolg dagegen die schwierigen Geländeverhältnisse. Mit Beginn der wärmeren Jahreszeit mußten die Eisflächen der Seen und die dazwischenliegenden Moore wieder auftauen und damit das Gebiet für Ketten- und Räderfahrzeuge zum größten Teil ungangbar werden.

Die schwersten Kämpfe an der vom finnischen I. Armee-Korps im östlichen Teil der Landenge zwischen der Eisenbahnlinie und dem Vuoksi-Seenkanal gehaltenen Abwehrfront spielten sich im Raum der Ortschaft Vuosalmi ab. Das Gelände des Kampfgebietes begünstigte an sich die Verteidiger – am Südwestufer des Kanals liegt eine steile, langgezogene, etwa in südöstlicher Richtung verlaufende Geländeerhebung, die sich für die Einrichtung von Abwehrstellungen in idealer Weise anbot.

Die Finnen nützten die günstigen Geländeverhältnisse selbstverständlich: Das finnische 23. Infanterie-Regiment ging in Erwartung feindlicher Angriffe entlang der beherrschenden Hügelrücken in Stellung. Die Infanteristen gruben sich ein und harrten der Dinge, die da kommen sollten. Wie stark der Gegner war, wußte man nicht genau, über die eigene Stärke – oder besser Schwäche – war man dagegen exakt im Bild. Einziger Stolz und die ganze Hoffnung der müden finnischen Infanteristen waren vier Feldgeschütze, die noch knapp vor Kampfbeginn dem Regiment zugeführt worden waren und die man schnell in Stellung brachte. Hinter den finnischen Stellungen lag der nicht ganz hundert Meter breite und zugefrorene Vuoksi-Seenkanal. In Höhe der nordöstlichen Ausläufer der Hügelkette befand sich eine kleine Insel im Kanal, welche die Finnen ebenfalls besetzt hielten.

Kaum hatten sich die Finnen im Hügelgelände eingegraben, kam es bereits am 29. Februar 1940 zur ersten

Feindberührung. Die Russen fühlten zunächst nur mit schwachen Kräften vor und zogen sich im finnischen Abwehrfeuer bald wieder zurück. Im Laufe des Tages wurde es allerdings hinter der russischen Front recht lebendig. Artillerie ging in Stellung, und das charakteristische Rumpeln und Mahlen von schweren Gleisketten ließ erkennen, daß der Gegner auch Panzereinheiten nach vorn zog. Viel konnten die Finnen dagegen nicht unternehmen. Da es ihnen an stärkeren Artilleriekräften fehlte, konnten sie den feindlichen Aufmarsch nicht einmal stören. Die auf der kleinen Insel in Stellung befindlichen finnischen Infanteristen schlugen breite Schneisen in die Eisfläche des Vuoksi-Seenkanals. Wenn diese Schneisen auch sehr schnell wieder zufroren, mußte es doch einige Zeit dauern, bis die Eisfläche wieder für schwere Fahrzeuge tragfähig war. Auf diese Weise versuchten die Finnen zeitweilige natürliche Panzerhindernisse zu schaffen, um ihre eigene Unterlegenheit wenigstens einigermaßen auszugleichen.

Den ersten größeren Einbruch in die finnischen Abwehrstellungen erzielte der Gegner am 2. März. In der Nähe einer Fähranlage konnten sich sowjetische Verbände in Bataillonsstärke im Ufergelände festsetzen. Da der Gegner im örtlichen Gegenstoß nicht zu werfen war, forderten die Finnen Artilleriefeuer auf die eigenen Stellungen an. Und während die Finnen sicher in festen Bunkern saßen, krachten bald die ersten Lagen zwischen die überraschten Rotarmisten. Unter dem Eindruck des finnischen Artilleriefeuers zogen sich die Russen an der Einbruchsstelle bald zurück. Am 4. März griffen die Sowjets abermals mit starken Kräften an, brachen im linken Abschnitt der finnischen Stellungen durch und zwangen die Finnen im Durchbruchsraum zur Zurücknahme der Verteidigung auf die Vuoksi-Insel. Zwar führten die Finnen am folgenden Morgen einen Gegenstoß, kamen aber im feindlichen Abwehrfeuer nicht weiter.

Ähnlich erging es einer Einheit der finnischen 8. Infanterie-Division, die später in einem weiteren Gegenstoß die Russen zu werfen versuchte, den Angriff aber bald infolge starker eigener blutiger Verluste abbrechen mußte. Nach diesen beiden lokalen Gegenangriffen hatte sich die Lage der Finnen stark verschlechtert. Zu den schweren blutigen Ausfällen kam nun auch akute Munitionsknappheit – die finnische Artillerie besaß im gesamten Kampfraum noch etwa 600 Granaten. Die Aussichten waren trübe, besonders wenn man bedachte, daß auf der anderen Seite offenbar eine zweite sowjetische Division in ihre Ausgangsstellungen einrückte. Und schon am nächsten Tag griffen die Russen wieder an. Besonders die Insel schien die Sowjets zu interessieren, denn dort lag der Angriffsschwerpunkt. Die Finnen wehrten sich, schlugen zurück. Vergeblich. Der Gegner war zu stark. Es blieb nur die Aufgabe der Insel und der Rückzug zum jenseitigen Ufer des Vuoksi.

Zwar hielten die Finnen auch weiterhin einige Positionen am Südwestufer des Kanals, aber in der gegebenen Situation war es nur eine Frage der Zeit, wann man auch diese Stellungen aufgeben mußte. Am 6. März wurden die Finnen wieder aktiv. Auch ihnen ging es um den Besitz der Insel. Aber sie bekamen sie nicht zurück. Die Russen waren bereits so stark, daß der schwungvoll geführte Gegenangriff nicht mehr durchschlug. Und als die erschöpften Finnen sich vom Feind gelöst hatten, waren wieder die Russen am Zug. Ununterbrochen hämmerte die sowjetische Artillerie auf die finnischen Stellungen ein. Und diese Stellungen waren alles andere als beschußsicher: flache Schneemulden, in denen die finnische Infanteristen sich mühsam deckten und die Einschläge der russischen Artillerie wehrlos über sich ergehen lassen mußten.

Am 7. März versuchten die russischen Verbände den Vuoksi-Seenkanal im Angriff zu überwinden, scheiterten jedoch zunächst infolge eines im Schutz der Nacht geführten finnischen Gegenangriffes. Am 8. März versuchte es der Gegner wieder. Diesmal zogen die Russen alle Register. Die sowjetische Artillerie bereitete den Angriff vor, und die Luftwaffe flog Einsätze über der Front und gegen die finnischen Nachschubverbindungen. Obwohl sich die Finnen mit aller Kraft wehrten, hatten die Sowjets bis zum Abend die Front an nicht weniger als dreizehn Stellen aufgebrochen. Finnische Gegenangriffe schlugen zur Gänze fehl. Trotz dieser Mißerfolge durften die abgekämpften finnischen Infanteristen zumindest kurzfristig aufatmen: Sie wurden von ankommenden Verbänden der finnischen 21. Infanterie-Division abgelöst und zur Auffrischung aus der Front gezogen.

Während die Finnen jedoch ihre abgekämpften Verbände nur durch frische Einheiten ablösen konnten, bekam der Gegner laufend Verstärkungen. Bis zum 9. März 1940 hatten die Russen im Kampfraum von Vuosalmi bereits drei Divisionen versammelt. Und noch am selben Tag griffen die sowjetischen Verbände mit solcher Wucht an, daß die finnische Abwehrfront zeitweilig zusammenzubrechen drohte. Die sowjetischen Angriffsverbände erzielten einen massiven Einbruch, der von den Finnen nur unter größten Anstrengungen notdürftig bereinigt werden konnte. Die am Südwestufer des Vuoksi-Seenkanals befindlichen restlichen finnischen Stellungen hielten an diesem Tag schwerstem Feinddruck stand.

Am 10. März beschränkten sich die Russen beinahe ausschließlich auf Artillerietätigkeit, welche jedoch so massiv war, daß ein russischer Großangriff am folgenden Tag recht erfolgreich anlief. Die sowjetischen Verbände drängten die Finnen an der gesamten Angriffsfront etwa einen Kilometer weit zurück, und gleichzeitig zeichnete sich ein neuer massiver russischer Einbruch in die finnischen Stellungen ab. Die Lage konnte erst am Abend nach dem Eintreffen von finnischen Verstärkungen wieder stabilisiert werden, trotzdem aber mußten die Finnen noch am selben Tag ihre letzten Stellungen am Südwestufer des Vuoksi räumen.

Der 12. März brachte ständige russische Angriffe und finnische Gegenstöße, die zwar zu keinem entscheidenden Ergebnis führten, die finnischen Kräfte aber doch so schwächten, daß man in den Abendstunden an eine Zurücknahme der Front auf rückwärtige, schlecht zu verteidigende Stellungen denken mußte.

Im Kampfraum von Vuosalmi begann auch der 13. März 1940 für die finnischen Verteidiger mit der bereits gewohnten Hoffnungslosigkeit: mit dem pausenlosen Donnern der sowjetischen Artillerie, den krachenden Einschlägen der Granaten und dem Pfeifen von Fliegerbomben. Die Verbindungen zwischen den Fronteinheiten und den weiter hinten liegenden Stäben waren ausgefallen. Die Kabelleitungen der Feldtelefone waren durch den Artilleriebeschuß zerstört, und da die mörderische Intensität des Feindfeuers selbst den Einsatz von Meldern unmöglich machte, waren die finnischen Frontverbände völlig isoliert.

Nicht zuletzt wohl deshalb waren die in ihren Löchern liegenden Infanteristen geradezu unglaublich verblüfft, als das Rollen und Rumpeln der sowjetischen Artillerie plötzlich erstarb. Ratlos blickten die abgekämpften Männer über ihre Deckungen, standen ungläubig auf. Die plötzliche Stille war gespenstisch und seltsam unwirklich. Die Spannung löste sich erst, als von irgendwoher plötzlich ein Infanterieoffizier an der Front erschien.

„Frieden ist“ sagte er, mehr nicht. Das war das Ende der Schlacht bei Vuosalmi.

Weiter im Osten der Landengenfront, bei Taipale, hatten die Russen ebenfalls bis zum letzten Augenblick angegriffen. Elf Stunden lang waren sowjetische Verbände ohne Erfolg gegen die finnische Abwehr angerannt, dann war auch dort alles vorbei. Die Geschütze schwiegen, die Panzer blieben stehen, und die Maschinengewehre hörten auf zu rattern.

Auch im Westen der Landengenfront hatte das finnische II. Armee-Korps die Front bis zuletzt gehalten. Während die Front im Raum der Stadt Wyborg zuletzt relativ stabil blieb, spielten sich auf den Inseln und auf der Eisfläche der zugefrorenen Bucht von Wyborg die wohl schwersten Kämpfe des gesamten Winterkrieges ab. Noch am 1. März 1940 hatte Marschall Mannerheim eine Neugliederung im Kommando der im Raum des Finnischen Meerbusens und der Bucht von Wyborg kämpfenden finnischen Verbände befohlen.

Die Verbände einer neugeschaffenen Küstengruppe wurden dem bewährten Chef des finnischen Generalstabs, Generalleutnant K. L. Oesch, unterstellt. Im wesentlichen bestand die Küstengruppe aus den Verbänden der finnischen 4. Infanterie-Division, dazu kamen noch einige selbständige Infanterie-Bataillone und Geschützbatterien, deren Kampfwert infolge nur unzureichender Ausstattung und Ausbildung jedoch nur gering anzusetzen war. Eine willkommene Verstärkung bildete dagegen ein Ende Februar aus Lappland eintreffendes weiteres kampfstarkes Infanterie-Bataillon, welches ebenfalls der Küstengruppe unterstellt wurde.

Nun, da die letzten Schlachten des finnisch-sowjetischen Krieges geschlagen wurden, ließ ein wichtiger Verbündeter die hartbedrängten Finnen im Stich. Von Dezember bis Februar hatte „General Winter" die Finnen begünstigt, und die Russen waren nicht zuletzt auch infolge der ungewöhnlich kalten Witterung an den Angriffsfronten nicht recht weitergekommen. Jetzt aber, im März, als die Temperaturen allmählich ansteigen sollten, behielt „General Winter" weiter das Regiment - diesmal zum Nachteil der Finnen. Das Eis auf den Seen und besonders in der Bucht von Wyborg wollte nicht schmelzen und blieb auch im März weiterhin selbst für schwere Panzer tragfähig. So oft die Finnen auch Schneisen in die dicke Eisdecke schneiden mochten, in der eiskalten Witterung froren sie so schnell wieder zu, daß die Russen auf diese Weise jedenfalls nicht nachhaltig aufgehalten werden konnten.

Nach Abschluß des finnischen Rückzuges in die Bucht von Wyborg blieben nur noch auf den Inseln Tuppura und Uuras Kampfbesatzungen zurück. Obwohl sich diese beiden Inseln außerhalb des neuen finnischen Verteidigungsbereiches befanden, hatte man sie wegen ihrer beherrschenden Lage am Eingang der Bucht von Wyborg nicht räumen wollen. Zunächst war der Besitz von Tuppura und Uuras zur Deckung eigener Absetzbewegungen von großer Bedeutung gewesen, nach dem Abschluß der Absetzbewegungen wollte man die Inseln sodann aus anderen Gründen nicht aufgeben. Neunundzwanzig Kilometer weit verlief die neue finnische Abwehrfront über das Eis der Bucht von Wyborg – und entlang dieser deckungslosen und schwer zu behauptenden Abwehrfront waren Tuppura und Uuras wichtige Eckpfeiler der Verteidigung, an denen man Halt zu finden hoffte, falls die Front buchstäblich und im übertragenen Sinn „ins Rutschen“ kommen sollte. Südwestlich von Uuras hatten die Russen nicht weniger als vier Infanterie-Divisionen und zusätzlich Panzerverbände versammelt.

Ihren Großangriff richteten die Russen dennoch am 2. März 1940 gegen Tuppura, das nach schweren Kämpfen noch am ersten Angriffstag verlorenging. Nach anfänglichen Fehlschlägen entwickelten die sowjetischen Verbände im Kampf um die von den Finnen besetzten Inseln eine besondere Angriffstaktik, welche sich stets bewährte. Ihre Angriffe gegen die jeweilige feindliche Inselposition begannen die Russen regelmäßig mit schwerem Artilleriebeschuß und mit Luftangriffen. Nach dieser „Ouvertüre“ kamen die Panzer zum Einsatz: Die Russenpanzer rollten über das auch im März immer noch tragfähige Eis auf die Inseln zu und schlossen sie ein. Damit saß die Inselbesatzung in der Falle. Dann zogen die sowjetischen Panzer den Ring immer enger und rollten soweit an die Inselküsten heran, daß sie das Feuer auf erkannte Ziele eröffnen konnten. Und erst nach ausgiebiger Feuervorbereitung durch die Kampfwagen trat die russische Infanterie zum Angriff auf den dann schon meist stark erschütterten Gegner an.

Im Kampf um Tuupura bewährte sich diese Taktik allerdings nicht ganz erwartungsgemäß. Nachdem bis zum Abend des ersten Angriffstages der Kampf aussichtslos geworden war, brach die finnische Inselgarnison gewaltsam durch den feindlichen Einschließungsring und erreichte wenig später nach einem Rückzugsmarsch über das Eis sicher die finnische Front bei Säkkijärvi.

War der Verlust von Tuupura aus finnischer Sicht noch erträglich gewesen, bedeutete der Fall der Insel Teikari einen schweren Schlag. Diese Vilaniemi vorgelagerte Insel war nicht nur für die Verteidigung der Nordküste der Bucht von Wyborg von großer taktischer Bedeutung; die auf der Insel stehenden finnischen Kräfte hatten gleichzeitig die linke Flanke der auf der Insel Suonio befindlichen finnischen Kampfbesatzung gedeckt.

Obwohl die Finnen am 2. März 1940 in zwei aufeinanderfolgenden Gegenangriffen die für die Verteidigung der Bucht von Wyborg so wichtige Insel den Russen wieder abzunehmen versuchten, blieb die Lage unverändert: Die Russen behaupteten Teikari – für die Finnen ein böser Schlag, der sich auch auf den Kampf um Wyborg entscheidend auswirken sollte. Noch am selben Tag nämlich landeten von Teikari her kommende sowjetische Verbände bei Vilaniemi und Häränpäänniemi am Nordufer der Bucht von Wyborg. Die Finnen warfen zwar noch in der folgenden Nacht den Gegner im Gegenstoß aus seinen Landeköpfen auf das Eis zurück, aber dieser Erfolg war nur vorübergehend.

Schon am 3. März griffen die Russen nach Zuführung von Verstärkungen erneut an und eroberten nicht nur ihre Landeköpfe zurück, sondern griffen gleich in Richtung auf Ristiniemi weiter an. Wenn der Gegner erst einmal bis nach Ristiniemi vordrang, hatte er nicht nur die Mündung der Wyborger Bucht erreicht, dann konnte er auch die dort befindlichen schweren finnischen Küstenartilleriebatterien außer Gefecht setzen. Die Finnen traten daher nach Eintreffen von Reserven schleunigst zum Gegenstoß an und konnten den Gegner tatsächlich zurückwerfen. Dieser taktische Erfolg war vermutlich ganz entscheidend darauf zurückzuführen, daß die Russen am 2. und 3. März 1940 ihre Angriffe ohne jede Panzerunterstützung geführt hatten.

Warum der Gegner auf den Einsatz seiner Panzerwagen verzichtet hatte, war den Finnen unbegreiflich. Entweder, so nahmen sie an, hatten die Russen zunächst nur ein lokales Aufklärungsunternehmen führen wollen, oder sie mochten auf den Panzereinsatz deshalb verzichtet haben, weil der Angriff über weite Strecken über die Eisfläche der Bucht von Wyborg geführt werden mußte und man doch bereits gewisse Bedenken wegen der Tragfähigkeit des Eises für die schweren Panzerwagen hatte. Die Russen dürften jedoch solche Bedenken – falls sie überhaupt je bestanden hatten – bald überwunden haben, denn bei den später bis zum Abschluß des Winterkrieges stattfindenden Kämpfen setzte die sowjetische Führung sowohl an der Nordküste der Bucht von Wyborg als auch auf der zugefrorenen Bucht in zunehmender Zahl Panzer ein. Der Kampfwageneinsatz gewann jedoch infolge der im Kampfraum gegebenen Geländebedingungen kaum entscheidende Bedeutung. Wohl bewegten sich die hier von den Sowjets meist verwendeten leichten Panzer auf den weiten Eisflächen ohne jede Schwierigkeit, sobald die Kampfwagen jedoch auf das Festland vorzugehen versuchten, stießen sie regelmäßig auf größere Probleme. Da die steilen Steinufer und Granitplatten für die Kampfwagen unüberwindliche Hindernisse darstellten, mußten sie für ihre Landungsversuche flache Uferstellen suchen. Damit war für die Russen oft nur sehr wenig gewonnen, weil sich die Kampfwagen in den dichten Schneewehen am Ufer nicht selten hoffnungslos festfuhren. Allmählich jedoch und aufgrund entsprechender schmerzlicher Erfahrungen lernten die sowjetischen Panzerfahrer auch mit diesen Schwierigkeiten fertigzuwerden.

Für ihre Angriffe vom Eis her gegen die Festlandküste verwendeten die Russen eine stets gleichbleibende Taktik: Meist näherten sich die sowjetischen Verbände einer weit in die Bucht hineinragenden Landzunge und brachten ihre Kampfwagen an beiden Seiten dieser Landzunge in Stellung.

Wenn das Küstengelände für die Kampfwagen schlecht gängig war – also beispielsweise bei steilem

Felsgelände –, griff zunächst die sowjetische Infanterie an, während die auf dem Eis stehenden Panzer den Rotarmisten Feuerschutz gaben. Die Panzerwagen versuchten das Land fast immer an flachen Küstenstellen zu erreichen, wo es meist auch Dörfer und Wege gab, welche die Kampfwagen so schnell wie möglich zu erreichen versuchten. Waren die Panzer erst einmal an Land, versuchten sie sofort weiter vorzudringen und die finnischen Verteidiger im Zusammenwirken mit der russischen Infanterie zu isolieren und einzuschließen.

Bis zum 4. März hatten die Finnen die meisten vorgelagerten Inseln gegen die Übermacht der angreifenden sowjetischen Verbände aufgeben müssen. Zwar hatten die Finnen immer wieder Gegenstöße geführt, doch waren diese in jeder Beziehung erfolglos geblieben. Nicht nur hatten die Russen ihre Positionen gehalten, die Finnen hatten bei ihren Gegenstößen so schwere blutige Ausfälle erlitten, daß mehrere Einheiten zur Auffrischung aus dem Einsatz genommen werden mußten.

Am 4. März versuchten die Sowjets durch einen Großangriff die Finnen entscheidend zu treffen. Die Russen führten zu diesem Zweck sogar Einheiten von den bereits von ihnen besetzten Inseln Suur, Lava und Someri über das Eis des Finnischen Meerbusens heran. Trotz dieses Massenaufgebotes schlug der gegen Kotka und Hamina zielende russische Angriff nicht durch. Besonderen Anteil am finnischen Abwehrerfolg hatten dabei die Batterien der Küstenartillerie, welche mit dem Feuer ihrer weittragenden Geschütze den Gegner bereits im Anmarsch dezimierten. Wo die Granaten der finnischen Küstenartillerie einschlugen, rissen sie riesige

Löcher in die Eisdecke, durch die russische Panzer, Gespanne und Infanteristen in Sekundenschnelle im eiskalten Wasser versanken. Schließlich waren die sowjetischen Ausfälle so schwer, daß an eine Fortführung der russischen Angriffe nicht mehr zu denken war.

Obwohl Angriffe dieser Art auf das Gesamtgeschehen fast ohne Auswirkung blieben, zeigte sich die oberste finnische Führung doch recht beunruhigt. Man fürchtete, daß die Russen an der Südküste landen und auf diese Weise die Verteidigung von Wyborg flankierend treffen mochten. Da zunächst keine anderen Kräfte zur Verfügung standen, stellten die Finnen hastig ein aus noch nicht wehrpflichtigen Jungen und alten, nicht mehr wehrpflichtigen Männern bestehendes Bataillon auf und verlegten diese Einheit an die Küste.

Die schlimmsten Sorgen bereitete dem finnischen Oberkommando der gewaltige Menschen- und Materialeinsatz des Gegners während seiner Angriffe über die Bucht von Wyborg. Wenn die Russen hier mit gewaltiger Übermacht entscheidende Erfolge erzielten, konnten negative Auswirkungen auf den Kampf um Wyborg selber nicht ausbleiben. Ihr Hauptaugenmerk richteten die sowjetischen Verbände auf Vilaniemi, das zunächst von der sowjetischen Artillerie schwer zerschossen und dann zum Schauplatz russischer Großlandungen wurde. Zunächst setzten die Russen ein Infanterie-Regiment und ein Panzer-Bataillon an Land; dieser Übermacht hatten die Finnen nichts entgegenzusetzen.

Noch am 4. März 1940 gewannen die Russen einen Brückenkopf, den sie schnell vergrößerten und sicherten und in dessen Schutz sie weitere Angriffskräfte bereitstellten. Auch in den Abendstunden versuchten die Russen die finnische Verteidiger weiter zurückzudrängen. Nach finnischen Schätzungen waren es zwei sowjetische Divisionen, welche durch fortgesetzte Angriffe die finnische Abwehrfront zu durchbrechen und auf diese Weise die operative Freiheit zu gewinnen suchten. Da damit die gesamte finnische Abwehr im Raum von Häränpääniemi-Vilajoki-Vilaniemi ernsthaft bedroht war, wurde in den Nachtstunden das zur finnischen 3. Infanterie-Division gehörige 9. Infanterie-Regiment zur Verstärkung in den bedrohten Frontabschnitten in Marsch gesetzt.

Zur gleichen Zeit drohten auch an einer anderen Stelle der Bucht von Wyborg den Finnen ernste Gefahren: Nachdem die Insel Uuras unter heftigem Feinddruck hatte geräumt werden müssen, schickten sich die Russen zu einem weiteren Angriff gegen die Insel Suonio an. Gleichzeitig griffen die Sowjets auch noch an anderen Stellen der Bucht von Wyborg die finnischen Küstenverteidigungskräfte an, so daß die neugebildete Küstengruppe bald am Ende ihrer Kräfte angelangt war.

Noch hielt die Front im großen und ganzen, aber sämtliche finnische Einheiten standen bereits im Einsatz. Man brauchte dringend Reserven. Reserven? Das Oberkommando des finnischen II. Armee-Korps winkte ab. Was nützte es, daß die Küstengruppe nach Infanterieverstärkungen und besonders nach Munitionsnachschub für die Artillerie rief? Wie bei der Küstengruppe standen auch alle Kräfte des II. Armee-Korps – drei Infanterie-Divisionen – im Kampf. Und unter solchen Bedingungen konnte man an die Küstengruppe keine einzige Einheit zur Verstärkung abgeben. Ebensowenig übrigens wie auch Artilleriemunition. Beim Korpskommando II hatte man noch sechshundert Artilleriegranaten zu vergeben, das war alles. Sechshundert Granaten – für die Divisionsartillerie von drei im Großkampf stehenden Divisionen. Die Küstengruppe mußte eben sehen, wie sie zurechtkam.

Während der Nachtstunden trafen aus dem Raum von Vilaniemi einander widersprechende Meldungen ein. Zunächst hieß es, die Russen seien im Gegenstoß wieder auf das Eis zurückgedrängt worden, später kam die Meldung, daß der Gegner doch noch an der Küste einen kleinen Brückenkopf halte. Die Enttäuschung legte sich erst ein wenig, als eine neue Erfolgsmeldung eintraf: Vierzehn russische Panzer im Raum von Vilajoki erbeutet!

Aber auch das war eine Falschmeldung gewesen. In Wirklichkeit war der Gegner weder aufs Eis der Bucht von Wyborg zurückgeworfen worden, noch hatte er schwere Verluste erlitten. Richtig war, daß man die Russen an einigen Stellen tatsächlich aus ihren Brückenköpfen an der Küste auf die zugefrorene Bucht zurückgedrängt hatte, richtig war aber bedauerlicherweise auch, daß der Gegner bis zum Morgen seine Brückenköpfe am Nordufer der Bucht von Wyborg im großen und ganzen fest behauptet hatte. Auch am 5. März 1940 führten die Russen ihre Angriffe weiter. Dabei griffen die Sowjets alle von den Finnen besetzten Inseln – einschließlich der Insel Kulp unmittelbar vor Wyborg – heftig an. Wie schon bei früherer Gelegenheit versuchten die Finnen auch an diesem Tag wieder den feindlichen Vormarsch durch in das Eis geschnittene breite Schneisen aufzuhalten, erzielten damit jedoch nicht den geringsten Erfolg. Die offenen Wasserflächen froren so schnell wieder zu, daß die bald wieder mit dickem Eis bedeckten Schneisen kein Hindernis für die darüber hinwegrollenden sowjetischen Panzer darstellten. Und die russische Infanterie profitierte sogar indirekt von den Anstrengungen der finnischen Verteidiger, weil die vorgehenden Rotarmisten hinter den auf den weiten Eisflächen liegenden, von den Finnen zuvor herausgeschlagenen und -gesägten Eisblöcken noch zusätzliche Deckung gegen den Beschuß aus Infanteriewaffen fanden.

Anfang März 1940 sahen sich die Finnen bereits einer unglaublichen feindlichen Übermacht gegenüber: Im Raum der Bucht von Wyborg hatten die Russen vier Divisionen, von denen drei im Einsatz standen; an der gesamten Wyborg-Front – zwischen der Bucht von Wyborg und Vuoksi – standen sechzehn sowjetische Divisionen, von Vuoksi bis zum Ladogasee weitere zehn sowjetische Divisionen. Den Finnen standen dagegen zur Abwehr – außer der Küstengruppe – im Raum von Wyborg bis Vuosalmi insgesamt nur sechs Infanterie-Divisionen zur Verfügung. Wie nicht anders möglich, befanden sich alle finnischen Verbände ununterbrochen im Einsatz, es gab keinerlei Großreserven mehr, und überall machte sich der Mangel an Nachschub und Munition bemerkbar. Den Russen waren dagegen Nachschub- und Munitionsprobleme so gut wie unbekannt. Die ohnehin schon mehr als angespannte finnische Nachschublage wurde noch dadurch erschwert, daß die Nachschuborganisation mit beständigen Schwierigkeiten zu kämpfen hatte. Während der Anfangsphase der Schlacht um Wyborg wurde den Verbänden der Küstengruppe der Nachschub aus den Depots des II. Armee-Korps über das nördlich der Bucht von Wyborg befindliche Straßennetz zugeschoben. Das funktionierte zunächst recht befriedigend, sobald aber der Großkampf um Wyborg mit voller Gewalt einsetzte, funktionierte nichts mehr. Die Straßen waren plötzlich überfüllt mit Flüchtlingen, nach vorn fahrenden und marschierenden Militäreinheiten und Nachschubkolonnen, die einander behinderten und eine einigermaßen flüssige Abwicklung der Nachschubbewegungen unmöglich machte. Und nicht selten waren es dann noch sowjetische Kampfflugzeuge, die die ineinander verkeilten und zum Stillstand gekommenen Fahrzeug- und Menschenansammlungen mit Bomben und Bordwaffen angriffen und dadurch das Chaos vollkommen machten.

Nachdem die Russen auch an der Nordküste der Bucht von Wyborg Brückenköpfe gebildet hatten, wurde die Nachschubsituation für die Finnen vollends hoffnungslos. Wie trist aber die Lage an der Front und im Hinterland auch sein mochte, die Finnen hatten keine Wahl, sie mußten weiterkämpfen. Und die russischen Angriffe wurden in der Schlußphase des Winterkrieges immer heftiger. Die Rote Armee hatte auf dem Schlachtfeld endlich die Initiative errungen, und sie war nicht gewillt, sich diese von den Finnen nochmals abnehmen zu lassen.

Am 6. März drangen die Russen in die Ortschaft Nisolahti ein, während andere sowjetische Verbände die finnischen Abwehrstellungen bei Niskapohja durchbrachen. Bis in die Mittagsstunden des 6. März hatten die Russen zwischen der Insel Turki und Majapohja am Ufer der Bucht von Wyborg einen weiteren Brückenkopf gebildet, und wenig später gewannen sie an der Südwestseite von Majapohja weiter an Boden. Bis zu den Abendstunden des 6. März hatte sich die Lage so kritisch entwickelt, daß man beim Stab der finnischen 4. Infanterie-Division die Zurücknahme der am östlichen Teil der Divisionsfront stehenden eigenen Kräfte erwog.

Damit hätte allerdings der rechte Flügel der finnischen 3. Infanterie-Division jeden Anschluß zum Nachbarn verloren, eine besonders gefährliche Situation, wenn man bedenkt, daß die 3. Infanterie-Division durch die Abgabe von Kräften in den Raum von Vilaniemi ohnehin schon bedenklich geschwächt war. Gleichzeitig verlangte die finnische 4. Infanterie-Division die Zuführung von Verstärkungen für die Verteidigung der Insel Neula, wo man einen feindlichen Großangriff und Durchbruch befürchtete. Hier mußte die finnische 5. Infanterie-Division aushelfen: Teile eines zu dieser Division gehörigen Reserve-Regimentes wurden zur Verstärkung der Verteidigung der Insel Neula in Marsch gesetzt. Teile eines Reserveregimentes . . . Viel zu wenig, um den sich nun für die Finnen immer dramatischer entwickelnden Kämpfen um die Inselfront noch eine positive Wende geben zu können oder das endgültige Zusammenbrechen der Verteidigung über längere Zeit zu verhindern. Wenn die Inseln aber einmal gänzlich aufgegeben waren, hing der gesamte westliche Teil der Abwehrfront des finnischen II. Armee-Korps in der Luft. Ebenso mußten alle im Raum nordwestlich von Wyborg verlaufenden Nachschubstraßen innerhalb kurzer Zeit für die Finnen ausfallen.

Die russischen Angriffe gingen auch am 7. März 1940 ununterbrochen weiter. Während an der Front Infanterie und Panzer angriffen, lagen die finnischen Nachschubstraßen unter schwerem russischen Artilleriefeuer. Auch die sowjetische Luftwaffe flog – von den Finnen praktisch unbehindert – schwere Angriffe gegen die finnische Front und gegen den Nachschub. Die von Wyborg nach Hamina führende Straße wurde bei Vilaniemi schließlich von den Russen erreicht und unterbrochen, eine Situation, welche die finnische Nachschublage unerhört erschwerte.

Bis zum Abend des 7. März hatte sich die Situation so verschlechtert, daß die gesamte Inselfront von Suonio bis Majapohja aufgegeben werden mußte. Im Laufe des folgenden Tages setzten sich sodann die finnischen Inselbesatzungen nach einer Reihe von schweren Kämpfen vom Feind ab.

So tapfer sich die Finnen auch wehren mochten, sie mußten eine Insel nach der anderen räumen und sich auf das Festland zurückziehen. Nur auf der Insel Piispa hielt sich die finnische Inselbesatzung auch weiterhin.

Zwischen Vilaniemi und Nisolahti blieb die Front am 8. März dagegen trotz schwerer Feindangriffe im wesentlichen stabil.

Am 9. März 1940 brachte die finnische Luftaufklärung eine neue Schreckensmeldung: Zwischen Pulliniemi und Vilaniemi hatten die finnischen Flieger eine etwa zwölf Kilometer lange sowjetische Kolonne beobachtet. Panzer, Infanterie und wieder Panzer ... Die Russen, offenbar eine neue Division, gingen in nordwestlicher Richtung vor. Die sowjetischen Verbände wollten offenbar in den Kampfraum hinter Vilaniemi, an der Straße von Wyborg nach Hamina. Wenn diese Annahme zutraf, mußte der Gegner in diesem Gebiet sodann bereits über drei kampfstarke Divisionen verfügen.

Beim Stab der finnischen 4. Infanterie-Division machte man sich zur gleichen Zeit schwere Sorgen über die noch auf der Insel Piispa kämpfenden eigenen Verbände. Da die Divisionen einen sowjetischen Angriff auf dem Festland fürchtete, wollte man die isolierte Inselbesatzung möglichst bald an die Front an der Küste zurücknehmen. Die wenigen Reserven, welche man der Division in der letzten Zeit zugeführt hatte, waren für eine verläßliche Stabilisierung der Lage völlig unzureichend. Noch am Abend des 9. März wurde Piispa aus diesem Grund von den Finnen geräumt. Die Inselbesatzung zog sich auf Koivuniemi zurück. Die Russen reagierten schnell. Sie erkannten die sich durch den finnischen Rückzug bietende Chance, griffen an der Nahtstelle zwischen den Stellungen der Küstengruppe und des finnischen II. Armee-Korps an und brachen prompt durch. Aber auch die Finnen reagierten schnell: Wenn die Russen durchbrachen, konnten sie die finnischen Frontverbände leicht einkesseln. Man raffte zusammen, was man auftreiben konnte. Das finnische 14. Infanterie-Regiment und ein schwaches Infanterie-Bataillon der 3. Infanterie-Division traten zum Gegenangriff an. Sie stürzten sich auf die Russen, schlugen sie teilweise im Nahkampf aus Löchern und Stellungen – und trieben sie zurück.

Noch einmal hielt die Front. Am 10. März versuchten die Russen die finnische Abwehr im Raum von Majapohja aufzurollen und griffen zur gleichen Zeit auch die Insel Porkka an – die letzte Insel, welche zu diesem Zeitpunkt noch von den Finnen behauptet wurde. Obwohl sie bereits völlig abgekämpft waren, traten auch hier die Finnen zum Gegenstoß an, und wieder wurden die Russen durch den von Infanteristen der finnischen 4. Division mit verzweifelter Wut und letzter Energie geführten Angriff zurückgedrängt. Aber der im Gegenangriff von den Finnen zurückeroberte Raum war nicht zu halten. Bis zum Abend hatten die Russen den Frontverlauf bei Majapohja wieder hergestellt und die Insel Porkka abermals in ihrem Besitz.

Am 10. März griffen die Sowjets auch bei Vilaniemi mit frischen Verbänden an. Wohl brachen die Angreifer dabei durch die finnische Abwehrfront und stießen bis zu der hinter der Front liegenden Überlandstraßenverbindung durch, aber diese Vorstöße blieben zunächst von lokaler Bedeutung, weil die Finnen die Einbruchsränder hartnäckig hielten und den Russen dadurch großräumige Vorstöße unmöglich machten.

Trotz gewaltiger Übermacht verlief der russische Vormarsch immer noch weit langsamer als erwartet. In zehntägigen ununterbrochenen Angriffskämpfen hatten die Russen zwar an der Nordküste der Bucht von Wyborg feste Brückenköpfe gebildet und eine Front aufgebaut, aber ihr eigentliches Ziel hatte die sowjetische Führung immer noch nicht erreicht. Man hatte gehofft, die finnische Verteidigung von hinten aufrollen zu können, aber das war nicht gelungen. Wenn die Russen irgendeinen entscheidenden Durchbruch erzielten, der im örtlichen Gegenstoß nicht zu stopfen war, war alles vorbei.

Am 11. März schlugen die Finnen alle russischen Angriffe ab. Schwere Angriffe am 12. März, welche die sowjetischen Verbände an der Nahtstelle zwischen der finnischen 4. Infanterie-Division und von Verbänden des II. Armee-Korps gehaltenen Stellungen führten, veranlaßten die Finnen zur Zurücknahme der Front auf den Raum zwischen Ahokas und Rasalahti.

Auch am 13. März setzten die Sowjets ihre Angriffe bis zur Verkündung des Waffenstillstandes ununterbrochen fort. Die sowjetische Führung hatte offenbar die Absicht, die finnischen Stellungen noch „in zwölfter Stunde" zu durchbrechen und Wyborg zu erobern. Als die Waffen dann tatsächlich schwiegen, hatten die Russen Teile von Wyborg in ihren Besitz gebracht. Das war zweifellos ein taktischer Teilerfolg, aber keinesfalls jener totale militärische Sieg, mit dem man in der Kremlführung gerechnet hatte. Der moralische Sieg aber gehörte den Finnen: Sie hatten sich gegen eine ungeheure Übermacht mit unglaublichem Mut und bemerkenswerter Zähigkeit geschlagen.

Interessierte Beobachter

Erbeutete russische Granatwerfermunition. Die Finnen setzten erbeutete Waffen und Munition sofort wieder gegen die Russen ein.

Eine finnische Vorpostenstellung bei Märkäjärvi.

Männer eines schwedischen Freiwilligenverbandes auf dem Weg nach Märkäjärvi, wo finnische Bataillone im schweren Abwehrkampf stehen.

Generalleutnant K. L. Oesch, der als Oberbefehlshaber der neugeschaffenen Küstengruppe auch die Verteidigung der Nordküste der Bucht von Wyborg verantwortlich führen sollte.

Charles Magny, französischer Gesandter in Helsinki. Er sicherte den Finnen anglo-französische Militärunterstützung zu.

Nach dem Kriegsende: Finnische Gefangene kehren in die Heimat zurück.

Unzureichend bewaffnet und ausgerüstet, aber kämpferisch überlegen, hielt er monatelang den sowjetischen Divisionen stand: der finnische Soldat.

9

Der mehr als dreimonatige Kampf zwischen Finnland und der Sowjetunion, der als Winterkrieg in die Geschichte eingehen sollte, war nicht nur für die beiden kriegführenden Staaten von einiger Bedeutung, sondern auch für das weitere Schicksal Europas während des Zweiten Weltkrieges. Als die Rote Armee Ende November 1939 Finnland angriff, war der Zweite Weltkrieg bereits im Gange, aber noch lange nicht entschieden. Einen Vorgeschmack darauf, was das Deutsche Reich militärisch zu leisten imstande war, hatten interessierte Beobachter in aller Welt bereits im Herbst 1939 erhalten: Ab dem 1. September 1939 hatte die deutsche Wehrmacht in ihrem ersten „Blitzfeldzug" in wenigen Wochen Polen niedergeworfen. Über die militärische Stärke der Sowjetunion wußte man dagegen kaum Bescheid. Gewiß: Die Rote Armee hatte sich im Sinne der mit dem Deutschen Reich getroffenen geheimen Zusatzvereinbarungen zum Freundschafts- und Nichtangriffspakt aus dem August 1939 am Krieg gegen Polen beteiligt. Das Schwergewicht der Kriegführung hatte aber ohne Zweifel die Deutsche Wehrmacht getragen, so daß die sowjetischen Streitkräfte nach wie vor eine unbekannte Größe geblieben waren. Man wußte nur, daß die Rote Armee zahlen- und ausrüstungsmäßig gewaltig stark sein mußte – ob die Sowjets dieses militärische Instrument zu führen verstanden und ob die Rote Armee selber die moderne Kriegführung beherrschte, blieb noch dahingestellt. Anders als in Polen führte die Sowjetunion nach ihrem militärischen Angriff auf Finnland einen „echten Krieg“, aus dessen Verlauf das interessierte Ausland verläßliche Schlüsse auf die effektive Kampfkraft der sowjetischen Streitkräfte ziehen konnte. Man kann sicher sein, daß das Deutsche Reich das Kampfgeschehen in Nordeuropa mit besonders wachsamem Interesse verfolgte. Wo die Sympathien Hitlers auch liegen mochten, Deutschland verhielt sich während des Winterkrieges tatsächlich strikt neutral. Der im Herbst 1939 so überraschend vom potentiellen Todfeind zeitweilig zum Freund des nationalsozialistischen Deutschland gewordenen kommunistischen Sowjetunion sollte kein Anlaß zum Zweifel an der Loyalität des Dritten Reiches gegeben werden. Die deutsche Reichsregierung lehnte alle finnischen Ersuchen um materielle oder diplomatische Unterstützung ab und faßte ihre Neutralitätsverpflichtungen so streng auf, daß beispielsweise für die Lieferung nach Finnland bestimmte italienische Militärflugzeuge in einem norddeutschen Hafen zurückgehalten wurden.

Wesentlich weniger eindeutig war während des Winterkrieges die Haltung Großbritanniens und Frankreichs. Beide Staaten wären militärisch stark genug gewesen, um die Finnen wirksam in ihrem Kampf gegen die Sowjetunion zu unterstützen, und beide Staaten befanden sich im Kriege mit dem Deutschen Reich. Und damit eröffnete sich für Großbritannien und Frankreich im Zusammenhang mit dem Winterkrieg eine Reihe von Möglichkeiten und Perspektiven, welche den eigenen Kriegsanstrengungen gegen Deutschland überaus nützlich sein konnten. Da war zunächst einmal eine gewisse moralische Verpflichtung zur Unterstützung der buchstäblich um ihr Leben kämpfenden Finnen. Der Völkerbund hatte zur Unterstützung Finnlands aufgerufen – dieser Umstand hätte den Briten und Franzosen eine zusätzliche völkerrechtliche Rechtfertigung für ihr Eingreifen gegeben. Neben Erwägungen moralischer Natur, welche man allerdings in Großbritannien und Finnland seit dem Jahre 1919 ohnehin kaum wirklich ernst genommen hatte, gab es allerdings auch einige recht handfeste realpolitische Überlegungen, welche für eine militärische Intervention zugunsten Finnlands sprachen. Zunächst stand der säkulare und in Großbritannien und Frankreich immer wieder geforderte „Kampf gegen den Bolschewismus" immer noch aus. Neben solchen stets etwas vagen „Kreuzzugsideen gegen den Kommunismus" gab es allerdings noch wesentlich aktuellere und konkretere Überlegungen, welche den Finnen lebhaftestes britisches und französisches Interesse an ihrem Überlebenskampf sicherte.

Wenn Großbritannien und Frankreich in Nordeuropa eine zweite Front eröffneten, war nicht nur den Finnen geholfen, sondern besonders auch den Franzosen. Selbstverständlich mußte sich diese zweite Front im Norden allerdings nicht nur gegen die Sowjetunion richten, sondern auch gegen das Deutsche Reich. In diesem Fall, so überlegte man bei den Westalliierten, mußten die Deutschen nämlich ebenfalls in Nordeuropa

Front machen und damit ihr entlang der deutschen Westgrenze gegen Frankreich aufmarschierendes Westheer entscheidend schwächen. Das nützte den Franzosen – und wenn man anläßlich einer militärischen Intervention in Skandinavien den Deutschen auch noch die Erzzufuhr aus Schweden sperrte, nützte dies sogar Briten und Franzosen gleichermaßen. Zunächst allerdings mußte man abwarten, ob die Finnen dem sowjetischen Angriff aus eigener Kraft standhalten konnten. Wenn Finnland gleich unter dem ersten militärischen Ansturm der Russen zusammenbrach, war eine alliierte Intervention zwecklos und politisch wie auch militärisch verfehlt.

Das lebhafte alliierte Interesse an Skandinavien wurde allerdings nicht erst durch den finnisch-sowjetischen Winterkrieg ausgelöst, sondern ging zumindest bereits auf die Zeit des Ersten Weltkrieges zurück. Schon damals nämlich hatte die britische Kriegsmarine die norwegischen Hoheitsgewässer vermint, eine gegen eine mögliche deutsche militärische Intervention im skandinavischen Raum gerichtete Vorsichtsmaßnahme, welche man bald nach Kriegsausbruch im Jahre 1939 zu wiederholen gedachte. Ebenfalls bereits seit Herbst 1939 erwog die britische Admiralität besonders auf Drängen von Winston Churchill ein gewaltsames Vordringen durch Skagerrak und Kattegatt in den Ostseeraum, um das Deutsche Reich von der Erzzufuhr aus Schweden abzuschneiden. Wenn man also, da sich Finnland gegen die ersten sowjetischen militärischen Angriffsversuche so überraschend standhaft behauptete, in Skandinavien militärisch intervenierte, konnte dies den britischen und französischen Interessen nützlich sein.

Der Völkerbund hatte seine Mitglieder zur uneingeschränkten Unterstützung Finnlands gegen die sowjetische Aggression aufgerufen, also war eine Intervention der Westalliierten in Skandinavien völkerrechtlich unbedenklich. Und wenn man dabei ganz nebenbei dem Deutschen Reich einen entscheidenden Schlag versetzen konnte, war das wohl ebenfalls legitim, denn mit Deutschland befanden sich Großbritannien und Frankreich ja ohnehin bereits seit September 1939 im Kriegszustand. Offen blieb nur die Frage, wie sich die anderen skandinavischen Länder verhalten mochten, wenn ihr Staatsgebiet plötzlich zum Kriegsschauplatz für die Auseinandersetzungen von Drittstaaten wurde – aber diese Frage war für Großbritannien und Frankreich zunächst einmal recht unwesentlich.

Die Finnen waren nicht in der Lage, aus Rücksichtnahme auf die Interessen Dritter – besonders ihrer skandinavischen Nachbarn – ihnen angebotene Hilfe abzulehnen, gleichgültig, woher sie auch kommen mochte. Trotz der schwierigen Lage im Kampf gegen die vielfach überlegene Sowjetunion mußte man in Helsinki aber dennoch vorsichtig bleiben. Man mußte alles tun, um Schweden und Norwegen nicht ernsthaft gegen Finnland aufzubringen. Wenn Großbritannien und Frankreich tatsächlich zugunsten Finnlands intervenierten, war das aus der Sicht Helsinkis mehr als wünschenswert – aber wirklich tatkräftig mit Menschen und Material unterstützen konnten die Westmächte Finnland nur, wenn Schweden und Norwegen die Zuführung von Nachschub über ihr Staatsgebiet gestatteten.

Eine heikle Frage – aber sie war so lange nicht wirklich

aktuell, wie Briten und Franzosen selber keine Einigung über Zeitpunkt und Ausmaß der geplanten Intervention erzielen konnten. Die Franzosen befürworteten den Gedanken der Intervention lebhaft: Bereits am 19. Dezember 1939, als die Interventionsmöglichkeiten erstmals vor den Obersten Alliierten (britisch-französischen) Rat erörtert wurden, trat der französische Premier Daladier für die sofortige Entsendung eines alliierten Expeditionskorps nach Skandinavien ein. Aber obwohl beispielsweise auch Winston Churchill – damals noch Marineminister – am 16. Dezember 1939 dem britischen Kriegskabinett bereits die zweite Denkschrift seit Kriegsausbruch im September 1939 zum Thema „Unterbrechung der deutschen Erztransporte an der norwegischen Küste" vorgelegt hatte, blieb Großbritannien in Sachen Intervention zunächst noch skeptisch und vorsichtig. Man wollte eine offene Auseinandersetzung mit der UdSSR – wenn eine solche überhaupt notwendig war – so lange aufschieben, bis man die dabei in Betracht zu ziehenden Faktoren näher abgeklärt hatte. Immerhin aber, so kamen die Alliierten schließlich überein, wollte man sobald wie möglich „Berater" und Nachschub nach Finnland schicken und gleichzeitig die Frage der notwendigen Transitrechte mit der schwedischen und der norwegischen Regierung erörtern.

Am 27. Dezember 1939 wurde die Transitfrage von den Westalliierten an Schweden und Norwegen herangetragen, und bereits am 4. Januar 1940 erklärten Stockholm und Oslo ihr grundsätzliches Einverständnis. Man hatte keine prinzipiellen Bedenken gegen die Zuführung von Material über schwedisches und norwegisches Territorium, bestand aber darauf, daß die Nachschubgüter offiziell als auf finnische Rechnung gekaufte Lieferungen deklariert werden sollten. Wenige Tage später räumte Großbritannien Helsinki das Recht zur Werbung von Freiwilligen auf britischem Staatsgebiet ein, gleichzeitig begann sich London um die Einräumung von Transitrechten durch die skandinavischen Staaten für die zu bildenden Freiwilligenverbände zu bemühen. Schweden und Norwegen erklärten ihre Zustimmung.

Unabhängig von der Bildung von Freiwilligenverbänden erwogen die Westalliierten jedoch auch weiterhin den Plan einer offenen, also offiziellen britisch-französischen Intervention in Skandinavien. Dabei dachte man zeitweilig auch an einen Angriff gegen die Russen von Petsamo her. Zu diesem Zweck sollten früher zur polnischen Kriegsmarine gehörige Schiffe – drei Zerstörer und zwei Unterseeboote –, welche nach dem polnischen Zusammenbruch nach England entkommen waren und der britischen Kriegsmarine eingegliedert wurden, den Hafen von Petsamo blockieren und damit die im hohen Norden operierenden sowjetischen Divisionen vom Nachschub abschneiden. General Sikorski gab als Ministerpräsident der in London gebildeten polnischen Exilregierung sein Einverständnis zu diesem Plan, dessen Ausführung allerdings am britischen Widerstand scheiterte. Man hielt das Unternehmen für wenig erfolgversprechend, weil Petsamo viel zu isoliert lag und die Zuführung von alliierten Expeditionsstreitkräften von dort zum finnischen Hauptkriegsschauplatz große Schwierigkeiten machen mußte.

Die Franzosen warteten mit einem mindestens ebenso

gewagten Plan auf. Sie dachten an einen über türkisches Staatsgebiet und über das Schwarze Meer geführten Angriff gegen die russischen Erdölgebiete nördlich des Kaukasus. Aber: Konnte man die Mannerheim-Linie wirklich zwischen den Fördertürmen von Baku verteidigen? In der Kriegsgeschichte gibt es keine Antwort auf diese Frage: Aus dem geplanten Angriff gegen die weiche Südflanke der UdSSR wurde ebenso nichts wie aus dem Landeunternehmen bei Petsamo. Rückblickend muß man feststellen, daß es den Westalliierten bei allen ihren Interventionsplänen in erster Linie niemals um die Sache der Finnen selber, sondern primär stets um die Eröffnung einer zweiten Front gegen Deutschland ging. Und so gesehen, war es zwecklos, wenn man irgendwo an der europäischen Peripherie – am Eismeer oder im Kaukasusgebiet etwa – intervenierte, weil Derartiges die deutsche Kriegführung kaum unmittelbar berühren konnte.

Wenn schon interveniert wurde, dann möglichst so, daß es die Deutschen hautnah zu fühlen bekamen und möglichst viele Divisionen des angriffsbereiten deutschen Westheeres von der deutsch-französischen Grenze abziehen mußten. Und zu diesem Zweck mußte man tatsächlich in Skandinavien selber landen – etwa in Norwegen, bei Narvik.

Wenn man Stadt und Hafen von Narvik und die wichtige Eisenbahnlinie nach Lulea in britisch-französischen Besitz brachte, mußte das die deutsche militärische Planung völlig durcheinander bringen. Mit Narvik hatte man den für die deutsche Kriegswirtschaft so wichtigen Erzverladehafen in der Hand; wenn die Eisenbahnlinie nach Lulea durch das schwedische Erzfördergebiet für die Weiterführung der Erzexporte bis zu den Verladehäfen an der Ostseeküste ausfiel, waren die Deutschen ebenfalls schwer getroffen, und gleichzeitig konnte man dann über das Eisenbahnnetz tatsächlich recht schnell reichlich Truppen und Nachschub nach Finnland befördern.

Damit erhielt die alliierte Intervention in Skandinavien die notwendige moralische Verbrämung: Man kam den bedrängten Finnen zur Hilfe. Daß man bei dieser Gelegenheit die erwünschte zweite Front gegen das Deutsche Reich eröffnet hatte, lag auf der Hand, brauchte aber nicht besonders hervorgestrichen zu werden.

Die Landungen bei Narvik hatten die Briten und Franzosen bereits im Dezember 1939 zu planen begonnen, die tatsächliche Entscheidung für die Durchführung des Unternehmens fiel allerdings erst am 5. Februar 1940. Im Februar 1940 hatten die beiden Westalliierten ihre Skandinavienpläne allerdings bereits beträchtlich erweitert: Man wollte nicht mehr nur nach Narvik, sondern auch nach Trondheim, Bergen und Stavanger. Gleichzeitig plante man Maßnahmen zur Abwehr einer möglichen deutschen militärischen Intervention in Schweden.

Den Finnen blieben die anglo-französischen Pläne und Absichten nicht verborgen – und in Helsinki begriff man recht gut, daß es den Westalliierten keineswegs primär um eine Unterstützung der im schweren Abwehrkampf stehenden Finnen ging, sondern um die Errichtung einer zweiten Front gegen die deutsche Wehrmacht. Obwohl man auch wußte, daß jedes militärische Eingreifen vom militärischen Standpunkt für Finnland zu spät kommen mußte, begrüßte man die britisch-französischen Interventionsabsichten in Helsinki wärmstens, weil jede westliche Intervention im skandinavischen Raum die Russen aller Wahrscheinlichkeit nach friedensbereiter stimmen mußte und weil unter dem psychologischen Druck einer solchen Maßnahme mit einer kräftigen Unterstützung Finnlands durch Schweden und Norwegen zu rechnen war.

Während die sowjetischen Offensivanstrengungen an der Karelischen Landenge allmählich zu sichtbaren Erfolgen für die Rote Armee führten, verfolgte die finnische Diplomatie zwei Hauptziele. Einerseits begann man über die sowjetische Gesandtschaft in Stockholm vorsichtige Friedensfühler zum Kreml auszustrecken, andererseits aber bemühte man sich um eine Realisierung der britisch-französischen Interventionszusicherungen. Gerade von der letzteren Initiative durfte Helsinki einiges erhoffen. Unter dem Eindruck einer bevorstehenden anglo-französischen Intervention mochten die Russen zur Gewährung erträglicher Friedensbedingungen bereit sein, und man durfte hoffen, daß das Deutsche Reich auf die Sowjetunion mäßigend einwirken werde, weil der Gedanke einer britisch-französischen militärischen Präsenz in Skandinavien den Deutschen überaus unangenehm sein mußte. Gleichzeitig ließ man die Westmächte über die Möglichkeit eines bevorstehenden finnisch-sowjetischen Friedensschlusses nicht im unklaren, eine Vorgangsweise, welche wieder die alliierten Interventionsabsichten forcieren sollte. Wenn in Skandinavien die Waffen ruhten, bevor Briten und Franzosen ihre Intervention tatsächlich begonnen hatten, konnten sie ja die Finnen nicht mehr „unterstützen“ und verloren damit den einzigen Vorwand für die Eröffnung einer zweiten Front gegen das Deutsche Reich in Nordeuropa.

Anfang Februar 1940 begannen Briten und Franzosen ihre Pläne den Finnen gegenüber etwas zu konkretisieren. Man werde, so ließ man Helsinki wissen, den bedrängten Finnen jedenfalls zu Hilfe kommen. Wann die Finnen allerdings mit dem Eintreffen britischer und französischer Kontingente rechnen durften, blieb dagegen unklar. Man erwäge sogar, so ließ man aus London und Paris wissen, Norwegen und Schweden gegebenenfalls vor vollendete Tatsachen zu stellen und anglofranzösische Truppenverbände ohne vorbereitende diplomatische Maßnahmen bei Narvik zu landen.

Am 27. Februar 1940 konkretisierten die Westmächte ihre Zusagen: Man dürfe, so teilte man Helsinki mit, mit dem Transport der ersten alliierten Truppen am 15. März und mit ihrem Eintreffen auf finnischem Boden ab dem 15. April 1940 rechnen. Über Stärke und Zusammensetzung der alliierten Expeditionsstreitkräfte nähere Auskünfte zu geben, war man in London und Paris allerdings nicht bereit.

Marschall Mannerheim gewann den Eindruck, daß die britischen und französischen Verbände – falls solche überhaupt jemals auf dem finnischen Kriegsschauplatz erscheinen sollten – zahlenmäßig kaum ins Gewicht fallen konnten, weil die Alliierten gleichzeitig in Norwegen und Schweden einen entsprechenden Garnisonsbetrieb aufrechterhalten mußten. Überdies, so verlautete von britischer und französischer Seite mittlerweile, sollte sich Helsinki um die Erlangung der notwendigen Transitrechte von Norwegen und Schweden bemühen. Das war neu, denn ursprünglich hatte man den Finnen zugesagt, daß Großbritannien und Frankreich für die Sicherstellung der Transitrechte über norwegisches und schwedisches Territorium sorgen wollten.

Sowohl Oslo als auch Stockholm winkten ab, es gab keine Transitrechte. Die Regierung in Helsinki bemühte sich vergeblich, denn Norwegen und Schweden bestanden nun strikt auf Einhaltung ihrer Neutralitätspolitik: kein Transit für Briten und Franzosen, kein Transit für den alliierten Nachschub. Nur Freiwillige sollten über schwedisches und norwegisches Staatsgebiet nach Finnland fahren dürfen.

In der Zwischenzeit hatten die vorbereitenden Friedensgespräche zwischen Helsinki und Moskau zu gewissen erkennbaren Ergebnissen geführt.

Nun, da die Rote Armee die Finnen militärisch nahezu geschlagen hatte, waren die sowjetischen Forderungen weit umfangreicher als vor Beginn des Winterkrieges: Abtretung der gesamten Karelischen Landenge und pachtweise Überlassung von Hangö – das waren die wesentlichsten Bedingungen, unter denen der Kreml zum Friedensschluß bereit war. Schwere Bedingungen, aber wenn die Finnen sie nicht gleich annahmen, so ließen die Russen wissen, würde sich der Preis für den Frieden noch erhöhen.

Als die Westalliierten erfuhren, wie weit die finnisch-sowjetischen Friedensgespräche gediehen waren, zeigten sie sich den Finnen gegenüber plötzlich ungewöhnlich aufgeschlossen. Frieden in Skandinavien – das paßte nicht in das anglo-französische politische und militärische Konzept. Wenn die Finnen den Krieg beendeten, war der Traum von der zweiten Front in Skandinavien ausgeträumt, dann konnte auch die Sowjetunion wieder Atem schöpfen und ihren wirtschaftlichen Lieferverpflichtungen dem Deutschen Reich gegenüber ohne weitere Verzögerungen nachkommen.

Am 28. Februar 1940 informierte der britische Gesandte Gordon Vereker die Regierung in Helsinki, daß man bis Mitte April 13 000 britische Soldaten nach Finnland entsenden könne. Und dies unabhängig von den alliierten Truppen, die man sodann in Schweden und Norwegen belassen werde. 13 000 Mann also – und diese würden, so erklärte Vereker verbindlich, so lange in Finnland bleiben, bis man zu einem endgültigen Friedensschluß mit der Sowjetunion gelangt sei. Mit Details über die Durchführung des Planes und über die Zusammensetzung des in Aussicht gestellten Expeditionskorps konnte der britische Diplomat allerdings nicht dienen.

Bis zum 29. Februar hatte sich die Lage soweit entwickelt, daß sich die Alliierten zu weiteren Zusagen entschließen mußten. Mannerheim, so hatten Briten und Franzosen erfahren, hatte die finnische Regierung zum sofortigen Friedensschluß aufgefordert – also war höchste Eile geboten, wenn man die Aussichten auf die zweite Front gegen Deutschland nicht endgültig verlieren wollte. „Zwanzigtausend Mann“ versprach der französische Gesandte in Helsinki, Charles Magny, den kriegsmüden Finnen nun, „und die stehen schon verschiffungsfertig bereit.“

Wenn sie dieses Angebot nicht annehmen, sondern aus dem Krieg ausscheiden wollten, so ließ Magny die finnische Regierung wissen, müßte das Land eben alle territorialen und wirtschaftlichen Einbußen in Kauf nehmen.

Aber die Regierung in Helsinki hatte Bedenken: Wenn die Briten 13 000 Mann versprachen und die Franzosen einige Tage später gleich 20 000 Mann, so konnte wohl etwas nicht stimmen. Wahrscheinlich, so nahm man in Helsinki an, waren Briten und Franzosen nach wie vor über Art und Umfang der zu gewährenden Hilfe uneins und wollten die Finnen mit unklaren Versprechungen weiter im Krieg halten, um zur zweiten Front gegen das Deutsche Reich zu kommen. Es war also wohl besser, wenn man so schnell wie möglich seinen Frieden mit dem Kreml machte.

Nun, da alles bereits verloren war, überstürzten sich die Ereignisse. Noch in der Nacht zum 1. März 1940 berichtete der Diplomat Harri Holma, der die finnischen Interessen in Paris wahrnahm, von einem wahrhaft sensationellen französischen Angebot. Der französische Premier Daladier, so meldete Holma, habe die Entsendung von fünfzigtausend Soldaten nach Finnland in Aussicht gestellt. Bereits am 12. März sollten die Transporte auslaufen, und um die Transitgenehmigungen sollten sich die Finnen keine Sorgen machen. Allerdings, so hieß es weiter, warteten die Franzosen noch die Zustimmung ihrer britischen Verbündeten zu diesem Projekt ab. Und überdies gelte das Angebot nur, wenn Helsinki sofort alle weiteren Friedensgespräche mit Moskau abbreche.

Das französische Angebot war verlockend, aber man befand sich nun plötzlich in einem überaus schwierigen Dilemma: Sollte man retten, was noch zu retten war, die harten russischen Bedingungen annehmen und Frieden schließen? Oder sollte man den Wechsel auf die unklare Zukunft unterschreiben, die Friedensverhandlungen mit dem Kreml abbrechen und den Kampf fortsetzen? Wenn der Frühling und die Tauwetterperiode schnell genug einsetzten, um die sowjetischen Panzer- und Räderfahrzeuge im Schlamm versinken zu lassen, war es vielleicht zu schaffen, dann konnte man vielleicht die Front so lange halten, bis Briten und Franzosen da waren.

Zunächst versuchte die finnische Regierung sich alle Möglichkeiten offenzuhalten. Man wollte Zeit gewinnen, also ersuchte man um klärende Erläuterungen und Konkretisierung der sowjetischen Friedensbedingungen und versuchte gleichzeitig zu erfahren, wann man denn nun eigentlich mit dem Eintreffen eines anglo-französischen Expeditionskorps auf finnischem Boden rechnen durfte. Davon unabhängig forderte die Regierung in Helsinki von den Westalliierten jedoch die sofortige Entsendung von hundert Kampfflugzeugen samt den dazugehörigen Besatzungen.

Die nächsten Tage verliefen einigermaßen chaotisch: In dem ganzen verwirrenden Wechselspiel von politischen und militärischen Überlegungen, Initiativen und Planungen zeichneten sich nur zwei Tatsachen immer deutlicher ab: Die finnischen Streitkräfte waren nach einer ununterbrochenen Reihe von schweren Kämpfen am Rand ihrer Widerstandskraft angelangt, und die Alliierten waren uneinig wie gewohnt. Die Briten und

Franzosen hatten sich noch nicht einmal über die Stärke der nach Finnland zu entsendenden alliierten Expeditionskräfte endgültig geeinigt, aber das war ohnehin beinahe schon gleichgültig, weil weder Norwegen noch Schweden zur Einräumung der notwendigen Transitrechte für die alliierten Verbände bereit waren.

Der schwedische Premier hatte dem finnischen Außenminister Tanner mit unmißverständlicher Klarheit mitgeteilt, daß ein gewaltsames Eindringen der Alliierten nach Schweden – wenn auch nur zur Erzwingung des Durchgangs nach Finnland – zum Kriegseintritt Schwedens führen müsse. Zum Kriegseintritt gegen Finnland selbstverständlich.

Am 2. März 1940 erhielten die Finnen eine neue verbindliche Zusage der Alliierten: Die von der Regierung in Helsinki verlangten Kampfflugzeuge, so erklärten Großbritannien und Frankreich, werde man unverzüglich nach Finnland entsenden, und das alliierte Expeditionskorps werde am 15. März in See gehen. Am 3. März modifizierte der britische Gesandte Mereker diese Zusage. Großbritannien, so erklärte der Diplomat, werde nur sechstausend Mann nach Finnland schicken, aber die Transporter könnten bereits am 11. März auslaufen, wenn Finnland bis zum 5. März offiziell um britischen Beistand ersuche. Am 6. März verlautete aus französischer Quelle, die Finnen dürften nun doch innerhalb von Wochenfrist mit der Entsendung von zunächst achtzehntausend französischen und zwölftausend britischen Soldaten rechnen. Auch zweiundsiebzig alliierte Kampfflugzeuge wollte man nach Finnland schicken. Weiter teilte man Helsinki mit, daß die zugesicherte Stärke des Expeditionskorps auch dann gewahrt bleiben solle, wenn es zu Auseinandersetzungen mit Verbänden der deutschen Wehrmacht kommen sollte. Bei dieser französischen Zusage schienen nun auch die fehlenden Transitgenehmigungen – zumindest, soweit es Schweden betraf – plötzlich keine Rolle mehr zu spielen. Aber das waren nur Details. Was wirklich auffiel, waren die erstaunlichen Differenzen zwischen den britischen und den französischen Versprechungen. Die Franzosen waren auffallend großzügig, die Briten auffallend zurückhaltend.

In Helsinki wollte und konnte man nicht mehr länger warten. Was sollte werden, wenn die finnischen Streitkräfte endgültig zusammenbrachen und sich die Rote Armee, ohne auf weiteren Widerstand zu stoßen, ins Land ergoß? Wenn man keine Faustpfänder besaß, wenn der Gegner den weiteren Widerstandswillen der Finnen nicht mehr zu fürchten brauchte, würden die Russen beim Friedensschluß noch mehr fordern als zuvor. Und da es nichts mehr zu gewinnen, aber am Ende alles zu verlieren gab, fügte sich Helsinki in das Unvermeidliche: Man beschloß, eine finnische Delegation zur Aufnahme von offiziellen Friedensverhandlungen nach Moskau zu entsenden.

Dennoch hatte man die Hoffnung auf alliierte Hilfe noch nicht ganz aufgegeben. Helsinki ersuchte London und Paris, die Alliierten mögen die den Finnen offenstehende Frist für die Erstattung eines offiziellen Ersuchens um alliierte Hilfeleistung doch noch bis zum 12. März 1940 verlängern.

Auch Briten und Franzosen zeigten sich bis zuletzt

daran interessiert, die Finnen von einem Friedensschluß mit der UdSSR abzuhalten. Am 7. März sagten die Westmächte den Finnen die Entsendung eines 15 500 Mann starken Expeditionskorps zu. Die alliierten Soldaten sollten bereits am 15. März in Narvik landen. Und sobald Eisenbahntransporte im entscheidenden Maße möglich seien, so versicherte man Helsinki, wolle man unverzüglich weitere 42 000 Mann an die finnische Front entsenden. Am 8. März 1940 wandte sich der französische Premier Daladier mit einer direkten Botschaft an die finnische Regierung. Nochmals forderte darin der französiche Ministerpräsident die Finnen zur Annahme des alliierten Hilfsangebots auf, wenn das Land nicht alle Nachteile eines harten Friedens mit der Sowjetunion auf sich nehmen solle. Aber das wußte man in Helsinki bereits, denn vor Daladier hatte der französische Gesandte Magny an die finnische Regierung bereits in gleichem Sinn appelliert.

Ebenso wie sein Gesandter zuvor bewies auch Premier Daladier wenig Verständnis und Sympathie für die verzweifelte militärische und politische Situation der Finnen. Die Alliierten wollten ihre zweite Front gegen das Deutsche Reich; das weitere Schicksal Finnlands spielte für Briten und Franzosen bei allen ihren Überlegungen eine nur untergeordnete Rolle. Sicherlich wußte man damals nicht nur in Helsinki, sondern auch in Paris, daß es in Wirklichkeit längst zu spät war: Was man den Finnen auch versprechen mochte – bis die ersten alliierten Soldaten finnischen Boden erreicht hätten, wäre das Schicksal Finnlands längst militärisch besiegelt gewesen.

Obwohl die sowjetischen Forderungen tatsächlich sehr hart waren, mußten sie die Finnen schließlich im „Frieden von Moskau" akzeptieren. Insgesamt mußten etwa zehn Prozent des gesamten finnischen Territoriums an die siegreichen Russen abgetreten werden, darunter vor allem das gesamte Gebiet der Karelischen Landenge einschließlich der Stadt Wyborg, außerdem größere Gebiete nördlich des Ladogasees samt Sortavala und Kuusamo und schließlich noch die Finnland zugehörigen Inseln im Ostteil des Finnischen Meerbusens, darunter vor allem auch die wichtige Insel Suur. Zu diesen als endgültig anzusehenden Gebietsabtretungen kamen weitere Verpflichtungen: Auf der Halbinsel Hangö mußten der Sowjetunion für die Dauer von dreißig Jahren pachtweise Marinestützpunkte eingeräumt werden, außerdem sollten die Finnen den sowjetischen Bedingungen entsprechend eine Eisenbahnverbindung zwischen Salla und Kemijärvi herstellen. Gleichzeitig versuchte Moskau Finnland vertraglich auch für die weitere Zukunft zum Wohlverhalten der Sowjetunion zu zwingen: Im Sinne der Bestimmungen des Moskauer Friedensvertrages verpflichtete sich Finnland zum Abschluß eines Freundschafts- und Beistandsvertrages, welcher das Land außenpolitisch an die Sowjetunion binden sollte.

Die Gebietsabtretungen wirkten sich auf die finnische Volkswirtschaft katastrophal aus. Zwölf Prozent der land- und forstwirtschaftlichen, gewerblichen und industriellen Betriebe Finnlands befanden sich nun plötzlich jenseits der neuen Grenze auf sowjetischem Boden. Die ohnehin bereits schwere Lage der finnischen Volkswirtschaft wurde durch das Rückwanderer- und Flüchtlingsproblem noch weiter verschärft. Große Teile der in den abgetretenen Gebieten ansässigen finnischen Bevölkerung zogen die Rückwanderung ins finnische Stammland einem Leben unter sowjetischer Herrschaft vor. Auf diese Weise verloren etwa 450 000 Menschen – hauptsächlich aus Ostkarelien – Haus und Hof; das waren etwa zehn Prozent der finnischen Gesamtbevölkerung. Die Rückwanderer und Flüchtlinge mußten nicht nur untergebracht und versorgt, sondern möglichst schnell in den Arbeitsprozeß eingegliedert werden.

So hart aber alle infolge des Friedensschlusses auftretenden Belastungen sein mochten, war doch zumindest der schwere Opfergang des von Anfang an so hoffnungslosen Krieges gegen Sowjetrußland beendet. Die Finnen hatten sich mit bewundernswerter Tapferkeit und im großen und ganzen tatsächlich ganz allein auf sich selber gestellt länger als ein Vierteljahr gegen eine gewaltige Übermacht gewehrt. Obwohl der Wert der britisch-französischen Unterstützungszusagen besonders bei rückblickender Betrachtung jener militärischen Ereignisse, welche dann im Frühjahr 1940 zum schnellen militärischen Zusammenbruch Frankreichs und zum Rückzug der in Frankreich befindlichen britischen Expeditionsstreitkräfte führten, als zweifelhaft anzusehen ist, war das Interesse der Westalliierten am skandinavischen Raum für die Finnen doch zumindest indirekt von Vorteil. Zwar kam die zumindest zeitweilig aus finnischer Sicht erwünschte anglo-französische militärische Intervention in Finnland nicht zustande, aber die bloße Möglichkeit für eine solche Intervention dürfte die

Sowjets letzten Endes doch friedensbereiter gestimmt haben.

Obwohl es dafür keine gesicherten zeitgeschichtlichen Quellen gibt, wird man doch annehmen dürfen, daß Stalin im Jahre 1940 einen offenen Bruch mit den Westmächten scheute. Zwar war das deutsch-sowjetische Verhältnis im Sinne des Freundschafts- und Nichtangriffspaktes vom August 1939 an sich zufriedenstellend geklärt, aber der Kreml blieb vorsichtig: Der europäische Krieg war noch nicht entschieden, und alles auf die deutsche Karte zu setzen, wäre doch zu riskant gewesen. Also war es aus sowjetischer Sicht doch zweckmäßig, mit der endgültigen Abrechnung mit den kapitalistischen Westmächten noch zuzuwarten. Die sowjetische Politik war zweifellos richtig: Als die deutsche Wehrmacht am 22. Juni 1941 die Sowjetunion angriff, war Stalin die Unterstützung durch Großbritannien und später durch die USA höchst willkommen, ja sogar lebenswichtig.

Auch in den skandinavischen Staaten, besonders in Schweden, war man über das Ende des Winterkrieges sichtlich erleichtert. Man hatte die finnisch-sowjetische militärische Auseinandersetzung von Anfang an mit dem größten Mißbehagen verfolgt. Kaum ein Staat schätzt Kriege zwischen seinen Nachbarn, es sei denn, er könnte aus solchen Auseinandersetzungen für sich selber Vorteile ziehen. Und besonders Kleinstaaten sind aus diesem Grund meist recht beunruhigte Zuschauer, wenn jenseits ihrer Grenzen gekämpft wird. Wie leicht kann man ganz gegen den eigenen Willen mit den Interessen der Streitparteien in Widerspruch geraten oder ihnen im

Weg stehen. Und derartiges kann selbst unbeteiligten Nachbarstaaten unter Umständen recht fühlbare Nachteile einbringen.

Die schwedische Regierung hatte sich während des Winterkrieges in einer zwiespältigen und recht unglücklichen Situation befunden. Die schwedische Öffentlichkeit ergriff von Anfang an ganz eindeutig für die Finnen Partei. Schweden und Finnland sind einander infolge ihrer jahrhundertealten kulturellen und historischen Gemeinsamkeit besonders eng verbunden, und auch die so eklatante Unterlegenheit der um das bloße Überleben kämpfenden Finnen war es, welche ihnen die Sympathie des schwedischen Volkes im besonderen Maße sicherte.

Besonders schwierig wurde die Lage der schwedischen Regierung, als die Westalliierten um die Einräumung von Transitrechten ersuchten. Die ablehnende, zumindest zögernde Haltung Schwedens in dieser Frage war nicht zuletzt auf mehr oder weniger massiven deutschen und sowjetischen diplomatischen Druck zurückzuführen. Offen durfte und konnte sich die schwedische Regierung nicht zugunsten der Finnen entscheiden, weil sie auf diese Weise die weitere eigenstaatliche Existenz des eigenen Landes aufs Spiel gesetzt hätte. Was blieb, war eine unbefriedigende Kompromißpolitik, welche sich in erster Linie an den schwedischen Sicherheitsinteressen orientierte, dabei aber doch die Möglichkeit bot, Finnland zumindest nach Kriegsende materiell zu unterstützen. Daß eine solche Politik als Kunst des Möglichen moralisch wenig befriedigen konnte, war selbstverständlich.

Am Beispiel Finnlands

10

Man darf sicher annehmen, daß die Geschehnisse während des Winterkrieges weltweit nicht nur aus humanitärer und allgemein menschlicher Anteilnahme verfolgt wurden, sondern zuständigen Ortes auch in fachlich-kühler Distanz. Aber während sich in vielen Staaten die Militärs und Fachleute in akademischen Diskussionen und Erörterungen in Sachen Finnland erschöpfen mochten, waren beispielsweise für die höchste politische und militärische Führung des Deutschen Reiches die Ereignisse auf dem finnischen Kriegsschauplatz von aktuellem Interesse. Und jene Lehren und Erkenntnisse, welche man in Finnland aus dem Winterkrieg ziehen zu können glaubte, sollten für das weitere Schicksal des Reiches und ganz Europas während der folgenden Jahre von entscheidender Bedeutung werden.

Noch war der Westfeldzug nicht geschlagen, noch standen Franzosen und Engländer der deutschen Wehrmacht kampfbereit gegenüber. Und wenn die große Schlacht im Westen auch noch nicht einmal begonnen hatte, registrierte man auf deutscher Seite die zeitweiligen Rückschläge und Niederlagen der Roten Armee in Finnland doch mit einiger Befriedigung. Wenn Hitler später die Sowjetunion als ein „morsches Gebäude“ oder als einen „Koloß auf tönernen Füßen“ bezeichnete, dann wohl nicht zuletzt aufgrund der enttäuschenden militärischen Leistungen, welche die sowjetischen Streitkräfte während des Winterkrieges geboten hatten. Aber der Winterkrieg war eine „historische Momentaufnahme", nichts anderes: Gerade aufgrund der in Finnland erworbenen bitteren und enttäuschenden militärischen Erfahrungen machte man sich in der Sowjetunion an die beschleunigte Um- und Aufrüstung der Streitkräfte und an die Durchführung weiterer tiefgreifender Maßnahmen zur Erhöhung der Schlagkraft der Roten Armee. Diese nicht zuletzt durch den Winterkrieg ausgelöste Entwicklung aber nahm man in Deutschland nicht zur Kenntnis – oder besser: man erhielt davon keine Kenntnis.

Wenn Hitler im Dezember 1940 in seiner „Weisung Nr. 21" feststellte, daß die Wehrmacht „darauf vorbereitet sein (muß), auch vor Beendigung des Krieges gegen England Sowjetrußland in einem schnellen Feldzug niederzuwerfen", war das wohl nicht zuletzt eine Folge jener falschen Schlüsse über die Kampfkraft der Roten Armee, welche man aus den Ereignissen während des Winterkrieges gezogen hatte.

Betrachtet man die Zahlen allein, wird diese grandiose Selbstüberschätzung der Schlagkraft der deutschen Wehrmacht und die gleichzeitige Unterbewertung der ja noch dazu aus „rassisch minderwertigen" Slawen bestehenden Roten Armee etwas besser verständlich: Bei Kriegsende im März 1940 standen an der finnischen Front nicht weniger als fünfundvierzig sowjetische Divisionen im Einsatz, das bedeutete – einschließlich verschiedener Sonderverbände und rückwärtiger Dienste –

etwa eine Million Mann. Nach vorsichtiger Schätzung verloren die Russen im Laufe des Winterkrieges etwa zweihunderttausend Mann an Gefallenen, die Anzahl der Verwundeten ist bis heute unbekannt geblieben. Die Finnen verloren dagegen insgesamt nur 68 480 Soldaten, davon 24 923 an Gefallenen und Vermißten und 43 557 an Verwundeten.

Die Rote Armee hatte während des Winterkrieges an der finnischen Front insgesamt 3200 leichte, mittlere und schwere Panzerkampfwagen eingesetzt, davon waren von den Finnen im Verlauf der Kämpfe 1000 zerstört oder erbeutet worden. Im selben Zeitraum verloren die Russen 3000 bis 4000 gutausgebildete Spezialisten und Techniker. Ob diese Männer nun im Kampf gefallen oder in Gefangenschaft geraten waren: sie waren qualifizierte Fachleute, ohne die eine moderne, hochtechnisierte Kriegführung nicht möglich ist. Ebenso wie die Panzerwaffe hatte auch die sowjetische Luftwaffe gelitten: 900 Maschinen hatten die Sowjets während des Winterkrieges verloren – mußte man da nicht zu dem Schluß gelangen, daß die Rote Armee insgesamt gesehen alles andere als jenes schlagkräftige militärische Instrument war, als das sie die sowjetische Propaganda stets darzustellen pflegte?

Sicher, die ungewöhnlich hohen Verluste an Menschen und Material sprachen wohl gegen die Qualität der sowjetischen Streitkräfte – aber Zahlen sagen nicht alles. Sie sagen nicht, aus welchen Gründen und in welcher bestimmten Situation unbestritten schwere Ausfälle aufgetreten waren. Und Verlustzahlen sind ebenfalls erst dann richtig zu beurteilen, wenn man weiß, in welcher

Zeit diese Verluste vom Betroffenen wieder ausgeglichen werden können und was er unternehmen kann, um die Wiederholung solcher schwerer Einbußen für die Zukunft zu vermeiden. Man muß bedenken, daß die Rote Armee in den Winterkrieg in mancher Hinsicht unzureichend vorbereitet eingetreten war: Man mußte unter für die Truppe völlig ungewohnten Geländeverhältnissen einen Winterfeldzug führen, für den man praktisch keine Vorkehrungen getroffen hatte. Und man stand einem Feind gegenüber, der sich nicht zur offenen Feldschlacht stellte und den man infolge der eigenen materiellen Übermacht dann einfach hätte niederwalzen können.

Das alles hätte man wissen und berücksichtigen müssen, wenn die sowjetische Führung und die Frontverbände auf die bevorstehende Auseinandersetzung besser vorbereitet gewesen wären – aber sie waren es eben nicht. Und dafür zahlte die Rote Armee einen hohen Preis. Die sowjetische 163. Infanterie-Division beispielsweise hatte man direkt aus ihrem ukrainischen Wehrbezirk nach Suomussalmi geschickt, ohne jede Erfahrung im Waldkampf, ohne Wintertarnbekleidung. Solche Nachlässigkeiten mußten sich rächen. Unnötige Nachlässigkeiten übrigens. Man hätte die an die weiten Ebenen ihrer Heimat gewöhnten ukrainischen Infanteristen ohne weiteres mit Wintertarnanzügen ausstatten und die Männer auch im Waldkampf ausbilden können. Im Raum von Moskau und auch in Russisch-Karelien hätte man Geländeverhältnisse vorgefunden, welche etwa jenen bei Suomussalmi entsprachen. Aber man hatte vorbereitende Ausrüstungs- und Ausbildungsmaßnahmen offenbar für unnötig gehalten, ein völlig unverständlicher Standpunkt, zumal die sowjetische militärische Führung ja mit der Planung des Feldzuges gegen Finnland schon Monate vor Kriegsausbruch begonnen hatte.

Die Russen wurden überdies mit der unkonventionellen finnischen Kampftaktik nicht fertig. Die sowjetischen Verbände verhielten sich im Kampf mit geradezu beklemmender Beharrlichkeit vorschriftsmäßig: Die Rotarmisten taten exakt das, was ihnen ihre Ausbilder daheim beigebracht hatten. „Kampf aus der Einschließung" oder „Einsatz gegen Kleinkriegskämpfer" hatten die sowjetischen Gefechtsdienstvorschriften offenbar nicht vorgesehen. Auch die sowjetische Führung in allen Befehlsebenen erwies sich besonders in den Anfangsphasen des Winterkrieges als überraschend unelastisch, als wenig anpassungsfähig.

Auch als sich die Finnen beispielsweise an der Karelischen Landenge unter massivem russischem Druck zurückziehen mußten, verstanden die Russen ihre Anfangserfolge kaum jemals zu nützen. Fast immer verhielten sich die sowjetischen Verbände in solchen Fällen eher ratlos, blieben stehen, bis der Gegner neue Stellungen bezogen hatte, und stießen erst nach, wenn die Finnen wieder abwehrbereit waren.

Das war es vor allem: Den Russen fehlte es an Phantasie und Auffassungsgabe, um sich der wandelnden taktischen Lage auf dem Schlachtfeld anzupassen – und das führte zu schweren Verlusten und zu unnötigen Verzögerungen der eigenen Angriffsführung.

So wachsam und interessiert man auf deutscher Seite die Geschehnisse während des Winterkrieges beobachtete, war doch ein ganz wesentlicher Faktor der Aufmerksamkeit der Deutschen entgangen: Bereits während des Winterkrieges hatten die Russen ihre außergewöhnlichen Fähigkeiten im Stellungs- und Bunkerbau und auch im Häuserkampf bewiesen. Während des Rußlandfeldzuges sollten die Deutschen am eigenen Leib erfahren, wie sehr sie die Russen in dieser Hinsicht unterschätzt hatten: in Stalingrad beispielsweise, wo vom Herbst 1942 ab der Kampf von Haus zu Haus und von einem Stockwerk zum anderen geführt werden mußte.

Und nach dem Beginn des deutschen Rußlandfeldzuges verteidigten die Rotarmisten eben ihr eigenes Land, ihre Dörfer und ihre Familien – in Finnland waren die Russen die Invasoren gewesen, die auf fremdem Boden kämpften und ihn deshalb auch leichter wieder preisgeben mochten. Gegen die Deutschen aber kämpften sie ab dem Sommer 1941 um den eigenen Heimatboden, und das veränderte die Situation grundsätzlich. Ebenfalls nicht gebührend berücksichtigt hatten die Deutschen bei der Auswertung und Beurteilung der Ereignisse des Winterkrieges, daß das damals in der Roten Armee noch übliche Kommissarsystem die Aktivität der militärischen Führung oft unnötig gehemmt hatte. Das Kommissarsystem wurde in den sowjetischen Streitkräften im August 1940 abgeschafft, ein Umstand, der ohne Zweifel zur Erhöhung der Effektivität der militärischen Kommandoführung in der Roten Armee beitrug. Als der deutsche Feldzug gegen die Sowjetunion im Juni 1941 begann, hatte man das Kommissarsystem allerdings bereits wieder eingeführt und sodann bis zum Jahre 1943 unverändert beibehalten.

Nicht zuletzt aufgrund der teilweise katastrophalen Ergebnisse des Winterkrieges wurde in der Roten Armee auf Initiative von Marschall Timoschenko auch eine gründliche Umorganisation der Kommandoführung vorgenommen. Hohe Offiziersränge – nach der bolschewistischen Revolution als bürgerliches Relikt radikal abgeschafft – wurden in den Streitkräften wieder eingeführt. Mehr als bisher achtete man nun wieder auf straffe Disziplin, Befehls- und Gehorsamstreue und auf gründliche Ausbildung im Feld- und Exerzierdienst.

Obwohl die verschiedenen Reorganisationsmaßnahmen bei Beginn des Unternehmens „Barbarossa" im Juni 1941 noch nicht abgeschlossen waren, stand die Rote Armee dem deutschen Angriff doch weit besser gerüstet gegenüber als etwa eineinhalb Jahre zuvor, als die Russen selber ihren Angriff gegen Finnland begonnen hatten. Selbst Marschall Timoschenko stellte einmal im Gespräch einem finnischen Militärattaché gegenüber fest, daß die Russen aus dem Krieg gegen Finnland sehr viel gelernt hätten.

Obwohl man sicher annehmen darf, daß der Freundschafts- und Nichtangriffspakt mit der Sowjetunion für Hitler niemals etwas anderes gewesen war als jener sprichwörtliche „Fetzen Papier", den man bei passender Gelegenheit zerriß, dürften die Erfahrungen und Ergebnisse des Winterkrieges den „Führer" doch in seinem Entschluß zur möglichst baldigen Kriegführung gegen Sowjetrußland bestärkt haben. Nachdem sich Hitler spätestens im Juli 1940 grundsätzlich zum Angriff gegen die Sowjetunion entschlossen hatte, erging am 18. Dezember 1940 die zitierte „Weisung Nr. 21" („Fall

Barbarossa"), eine ebenfalls nur grundsätzliche operative Anweisung, in der jedoch bereits als das anzustrebende operative Endziel die Erreichung einer „allgemeinen Linie Wolga-Archangelsk" befohlen wurde.

Noch im Herbst 1940 fanden deutsch-finnische Besprechungen über eine anzustrebende Beteiligung der finnischen Streitkräfte am deutschen Ostfeldzug statt. Die zunächst widerstrebenden Finnen gingen allmählich auf die deutschen Vorstellungen zumindest teilweise ein, und ebenfalls noch im Jahre 1940 kam es zum Abschluß mehrerer Transitabkommen, welche den Aufmarsch deutscher Wehrmachtsverbände zur Angriffsführung gegen Rußland auch von Finnland aus sicherstellen sollten, zunächst aber – der Form halber – zur Gewährleistung der Versorgung der in Nordnorwegen stehenden deutschen Verbände geschlossen wurden. Im Dezember 1940 hielt der finnische General Heinrichs im deutschen Oberkommando der Wehrmacht einen Vortrag über die Kampfführung in der Arktis. Mit Beginn des deutschen Ostfeldzuges am 22. Juni 1941 kämpfte die Wehrmacht dann „Seite an Seite mit ihren finnischen Kameraden", wie es Propagandaminister Goebbels in seiner Rundfunkerklärung wenig später formulierte, doch hatten die Finnen von Anfang an größten Wert darauf gelegt, daß sie nicht Verbündete des Deutschen Reiches seien. Man führe, so erklärte auch Marschall Mannerheim immer wieder, einen „Fortsetzungskrieg" gegen die Sowjetunion, der mit den deutschen Kriegszielen nichts zu tun habe. Den Finnen ging es um die Rückeroberung der an die Russen im Jahre 1940 im Moskauer Frieden verlorenen Gebiete. Dieses Ziel erreichten die Finnen, allerdings nur vorübergehend: Nachdem das Land im Herbst 1944 aus dem für Deutschland bereits verlorenen Krieg ausgeschieden war, gingen nach den Bestimmungen des im Jahre 1947 in Paris zwischen Finnland und der Sowjetunion geschlossenen Friedensvertrages die rückgewonnenen Gebiete abermals verloren.

Die Ereignisse des Winterkrieges hatten die Aufmerksamkeit der Deutschen auch besonders auf Norwegen gerichtet. Die Vorstellung, Norwegen oder ganz Skandinavien in den Händen der Alliierten zu wissen, beunruhigte Hitler sehr. Deutlichster Ausdruck dieser Besorgnis ist die vom 1. März 1940 stammende „Weisung Nr. 10“, in der Hitler die umgehende Inbesitznahme von Norwegen und Dänemark durch die deutsche Wehrmacht befahl („Fall Weserübung“).

Bereits im Dezember 1939 hatte Hitler auch vorbereitende Gespräche mit dem norwegischen Faschistenführer Vidkun Quisling geführt. Unbegründet waren die deutschen Besorgnisse um die „skandinavische Flanke“ allerdings tatsächlich nicht gewesen: Die Westmächte hatten auch nach dem Ende des Winterkrieges ihre Skandinavienpläne durchaus nicht aufgegeben. Dabei ging es vor allem um die beabsichtigte Verminung der norwegischen Küstengewässer und um die Abschneidung der für die deutsche Rüstungsindustrie so bedeutenden Erzzufuhr.

Heute weiß man, daß die Deutschen mit ihrer Landungsoperation an der norwegischen Küste den Alliierten buchstäblich nur um Stunden zuvorkamen.

Worin lag aber nun – unabhängig von den militärischen Ergebnissen – die eigentliche Bedeutung des

Winterkrieges? Wohl an seiner beispielhaften Wirkung: In einer Atmosphäre der internationalen Rechtlosigkeit hatte sich das finnische Volk nicht der Übermacht gebeugt, sondern war mit der Waffe in der Hand für seine Freiheit und staatliche Selbständigkeit eingetreten und hatte so der ganzen Welt ein Beispiel gegeben.

Mochte der Preis für Freiheit und Unabhängigkeit auch noch so hoch sein, die Finnen waren bereit gewesen, ihn zu bezahlen. Und wenn man bedenkt, daß die Finnen dieses eine und einzige Ziel am Ende doch erreichten, verliert die Tatsache, daß sie den Winterkrieg militärisch verloren, wohl jede Bedeutung.

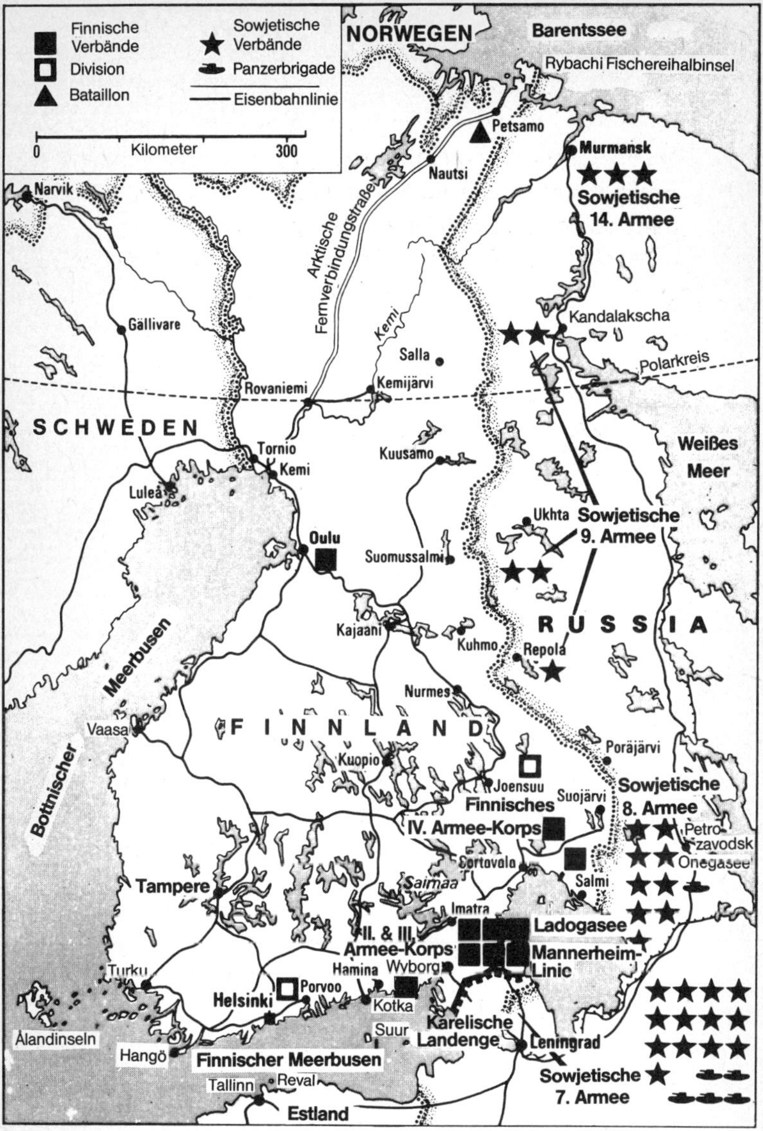

Ausgangslage und Kräfteverteilung vor Beginn des finnisch-sowjetischen Winterkrieges

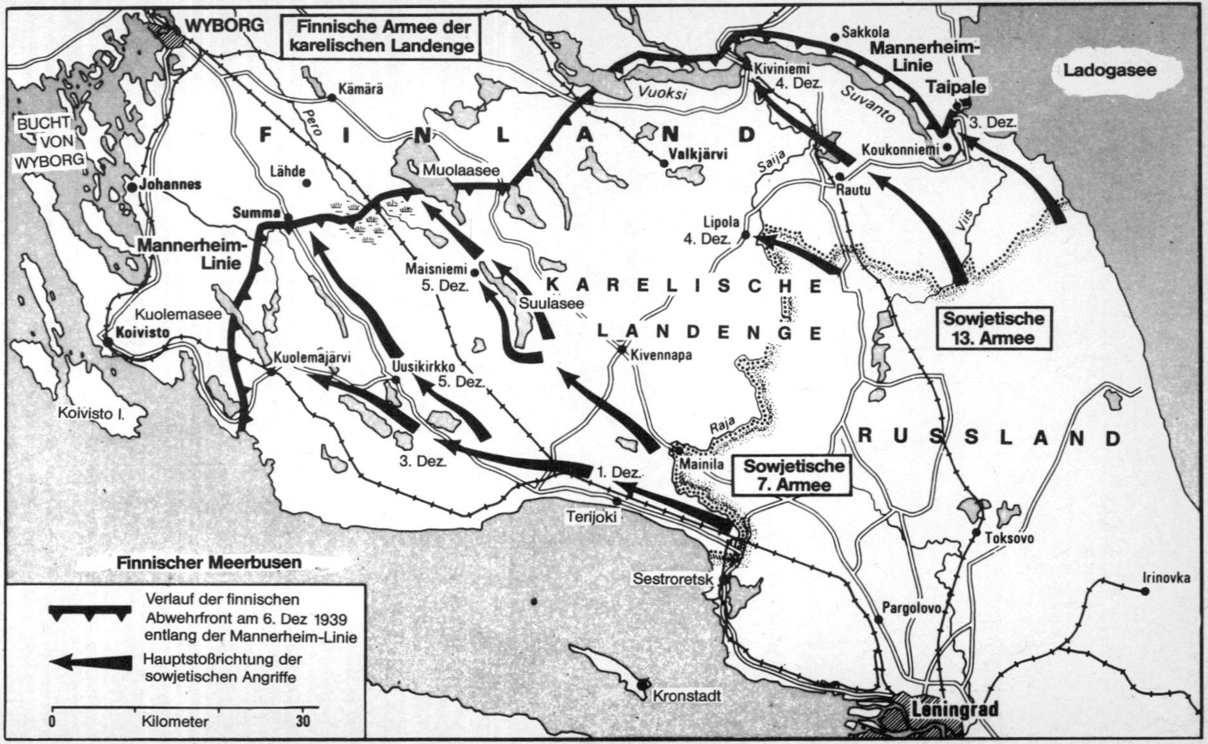

Der sowjetische Vormarsch an der karelischen Landenge bis zur Mannerheim-Linie

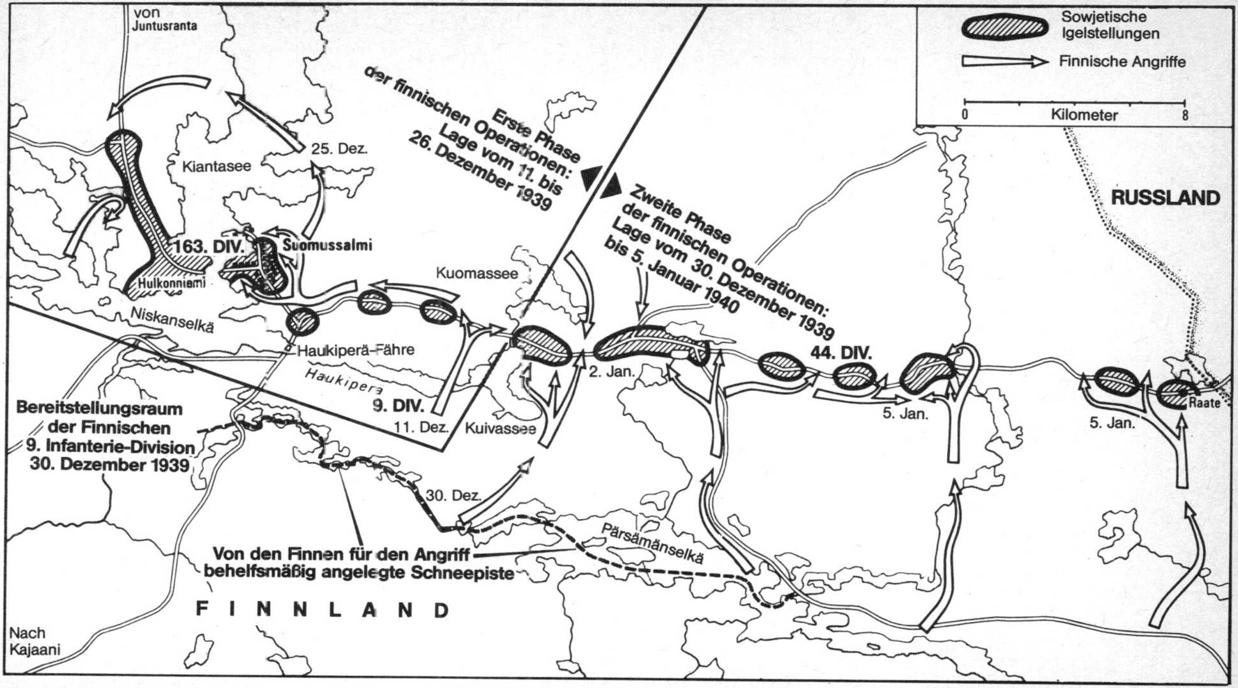

Der Kampfraum von Suomussalmi. Hier wurden die Verbände der sowjetischen 163. und 144. Infanterie-Division eingeschlossen und vernichtet.

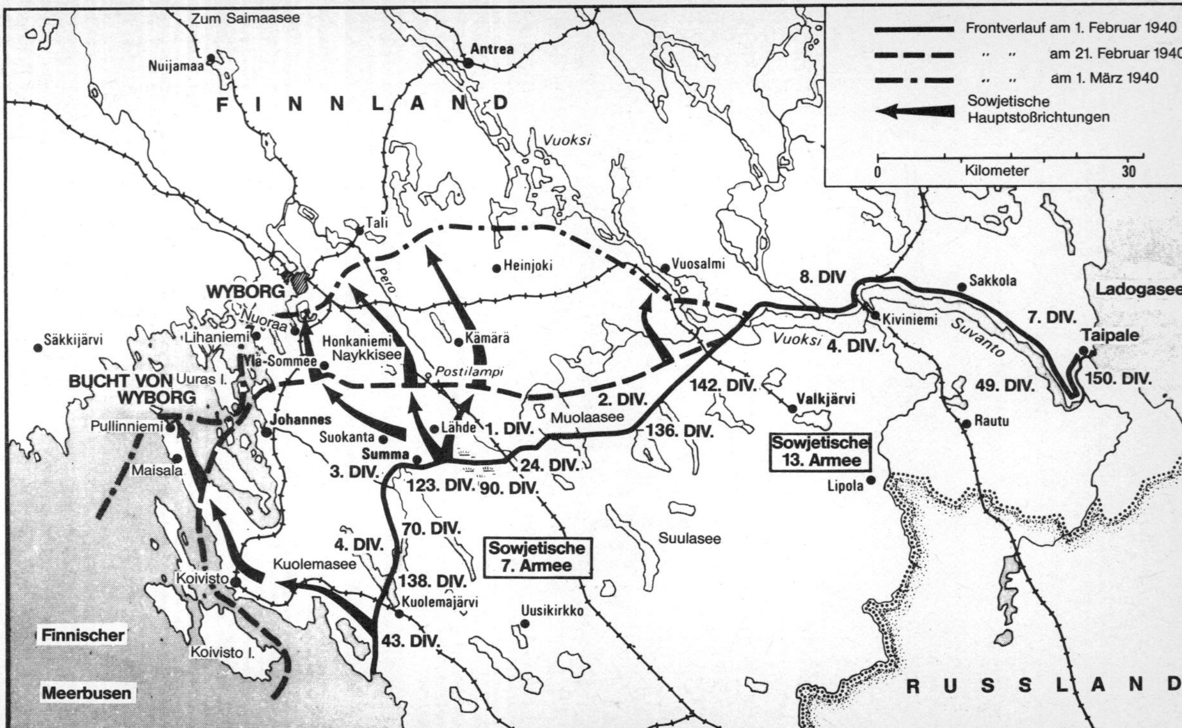

Die große sowjetische Offensive ab 1. Februar 1940: Der Anfang vom Ende . . .

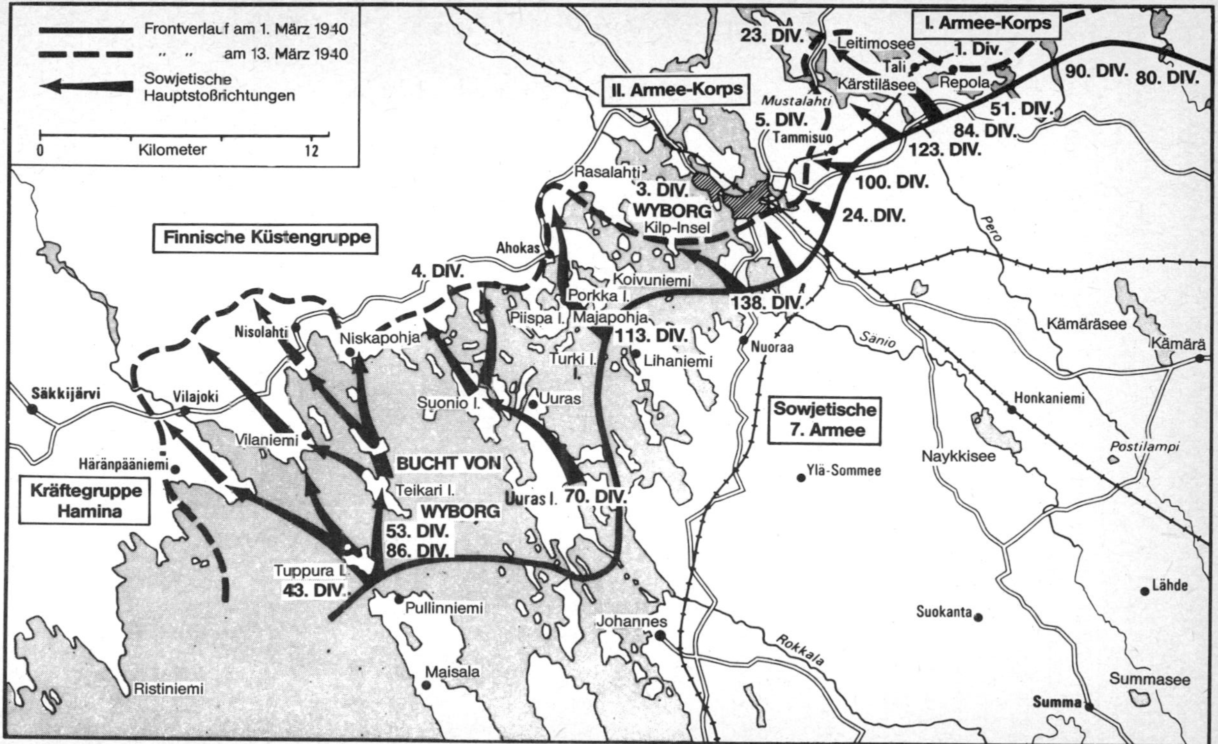

Der stürmische sowjetische Vormarsch knapp vor Kriegsende

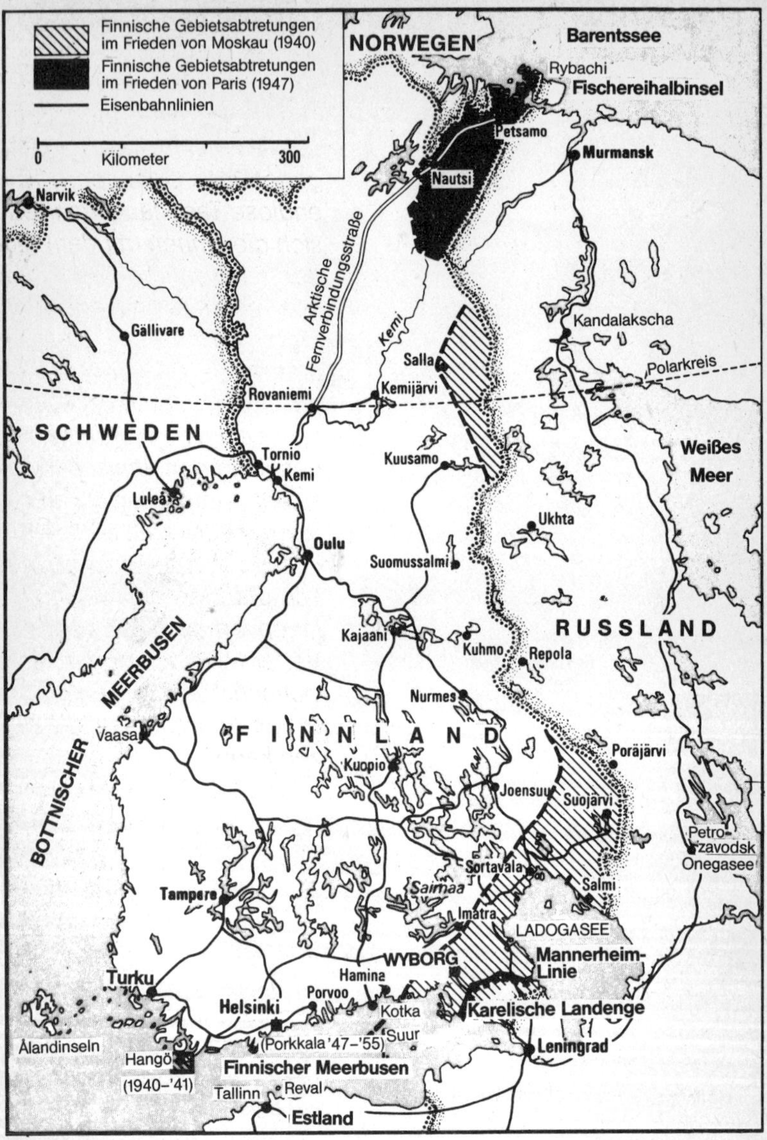

Der Preis des Siegers: Finnische Gebietsabtretungen nach dem Frieden von Moskau.